Rosenberg · Geschichte der Weimarer Republik

Arthur Rosenberg

Geschichte der Weimarer Republik

Herausgegeben von Kurt Kersten

Europäische Verlagsanstalt

20. unveränderte Auflage 1980

Druck: Elektra, Niedernhausen
ISBN 3-434-00003-8

I. Kapitel

Nach dem 9. November

Die Regierung der deutschen Republik beruhte zunächst auf einer Koalition der Mehrheitssozialdemokratie und der Unabhängigen Sozialisten. Jede der beiden Parteien stellte drei Volksbeauftragte. Die Vertreter der Mehrheitssozialisten waren Ebert, Scheidemann und Landsberg; die Vertreter der USPD waren Haase, Dittmann und Barth. Die sechs Volksbeauftragten waren die politische Spitze des Reichs. Diese sechs Männer vereinten gleichzeitig in sich die Funktionen eines Reichspräsidenten und Reichskanzlers. Aber unter den sechs Volksbeauftragten bestanden die einzelnen Reichsministerien weiter, mit je einem Staatssekretär für jedes Ressort. Unter den Staatssekretären befanden sich auch bürgerliche Politiker aus den Parteien des Zentrums und der Liberalen. So war die Regierung des 10. November zwar scheinbar eine rein sozialistische, gemäß dem äußerlichen Verlauf der Novemberrevolution, die im Zeichen der roten Fahne als Werk der Sozialisten auftrat. In Wirklichkeit regierte die alte Koalition der bürgerlichen Demokratie, wie sie sich schon im Jahre 1917 aus den drei Parteien, den Mehrheitssozialisten, dem Zentrum und den Fortschrittlern, gebildet hatte. Diese drei Parteien bildeten zusammen die Reichstagsmehrheit, die sich 1917 um die Friedensresolution Erzbergers gruppiert hatte. Als die militärische Diktatur des General Ludendorff im Oktober 1918 zusammengebrochen war, bildete die Reichstagsmehrheit die neue Regierung unter dem Prinzen Max von Baden. Die Novemberrevolution verstärkte die Koalition durch das Hinzutreten der unabhängigen Sozialdemokratie und verschob innerhalb der Koalition das Schwergewicht stark auf die Seite der sozialistischen Arbeiterschaft. Aber im ganzen blieb Deutschland als politisches Gebilde auch nach dem 10. November 1918 dasselbe, was es schon im Oktober desselben Jahres geworden war: ein bürgerlich-demokratischer Staat. Denn schon die friedliche Oktoberumwälzung, die nach dem Sturze des General Ludendorff eintrat, hatte in Deutschland eine bürgerlich-demokratische Republik geschaffen, in der die Macht beim Reichstag lag, während der Kaiser sich mit einer rein dekorativen Rolle begnügen sollte. Die kleineren

Bundesfürsten waren schon im Oktober 1918 genauso ohnmächtig wie Wilhelm II. Die Novemberrevolution hatte die Dynastien beseitigt, aber sonst am deutschen Staatsbau nichts Entscheidendes geändert.

Die deutsche Demokratie war freilich erst wenige Wochen alt. Der Reichstag hatte, zusammen mit der Regierung des Prinzen Max von Baden, nur die allgemeinsten Umrisse einer neuen Ordnung entworfen. Das große komplizierte Werk des deutschen Neuaufbaus blieb den sechs Volksbeauftragten vorbehalten. Die Position der neuen Regierung war zunächst außerordentlich stark. Die Volksbeauftragten mußten zwar den Waffenstillstand mit der Entente unterzeichnen, der die militärische Macht Deutschlands endgültig brach, aber die Fortsetzung des Krieges war für Deutschland schon an sich völlig undenkbar geworden. Es war damit zu rechnen, daß nach dem Rückmarsch des deutschen Westheeres die Ententetruppen nachfolgen, Elsaß-Lothringen und das linke Rheinufer besetzen würden. Aber wenn dann die Heere der Entente am Rhein stehen blieben, konnte doch im größten Teile Deutschlands die politische Neugestaltung ohne das Eingreifen fremder Militärs vor sich gehen. Nicht so klar war freilich die Situation im Osten. Man konnte als bestimmt annehmen, daß Deutschland beim Friedensschluß alle seine Eroberungen im Osten verlieren würde, ferner, daß die Polnisch sprechenden Landesteile Preußens dem neuen polnischen Staat zugewiesen würden. Aber die genaue Grenzlinie, die künftig im Osten Deutschland von seinen Nachbarn scheiden sollte, war Anfang November 1918 noch nicht bekannt. Man mußte mit der Möglichkeit rechnen, daß die Polen versuchen würden, schon vor dem definitiven Friedensschluß auf bestimmte Gebiete ihre Hand zu legen. Es war möglich, daß sich in den Ostprovinzen Deutschlands gewaltsame Auseinandersetzungen mit den Polen entwickeln würden. Indessen war auch der neue polnische Staat, den die Entente jetzt entstehen ließ, ein improvisiertes Gebilde, ohne reale militärische Kraft. Die ernsthafte Gefahr, daß die Polen zum Beispiel nach Berlin vorstoßen und hier die Regierung der deutschen Republik lahmlegen würden, bestand nicht. In der Tat haben sich zwar in den kommenden Monaten erbitterte lokale Kämpfe zwischen Deutschen und Polen in Westpreußen, Posen und Oberschlesien abgespielt, aber zu einer Bedrohung des gesamten Bestandes der deutschen Republik reichten die polnischen militärischen Kräfte niemals aus. So konnten die Volksbeauftragten im Innern Deutschlands an die Arbeit gehen, ohne entscheidend durch militärische Vorfälle in den Grenzgebieten behindert zu werden.

Innerpolitisch hatte die Regierung des 10. November eine ungeheuer starke Position, weil sie das Millionenheer der deutschen Soldaten fest hinter sich hatte. Die Novemberrevolution war das Werk der Heimattruppen zusammen mit der deutschen Marine gewesen. Diese Formationen hatten sich gegen die Offiziere aufgelehnt, Soldatenräte gewählt und die Dynastien vertrieben. Die Arbeiterschaft hatte sich überall der Soldatenbewegung angeschlossen. Die Arbeiterräte waren an die Seite der Soldatenräte getreten, aber die entscheidende Kraft der Revolution lag durchaus bei den Soldaten. Die Arbeiter allein hätten nie die Revolution durchführen können, wenn damals das Militär ihnen Widerstand geleistet hätte. Den Zusammenbruch der alten dynastisch-militärischen Ordnung Deutschlands brachte nur die Soldatenerhebung. Die Fronttruppen, vor allem im Westen, vollzogen zwar ihren Rückmarsch im allgemeinen diszipliniert und unter der Führung ihrer Offiziere. Auch die Oberste Heeresleitung Hindenburg-Groener war ja bestehen geblieben und hatte sich der neuen Regierung zur Verfügung gestellt. Aber auch die Fronttruppen wählten ihre Soldatenräte, und wenn auch Gewalttätigkeiten gegen Offiziere fast ausblieben, so stand doch auch die Frontarmee unbedingt auf dem Boden des neuen demokratischen Staates.

Von den gesamten Millionenmassen der deutschen Soldaten war Anfang November nur eine verschwindend kleine Minderheit gegen die Revolution. Das waren die Söhne von Gutsbesitzern, reichen Bürgern und höheren Beamten. Eine ebenso kleine Minderheit im Heere bestand aus revolutionären Sozialisten, aus Arbeitern und Arbeitersöhnen, denen die demokratische Republik nicht genügte und die sofort zur konsequenten Abschaffung des kapitalistischen Privateigentums weitergehen wollten. Die erdrückende Mehrheit der Soldaten, die sich aus Arbeitern, Bauern und städtischen Mittelklassen rekrutierte, wollte die demokratische Republik und bekannte sich zur Regierung Ebert-Haase. Nennenswerte militärische Formationen, in denen die Opposition von rechts oder links den Ton angab, existierten damals in Deutschland nicht. So verfügte die Regierung der Volksbeauftragten über eine gewaltige militärische Basis. Und jede ernsthafte Auflehnung gegen die neuen Machthaber schien aussichtslos. Das wußte jedermann in Deutschland, der sich über die Situation Gedanken machte. Das wußten auch die Offiziere der Obersten Heeresleitung. Jeder Versuch, mit Teilen des Frontheeres gegen die Regierung zu marschieren, wäre ein wahnwitziges Abenteuer gewesen. Ein General, der im November 1918 ein solches Experiment versucht hätte, wäre sofort von seinen Soldaten verlassen worden.

Die Besiegten der Novemberrevolution waren die Träger des alten preußischen Feudalsystems, die Offiziere, die Großgrundbesitzer und die hohen Beamten. Sie fühlten sich damals völlig machtlos. Die Offiziere amtierten nur weiter, sofern die Regierung und die Soldatenräte es gestatteten. Dasselbe galt für die höheren Beamten, die in ihren Büros geblieben waren. Die Großgrundbesitzer östlich der Elbe warteten sorgenvoll auf die weitere Entwicklung der Dinge, die ihnen wahrscheinlich die Enteignung bringen würde. Irgendein Mittel, gegen die Konfiskation seiner Güter gewaltsam Widerstand zu leisten, hatte der preußische Adel nicht. Die evangelischen Bauernmassen, die bis zum Weltkrieg die Konservative Partei unterstützt hatten, waren tief erbittert über die bürokratischen Mißgriffe der Kriegswirtschaft und über all die Opfer an Gut und Blut, die man von ihnen in den vier langen Kriegsjahren gefordert hatte. Auch der Bauer wollte Frieden und hatte jedes Interesse am alten System verloren. Das zeigte der Verlauf der Soldatenerhebung in den ersten Novembertagen. Kein einziger der Truppenteile, die in ländlichen Gebieten rekrutiert waren, hatte sich der Revolution entgegengesetzt. Auch die Bauernsoldaten hatten eifrig unter der roten Fahne die Umwälzung mitgemacht. Sozialisten waren sie darum noch lange nicht geworden, aber zu fürchten hatte das neue System von ihnen nichts, zumal wenn man wirklich die großen Güter östlich der Elbe aufteilte und das Land, das früher dem Adel gehört hatte, jetzt den Kleinbauern und Landarbeitern übergab.

Ebenso ohnmächtig wie die Feudalklasse, die in Deutschland bis zum Oktober 1918 geherrscht hatte, waren jetzt die Großindustriellen. Die Staatsgewalt, die sie bisher mit kräftiger Faust gegen die Forderungen der Arbeiter geschützt hatte, existierte nicht mehr. Man mußte sich jetzt auf alles gefaßt machen. Die Großindustriellen waren in schwerster Sorge vor einer kommenden Sozialisierung, einer vollständigen oder doch teilweisen Enteignung ihrer Betriebe. Sie waren zu allem bereit, wenn sie nur ihr Eigentum behielten. Sie wollten die Gewerkschaften anerkennen, den Achtstundentag bewilligen, auf Lohnforderungen und einen radikalen Ausbau der Sozialpolitik eingehen. Sie waren bereit, mit den Arbeiterorganisationen eine Arbeitsgemeinschaft zu schließen, zusammen mit den Gewerkschaftsführern alle Fragen der Industrie zu regeln, wenn sie nur auf diese Art der Enteignung entrinnen konnten. Die politische Vertretung der deutschen Großindustrie war im Kaiserreich der rechte Flügel der Nationalliberalen Partei gewesen. Diese Richtung der Nationalliberalen gehörte ebenso zu den Besiegten des 9. November wie die konservativen Parteien. Beide Tendenzen mußten sich mit völliger politischer Ohnmacht abfinden.

Die Parteien der bürgerlich-demokratischen Mitte, das Zentrum, die Fortschrittler und der linke Flügel der Nationalliberalen, hatten die Neuordnung Deutschlands mitgemacht, wenigstens soweit sie sich im Oktober unter der Führung des Prinzen Max von Baden vollzogen hatte. In der Regierung des Prinzen Max standen gleichberechtigt die Minister aus der Zentrumspartei und aus den Reihen der Liberalen neben den Sozialdemokraten. Aber die Novemberrevolution drängte zunächst den Einfluß des Zentrums und der Liberalen außerordentlich zurück. Die politische Führung mußten sie widerstandslos den Sozialdemokraten überlassen. Das fand seinen Ausdruck in der Neugestaltung der Reichsregierung, wo nur die sechs Sozialdemokraten das politische Kabinett bildeten, während die bürgerlichen Minister sich als Fachleute maskieren mußten. Ähnlich war die Regelung in Preußen, und auch in Bayern und Sachsen waren die Revolutionsregierungen durchaus sozialistisch. In Württemberg, Baden und Hessen nahm man zwar auch Liberale und Zentrumsleute in die neuen Regierungen auf, aber die politische Entscheidung lag auch hier und ebenso in den Kleinstaaten zunächst bei den Sozialisten. Diese Verschiebung des politischen Schwergewichts, zugunsten der Sozialdemokratie und zuungunsten von Zentrum und Liberalismus, erschien auf den ersten Blick merkwürdig, da ja die Bewegung des 9. November einen demokratischen, republikanischen und pazifistischen Charakter trug, während aktiv sozialistische, auf eine Umgestaltung der Eigentumsverhältnisse gerichtete Gedanken in ihr zunächst kaum hervortraten. Des Rätsels Lösung liegt wiederum bei dem Faktor, der überhaupt im November alles bestimmte, bei der Soldatenbewegung.

Die deutschen Matrosen und die Soldaten der Heimatgarnisonen lehnten sich gegen ihre Offiziere auf, um den sofortigen Frieden zu erzwingen. An Sozialismus dachten sie dabei zunächst nicht, aber sie begingen Handlungen, die nach den gewöhnlichen bürgerlichen Rechtsauffassungen als schwere Verbrechen empfunden wurden. Was sie taten, war nach der Sprache des Gesetzes Meuterei, gewaltsamer Widerstand gegen die Vorgesetzten, Treuebruch gegen den obersten Kriegsherrn, und alles mitten im Kriege. Es waren Taten, die nach dem geltenden Strafgesetzbuch, zumal nach dem strengen Militärrecht, mit Zuchthaus oder Tod zu bestrafen waren. Nun hatten sämtliche bürgerlichen Parteien in Deutschland unbedingt den Gehorsam gegen die Gesetze und die Pflichterfüllung im Kriege gefordert. Man denke sich nun einen Soldaten, der im Frieden die Zentrumspartei zu wählen pflegte, der jetzt aber, unter dem Druck der Kriegserlebnisse, sich gegen die Offiziere auflehnte. Wenn ein solcher Mann seinen Leutnant verhaftete und den Soldatenrat mitwählte, konnte er sich nicht gut als Angehöriger des Zentrums fühlen. Denn was er tat, stand im schärfsten Widerspruch zu allen Grundsätzen und Erklärungen des Zentrums und der Liberalen. Die soldatischen Rebellen befolgten vielmehr das äußere Vorbild der russischen Revolution: Wenn sie die Offiziere und den

Kaiser fortjagten, wenn sie die Allgewalt der Arbeiter- und Soldatenräte proklamierten, dann spielten sie ein wenig Bolschewismus. Die Massen der deutschen Soldaten waren im November 1918 wahrlich keine Bolschewiken, aber auch soweit sie bürgerlichen Parteien angehörten oder ganz parteilos gewesen waren, machten sie jetzt eine Art von bolschewistischer Aktion mit. Der rebellierende deutsche Soldat mußte, um irgendeine ideologische Rechtfertigung seines Handelns zu finden, mindestens als Sozialist auftreten: Die schwarzweißrote Fahne wurde durch die rote ersetzt. Die Massen wußten mehr oder minder klar, daß die alte deutsche Sozialdemokratie bis 1914 die Gegnerin des Kaisers und seiner Armee gewesen war. Im Kriege hatte die unabhängige Sozialdemokratie seit Beginn ihrer Existenz und die Mehrheitssozialdemokratie wenigstens seit 1917 Opposition gemacht und den Frieden gefordert. So traten die deutschen Soldaten als Sozialisten auf, wenn sie die Autorität der Generäle und Fürsten abschüttelten. Weil aber die Soldatenrevolution in ganz Deutschland von Kiel bis München als eine sozialistische auftrat, vereinigte sie sich überall ohne Schwierigkeiten mit der Aktion der sozialistischen Arbeiterschaft. So wehte am 9. November über ganz Deutschland die rote Fahne. Die Männer, die in der Hand die Waffen führten, bekannten sich zu den sozialistischen Parteien, und so lag die reale Gewalt bei der Sozialdemokratie.

Das Zentrum und die Liberalen begnügten sich zunächst damit, die zweite Rolle zu spielen. Eine gewaltsame Auflehnung gegen das Übergewicht der Sozialdemokraten hätte ihnen nichts genützt. Die Fortschrittspartei und der linke Flügel der Nationalliberalen rekrutierten sich aus dem mittleren Bürgertum, aus Intellektuellen, Angestellten, Beamten und Handwerkern. Diese Kreise waren mit dem Sturz des alten Systems völlig einverstanden. Sie wollten den Ausbau einer deutschen demokratischen Republik. Aber sie hatten jetzt Befürchtungen, daß die Alleinherrschaft der Sozialdemokratie zu einem Klassenterror der Arbeiter, zur Unterdrückung des Bürgertums und zu wilden Experimenten auf dem Gebiet der Wirtschaft führen könnte. Indessen hatte das deutsche liberale Bürgertum durchaus nicht die Kraft, sich der Entwicklung gewaltsam zu widersetzen. Dies entsprach der ganz historischen Tradition des deutschen Liberalismus. Als der Krieg ausbrach, fügte sich das liberale Bürgertum der Parole des Burgfriedens. Seit 1917 sympathisierte man mit den Bestrebungen der Reichstagsmehrheit, die dem gequälten deutschen Volke Frieden verschaffen wollte. Dann kam die Umwälzung, und den liberalen Bürgern blieb nichts anderes übrig, als abzuwarten, was die Sozialdemokraten tun würden.

Ähnlich war die historische Entwicklung der Zentrumspartei in

Deutschland gewesen. Den Kern ihrer Wählerschaft bildeten die katholischen Arbeiter und Bauern im Westen und Süden, und es war vielleicht kein Zufall, daß ein süddeutscher Zentrumsabgeordneter, Erzberger, im Jahre 1917 die oppositionelle Reichstagsmehrheit zusammengefügt hat. Aber irgendwelche Traditionen revolutionärer Aktivität oder einer eigenen gewaltsamen Aktion hatte auch die deutsche Zentrumspartei nicht. So trat sie zunächst, genau wie der Liberalismus, im November 1918 in den Hintergrund.

Durch die Zertrümmerung der bürgerlichen Rechtsparteien und den Rückzug der bürgerlichen Mitte blieb die Sozialdemokratie allein als Herrin der Situation übrig. Gestützt auf die roten Soldaten und Arbeiter, sollte sie den Neubau der deutschen Republik vollenden. Das war freilich eine Aufgabe, von der die deutsche Sozialdemokratie völlig unvorbereitet getroffen wurde. Die ersten Wegweiser des Sozialismus in Deutschland, Marx und Engels, waren revolutionäre Demokraten im Geiste von 1848 gewesen. Ihr Ziel war die Eroberung der politischen Macht als unbedingte Voraussetzung der wirtschaftlichen Umwälzung. Marx und Engels sahen stets den Staat und die Gesellschaft als eine Einheit. Sie beschäftigten sich mit allen Zweigen des öffentlichen Lebens in gleichmäßiger Ernsthaftigkeit. Sie verlangten, daß ihre Partei das gesamte nationale Leben erfassen und umgestalten sollte. Die organisatorischen Versuche, die Marx und Engels in Deutschland unternahmen, scheiterten infolge der Niederlage der Revolution von 1848. Der Mann, der dann der eigentliche Gründer der Sozialdemokratischen Partei Deutschlands wurde, Ferdinand Lassalle, gehörte in seiner politischen Universalität und seinem umfassenden Realismus durchaus zur Schule von Marx und Engels. Aber nach seinem frühen Tode gingen seine Nachfolger andere Wege.

Die deutsche Sozialdemokratie wurde, zumal nach dem Fall des Sozialistengesetzes im Jahre 1890, die typische Partei der sozialistischen Zweiten Internationale. Sie entwickelte sich in einer Periode, in der in Europa, wenigstens außerhalb Rußlands, keine revolutionären Möglichkeiten vorhanden schienen. Die deutsche Sozialdemokratie fand sich mit der Existenz des kaiserlichen Staats und der kapitalistischen Gesellschaftsordnung als unerschütterlichen Realitäten ab. Die sozialistische Revolution rückte in die nebelhafte Ferne des Zukunftstaates. Wie die gesamte Zweite Internationale betrachtete es die deutsche Sozialdemokratie als ihre Hauptaufgabe, die materielle Existenz der Arbeiterklasse, innerhalb des bürgerlichen Staats, zu sichern und zu heben. Auf diesem Boden einer proletarischen Berufspolitik hat die alte Sozialdemokratie bis 1914, vor allem dank den mit ihr verbündeten freien Gewerkschaften, Hervorragendes geleistet. Die marxistische Theorie dagegen war für die deutschen Sozialisten ebenso wie für die gesamte Zweite Internationale nur das Mittel, um die eigene Bewegung ideologisch vom Bürgertum zu scheiden. Der offizielle Radikalismus der Zweiten Internationale erschöpfte sich in einer ständigen scharfen Polemik gegen den bürgerlichen Staat und seine Organe, gegen den Feudalismus und gegen die Dynastien. Unversöhnlich lehnte man jede Mitarbeit mit den bürgerlichen Parteien oder gar mit der Regierung ab. Man stimmte gegen den Etat, man kämpfte gegen die Armee- und Außenpolitik der Regierung. Man machte sich aber gar keine Gedanken darüber, durch welche realen Vorgänge der bestehende Staat einmal verändert werden solle.

So vereinigte die offizielle deutsche Sozialdemokratie der Vorkriegszeit, deren Repräsentant August Bebel war, eine starke sozialpolitische Aktivität mit einem passiven formalen Radikalismus auf allen anderen Gebieten des öffentlichen Lebens. Zu den Problemen der Außenpolitik und des Militärwesens, der Schule und der Justiz, der Verwaltung, ja sogar der Wirtschaft im allgemeinen, und besonders der Agrarfrage, hatte der durchschnittliche sozialdemokratische Funktionär kein inneres Verhältnis. Er dachte nicht daran, daß einmal der Tag kommen könnte, an dem er, der Sozialdemokrat, alle diese Dinge würde entscheiden müssen. Am Herzen lag ihm alles, was mit den Berufsinteressen des Industriearbeiters im engeren Sinne zusammenhing. Hier war er sachkundig und aktiv. Daneben bewegte ihn vielleicht am meisten noch die Wahlrechtsfrage.

Lassalle hatte mit vollem Recht die deutsche Arbeiterschaft aufgefordert, sich das allgemeine Wahlrecht zu erkämpfen, um so politischen Einfluß im Staat zu gewinnen. Als dann der Norddeutsche Bund und später das Deutsche Reich von 1871 das allgemeine Wahlrecht gewährten, nutzte die Sozialdemokratie es eifrig aus. Die Reichstagswahlen waren das Barometer für den Stand der sozialdemokratischen Bewegung. Einen Wahlkreis zu erobern, war die höchste Ehre für die örtliche sozialistische Organisation. Je mehr Kraft die Arbeiterschaft bei den Reichstagswahlen entwickeln konnte, um so schmerzlicher empfand sie es, daß in Preußen das Dreiklassenwahlrecht die Arbeiter zur Ohnmacht verurteilte. Der Kampf um die preußische Wahlreform ist von der Sozialdemokratie vor 1914 mit besonderer Energie geführt worden, und während des Weltkrieges ist der Streit um das preußische Wahlrecht neu aufgelebt.

Die politischen Wahlen sind ohne Zweifel in jedem Lande von hervorragender Bedeutung, zumal wenn dort eine demokratisch-parlamentarische Verfassung herrscht. Aber eine politische Bewegung, die sich nur auf die Stimmzettel verläßt und alle anderen Faktoren vernachlässigt, kann böse Enttäuschungen erleben. Eine Parlamentsmehrheit ist ohnmächtig, wenn sie z.B. die Armee und die entscheidenden Wirtschaftsmächte gegen sich hat. Nur wenn der Rhythmus des parlamentarischen Lebens mit dem der übrigen gesellschaftlichen Kräfte übereinstimmt, kann eine Demokratie wirklich funktionieren. Die alte deutsche Sozialdemokratie war durchaus im Recht, wenn sie die Bedeutung der Reichstagswahlen hervorhob und sich bemühte, im Reichstag möglichst stark zu werden. Sie hatte ebenso recht, wenn sie die Reform des rückständigen preußischen Wahlsystems anstrebte, aber bei dem rein formellen Radikalismus, der die Partei bis 1914 beherrschte, war doch der Kultus der Wahlen und der Wahlerfolge eine gewisse Gefahr. Es hat zwar niemand eine solche Theorie aufgestellt, und jeder sozialistische Funktionär hätte eine solche These entrüstet zurückgewiesen; aber im Unterbewußtsein des durchschnittlichen Sozialisten vor 1914 sah doch die Welt so aus, daß die Sozialpolitik und das Wahlrecht die Hauptsachen waren und alle übrigen Dinge im trüben Nebel schwammen. Diese einseitige Erziehung der deutschen Arbeiterschaft durch die offizielle Sozialdemokratie sollte sich in der Revolution nach dem 9. November bitter rächen.

Der offizielle Radikalismus beherrschte in der deutschen Sozialdemokratie bis 1914 den Parteivorstand, die große Mehrheit der Funktionäre und der einfachen Mitglieder. Daneben gab es freilich zwei Oppositionsgruppen, die voneinander aufs schärfste abwichen, aber doch in dem einen Punkt sich trafen, daß sie, im Gegensatz zu dem herrschenden formalen Radikalismus, eine realistische, aktive Politik forderten. Die kleine Gruppe der äußersten Linken verwarf die Auffassung, daß man noch für eine längere Periode mit stabilen staatlichen und wirtschaftlichen Zuständen rechnen müsse. Die äußerste Linke prophezeite schon für die nächste Zeit große Kriege und in ihrem Gefolge gewaltige revolutionäre Erschütterungen, und sie verlangte, daß die Sozialdemokratie ihre Politik auf eine solche Zukunft orientieren müsse. Die Arbeiter müßten sich auf aktive revolutionäre Kämpfe und auf die Machtübernahme vorbereiten. In vollem Gegensatz zu der äußersten Linken glaubte die äußerste Rechte der Partei an die Fortdauer der kapitalistischen Ordnung noch für längere Zeit. Wenn man aber mit einer solchen Zukunft rechnen müsse, dann solle die Partei den Mut haben, dies auch offen vor den Massen einzugestehen. Man solle auf die scheinradikalen Formeln verzichten, praktische Arbeit im Rahmen des bestehenden Staats leisten und, im Bündnis mit bürgerlichen Gruppen, politische Reformen anstreben. Nur so würde die Sozialdemokratie und mit ihr die Arbeiterschaft den Einfluß im Staate gewinnen, der ihr zukomme. Aber weder die Anhänger dieser Theorie, die sogenannten Revisionisten, noch die äußerste Linke waren imstande, die Macht des Parteivorstandes in der Sozialdemokratie zu erschüttern.

Als der Weltkrieg ausbrach, erklärte sich der Parteivorstand für die Landesverteidigung. Genauso formal, wie man bis 1914 Opposition gemacht hatte, bekannte man sich seit dem 4. August 1914 zum Burgfrieden und hat bis ins Jahr 1917 hinein keine selbständige Oppositionspolitik unternommen. Diese Richtung, die nach der Parteispaltung zur Mehrheitssozialdemokratie wurde, setzte im Grunde die formale Politik des Parteivorstandes der Vorkriegszeit fort, freilich jetzt mit einem umgekehrten Vorzeichen. Die Repräsentanten der Mehrheitssozialdemokratie waren Ebert und Scheidemann.

Die äußerste Linke lehnte den Burgfrieden unbedingt ab, sie erklärte, daß aus dem Weltkrieg die revolutionäre Erhebung der Massen entstehen würde. Diese Richtung, der sogenannte Spartakusbund unter Führung von Rosa Luxemburg und Karl Liebknecht, begann den illegalen Kampf gegen die kaiserliche Regierung. Auf diese Weise blieben die offizielle Richtung des Parteivorstandes ebenso wie die Linksradikalen während des Weltkrieges bestehen. Dagegen löste sich die revisionistische Tendenz während des Weltkrieges in verschiedene Gruppen auf. Ein Teil der alten Revisionisten, der Kreis um die »Sozialistischen Monatshefte«, billigte durchaus die Landesverteidigung und war in dieser Beziehung mit dem Parteivorstand einig. Aber man verwarf die passive Duldung der Regierungspolitik und verlangte ein selbständiges, nötigenfalls auch oppositionelles Auftreten der Sozialdemokratie in allen Lebensfragen des deutschen Volkes. Eine zweite Gruppe der Revisionisten ging einfach zum Parteivorstand über, eine dritte Gruppe endlich, geführt von Bernstein, dem eigentlichen theoretischen Haupt des Revisionismus, und von Eisner, trennte sich von der alten Partei und gründete, zusammen mit ehemaligen Anhängern des Parteivorstandes, die neue Unabhängige Sozialdemokratie.

Der Streit zwischen den Anhängern und Gegnern einer Bewilligung der Kriegskredite erschütterte jahrelang die deutsche Sozialdemokratie. 1917 kam es zur formellen Spaltung zwischen der alten Sozialdemokratie, jetzt gewöhnlich die Mehrheitspartei genannt, und der oppositionellen Minderheit, die sich zur Unabhängigen Sozialdemokratie zusammenfand. Der Spartakusbund trat zwar formell der Unabhängigen Sozialdemokratie bei, blieb aber doch ein abgesondertes Ganzes, denn die Politik des Spartakusbundes war von der Linie der USPD durchaus verschieden. Während die Spartakusleute die offene Revolution anstrebten, wollte der Vorstand der USPD nur mit den Mitteln einer friedlichen Opposition kämpfen. Es war ein eigenartiges Verhängnis, daß ungefähr zur selben Zeit, in der die Spaltung der Sozialdemokratie eine vollendete Tatsache wurde, die sachlichen Gegensätze zwischen den beiden Richtungen immer geringer wurden. Denn seit 1917, seit der Bildung der Reichstagsmehrheit der Friedensresolution, ging auch die Mehrheitssozialdemokratie in die Opposition gegen die Reichsregierung, und sie suchte durch eine selbständige Politik den Frieden zu fördern. Das war im wesentlichen dasselbe, was auch die USPD wollte, und es blieb eigentlich zwischen den beiden Parteien nur die rein symbolische Differenz, daß die einen die Kriegskredite bewilligten und die andern sie ablehnten.

Wenn man sich aber durch den organisatorischen und persönlichen Streit nicht beirren ließ, erkannte man, daß eigentlich die Mehrheitssozialisten und der Vorstand der USPD im Grunde dasselbe wollten, nämlich: Opposition gegen die Reichsregierung im Rahmen der Legalität zur Erreichung des Friedens, während der wirkliche Gegensatz zwischen den beiden großen sozialdemokratischen Parteien auf der einen Seite und dem kleinen Spartakusbund auf der anderen Seite lief. Denn der Spartakusbund wollte die gewaltsame Revolution zur Errichtung der sozialistischen Republik. Die sachliche Übereinstimmung zwischen den Mehrheitssozialisten und der Parteileitung der USPD hat die Koalition vom 10. November erst möglich gemacht. In der Opposition blieb der Spartakusbund.

Das Kräfteverhältnis zwischen den drei sozialistischen Richtungen im November 1918 läßt sich zahlenmäßig schwer darstellen. Immerhin mögen etwas spätere Wahlresultate eine gewisse Anschauung geben. Bei den Wahlen zur deutschen Nationalversammlung, im Januar 1919, erhielten die Mehrheitssozialisten elf Millionen Stimmen und die Unabhängigen zwei Millionen. Der Spartakusbund beteiligte sich an den Wahlen nicht. Er hat aber, nach späteren Wahlresultaten zu urteilen, damals höchstens einige Hunderttausend Anhänger gehabt. Danach wäre das Zahlenverhältnis der regierungsfreundlichen zu den oppositionellen Sozialisten ungefähr wie dreizehn Millionen zu ein paar Hunderttausend. Man möchte daraus den Schluß ziehen, daß die Regierung Ebert-Haase innerhalb der sozialistischen Arbeiterschaft ungeheuer stark und die Opposition ganz schwach war; denn danach hätte die Regierung der Volksbeauftragten bei ihren Maßregeln 95 Prozent der sozialistischen Arbeiterschaft oder noch mehr hinter sich haben müssen!

Aber die Ereignisse in den letzten Monaten des Jahres 1918 und zu Anfang 1919 geben ein ganz anderes Bild. Die drei Parteien, SPD, USPD und Spartakusbund, lassen sich gar nicht rein statistisch miteinander vergleichen. Denn keine dieser drei Parteien war in jenen Monaten ein einheitliches Ganzes. Alle drei waren von den schwersten inneren Gegensätzen zerrissen, und bei den politischen Vorgängen zeigten sich ständig die wunderlichsten Kombinationen zwischen den Parteien und Parteigruppen. Auf diese Art verschob sich das Kräfteverhältnis bald sehr erheblich zuungunsten der Regierung.

Die große Frage, an der sich damals innerhalb der deutschen Arbeiterschaft die Geister schieden, war: Nationalversammlung oder Räteregierung. Das Auftreten der Räte nach russischem Vorbild veränderte das ganze deutsche politische Leben. Von den einen begeistert begrüßt, von den anderen geschmäht und verworfen, bildeten die Räte den Zankapfel der deutschen Arbeiterpolitik.

Die Räte (Sowjets) traten zuerst in der russischen Revolution von 1905 hervor. Unter der Regierung des Zaren waren weder legale sozialistische Parteien noch sozialistische Gewerkschaften zugelassen. In Westeuropa wurden die Aktionen des Proletariats von den Massenorganisationen der Parteien und Gewerkschaften geleitet. Im zaristischen Rußland waren Gewerkschaften kaum vorhanden, und die politischen Arbeiterparteien setzten sich aus kleinen illegalen Gruppen zusammen. So kam es, daß die Arbeitermassen, wenn sie in Bewegung gerieten, sich neue Organe schufen. Es waren Organe der einfachsten Art. In Petersburg wählten die einzelnen streikenden Betriebe ihre Vertrauensleute. Die Gesamtkonferenz der Petersburger Betriebsdelegierten war der Petersburger Arbeiterrat. Dieser erste Sowjet suchte Verbindung mit den revolutionären politischen Parteien und mit den revolutionären Gruppen der Bauern und Soldaten. Demnach waren in der russischen Revolution von 1905 die Arbeiterräte Kampforganisationen zur Zusammenfassung der revolutionären Arbeiter.

In der russischen Revolution von 1917 tauchten sofort die Räte wieder auf. In den Städten bildeten sich die Arbeiterräte, die sich wieder aus den Betriebsdelegierten zusammensetzten. Dazu kamen jetzt überall die Soldatenräte als Organe der rebellierenden Truppen, und als dritte Form der Sowjets traten die Bauernräte hinzu, die in den einzelnen Dörfern gewählt wurden. Im Rußland des Jahres 1917 zeigte sich eine merkwürdige Doppelregierung, wie sie sich in Deutschland nach dem 9. November 1918 wiederholen sollte. Auf der einen Seite standen die Behörden des traditionellen Staatssystems und auf der andern die Sowjets als die Organe einer primitiven Demokratie der werktätigen Massen. Der traditionelle bürgerliche Staat charakterisiert sich durch die Teilung der öffentlichen Macht in die gesetzgebende und in die ausführende Gewalt. Bei den Räten war beides vereint. Der Arbeiterrat einer Stadt faßte die für die Stadtverwaltung notwendigen Beschlüsse, und zugleich führte er sie aus. Denn hinter ihm stand die bewaffnete Arbeitermiliz, die als Polizei und überhaupt als Exekutivorgan diente.
Mit dem Bolschewismus hatte ursprünglich das Rätesystem gar nichts

zu tun. Denn der Bolschewismus beruht auf einer straff disziplinierten Partei, in der die Autorität der Spitze sich nach unten durchsetzt. Nach bolschewistischen Gedanken hat diese streng disziplinierte Partei das ganze Land zu beherrschen. Die Räte dagegen waren die Organe einer extremen Demokratie, der unbedingten und schrankenlosen Selbstregierung der Volksmasse. Indessen erkannte Lenin schon im Frühjahr 1917, daß nur die Räte imstande sein würden, in Rußland den feudalbürgerlichen Staatsapparat zu zertrümmern. So hat Lenin die Losung »Alle Macht den Räten« herausgegeben, und unter dieser Parole hat die bolschewistische Revolution gesiegt. Als indessen die Macht der Bolschewiki befestigt war, wurde in Rußland die Rätedemokratie radikal beseitigt. Schon im Jahre 1918 stand Rußland unter der bolschewistischen Parteidiktatur. Auf dem Papier der Verfassung waren die Räte allmächtig, in Wirklichkeit führten sie eine kümmerliche Schattenexistenz.

Die Räte, die 1918 im Laufe der Revolution in Deutschland entstanden, waren indessen echte Räte im ursprünglichen Sinn und keine Schattensowjets, so wie die Bolschewiki sie damals in Rußland duldeten. Denn es gab ja in der deutschen Revolution keine Partei, die imstande gewesen wäre, eine despotische Diktatur über die Räte auszuüben. Sowohl die Mehrheitssozialisten wie auch die Unabhängigen bekannten sich zur demokratischen Selbstregierung der Arbeiter. Der Spartakusbund wäre viel zu schwach gewesen, um die deutschen Arbeiter- und Soldatenräte zu tyrannisieren. Überdies hätten seine theoretischen Führer, vor allem Rosa Luxemburg, derartige Experimente einer Parteidiktatur über das Proletariat selbst aufs schärfste zurückgewiesen.

Am 10. November 1918 hatten überall in Deutschland, in der Stadt wie auf dem Lande, die Arbeiter- und Soldatenräte die reale Gewalt, gestützt auf die revolutionären Truppenteile und auf die Arbeiterschaft, die sich an vielen Orten gleichfalls bewaffnete. Die große politische Frage lautete, ob die Regierung der Räte in Deutschland bestehen bleiben oder ob sie durch einen anderen Zustand wieder abgelöst werden sollte. Auch in Deutschland gab es im November 1918 eigentlich einen doppelten Staatsapparat. Denn die alten Behörden, der staatlichen wie der kommunalen Verwaltung, waren durch die Revolution nicht beseitigt worden. Die Landratsämter, die Regierungs- und Oberpräsidenten amtierten weiter, wenn auch unter der Kontrolle der Arbeiter- und Soldatenräte. Eine lebendige Demokratie, eine ernsthafte Selbstregierung der Massen, war bisher dem deutschen Volk fremd gewesen. Der staatliche Beamtenapparat beherrschte das öffentliche Leben, und auch die sogenannte kommunale Selbstverwaltung konnte ihm kein Gegengewicht bieten. Denn die großen Pläne des Freiherrn vom

Stein, in Preußen eine bürgerliche Selbstregierung aufzurichten, waren nach Steins Rücktritt verkümmert und verdorben worden. Nicht nur wurde die städtische Selbstverwaltung auf Schritt und Tritt durch die staatlichen Aufsichtsbehörden eingeengt, vor allem wurden in der Kommunalverwaltung alle wesentlichen Posten mit auf lange Jahre gewählten Berufsbeamten besetzt. Die ehrenamtlich tätigen Bürger spielten in den deutschen Gemeinden bis 1918 neben den Berufsbeamten nur eine bescheidene Rolle.

So fehlte den deutschen Volksmassen jede praktische Erfahrung darin, wie sie selbstverantwortlich ihre Angelegenheiten besorgen sollten. Der bürokratische Apparat in den öffentlichen Angelegenheiten hatte eine Tradition von vielen Jahrhunderten. Es schien kaum denkbar, daß man ihn durch einen revolutionären Sturm überwinden könnte. Die wirkliche Demokratie besteht aber nicht in der Abgabe irgendwelcher Stimmzettel, sondern in der aktiven Selbstregierung der Massen. So war die Frage nach der Überwindung des bürokratischen Apparats zugleich die Frage nach Leben oder Tod der deutschen Demokratie.

Durch die historische Entwicklung und durch das eigenartige russische Vorbild waren nun plötzlich die Organe einer demokratischen Selbstregierung der Massen in Deutschland vorhanden. Die Arbeiterräte wurden in den Betrieben gewählt und standen in engster Verbindung mit ihren Auftraggebern, von denen sie jederzeit wieder abberufen werden konnten. Sie bezogen keine festen Gehälter, sondern nur die notwendigen Diäten. Ihre Aufgabe war, alle Erscheinungen des öffentlichen Lebens in der Stadt zu bewachen und überall einzugreifen, wo es notwendig erschien. In der Revolution waren zunächst nur die Arbeiter- und Soldatenräte hervorgetreten. Die Bauernräte hatten außerhalb Bayerns kaum eine Bedeutung. Wenn die Räteordnung sich behaupten sollte, mußte man damit rechnen, daß in einiger Zeit die Soldatenräte verschwinden würden. Denn das Millionenheer des Weltkrieges mußte sich schon in wenigen Wochen auflösen. An Stelle der Soldatenräte mußten die Räte der übrigen Werktätigen und Berufsstände treten. Vor allem hätte man die Bauernräte in ganz Deutschland durchorganisieren müssen. Welche Berufsstände man in eine endgültige Räteorganisation aufnahm oder nicht, war dabei eine Frage von untergeordneter Bedeutung. Wenn man alle Werktätigen und am Produktionsprozeß beteiligten Menschen zu den Räten zuließ, so hatten damit mindestens neunzig Prozent aller Erwachsenen das Stimmrecht. Die Frage, ob man Leute, die keine produktive Arbeit leisteten, vom Rätewahlrecht ausschalten wollte oder nicht, war ohne erhebliche Bedeutung, weil es sich dabei doch höchstens um ein paar Prozent der Bevölkerung handelte.

Es war leicht möglich, die Räte der einzelnen Orte zu Landeskonferenzen zusammenzufassen und aus solchen Landeskonferenzen einen Reichsrätekongreß hervorgehen zu lassen. Das Entscheidende an dem Rätegedanken ist nicht diese oder jene Form, die eine oder andere Einschränkung des Stimmrechts. Ob in der Fabrik oder im Wohnbezirk gewählt werden soll, ist gerade nicht von welterschütternder Bedeutung. Sondern entscheidend ist die Überwindung des historischen Gegensatzes zwischen Exekutive und Legislative, die Ersetzung der bürokratischen Regierung über das Volk durch die Selbstregierung der mündigen Volksmassen. Die Räteregierung bedeutete an sich weder irgendeinen Terror noch eine Gewaltherrschaft einer Minderheit, noch irgendwelche phantastischen Experimente auf dem Gebiet der Wirtschaft. Es war sogar möglich, und dieser Vorschlag ist während der deutschen Revolution vielfach gemacht worden, die Räte irgendwie mit dem parlamentarischen System zu kombinieren. Ein Räteparlament, das auf dem Prinzip der berufsständischen Gliederung der Produzenten beruhte, konnte einer Volksvertretung der alten Art zur Seite gestellt werden. Es gab Möglichkeiten genug, wie man sich die Kompetenz der beiden Parlamente im Verhältnis zueinander denken mochte.

Die Räte hätten nicht nur die Aufgabe gehabt, in Deutschland eine entschlossene Demokratie der Volksmassen zu sichern, sie hätten auch auf dem Gebiet der Wirtschaft entscheidende Neuerungen bringen können. Nach dem 9. November, als der politische Sieg der Sozialdemokratie in seiner ganzen Größe den Massen vor Augen stand, erhob sich überall im Lande der Ruf nach der Sozialisierung. Es ist merkwürdig, daß der Ruf nach dem Sozialismus nicht eine Ursache, sondern eine Folge der Novemberrevolution gewesen ist. In weiten Schichten des Volkes, nicht nur bei den Arbeitern, sondern auch bei Intellektuellen usw., war die Überzeugung verbreitet, daß die alte kapitalistische Ordnung sich überlebt habe und daß sie einer neuen Form des Wirtschaftslebens Platz machen müsse. Was man im einzelnen unter Sozialisierung verstehen wollte, darüber bestanden freilich die größten Meinungsverschiedenheiten. Aber darüber war man sich klar, daß jede Form einer Plan- oder Gemeinwirtschaft nur dann Erfolge erzielen konnte, wenn sie die produzierenden Massen zur lebendigen Mitwirkung mobilisierte. Die gegebenen Organe, um im Betrieb den plan- und gemeinwirtschaftlichen Gedanken zu vertreten, waren aber die Räte. Die gemeinwirtschaftliche Regelung eines Industriezweiges war am besten durch die Mitarbeit der Räte der betreffenden Betriebe zu sichern. Wenn die Sozialisierung mehr sein sollte als eine bloße bürokratische Verstaatlichung, konnte sie gleichfalls die Räte nicht entbehren.

Wie standen nun die einzelnen sozialistischen Parteien und Tendenzen zur Rätefrage? Der Parteivorstand der Mehrheitssozialisten und größere Teil der Parteifunktionäre konnte sich von den Räten nicht viel versprechen: Das alte historische Ideal der deutschen Sozialdemokratie war die parlamentarische Republik gewesen. Das alte monarchische System war zusammengebrochen, und jetzt sollte eine deutsche Nationalversammlung gewählt werden, zusammengesetzt nach dem freiesten Wahlrecht, das sich irgendwie ausdenken ließ. Ebenso sollten in allen deutschen Ländern, Provinzen und Gemeinden die Selbstverwaltungskörperschaften auf demokratische Art erneuert werden. Das entsprach den alten Forderungen der Partei und war besser als alle neumodischen Experimente. In der Räteregierung erblickten die mehrheitssozialistischen Funktionäre die gewaltsame Diktatur einer Minderheit über die Mehrheit des Volkes. Denn sie meinten, daß die Räte sich nur auf die Arbeiter der Großbetriebe stützen und die übrigen Volksmassen ausschalten würden.

Es war richtig, daß zur Zeit noch große Massen der deutschen Bevölkerung, auch der werktätigen Bevölkerung, außerhalb der Räte standen. Es war ebenfalls richtig, daß in manchen Arbeiter- und Soldatenräten lokale, abenteuerliche Gestalten ihr Wesen trieben und sich als kleine Diktatoren aufspielten. Aber das waren Mängel, die sich leicht abstellen ließen und die mit dem Rätegedanken selbst nichts zu tun hatten.

Ferner wollten diese mehrheitssozialistischen Funktionäre von einer bolschewistischen Gewaltherrschaft nichts wissen, und sie erkannten nicht, daß Räte und Bolschewismus keineswegs miteinander identisch sind. Endlich fühlten sich die mehrheitssozialistischen Gewerkschaftler durch die Tätigkeit der Räte in den Betrieben gestört und verletzt. In jahrzehntelanger Arbeit hatten die deutschen Gewerkschaften für das Proletariat gewirkt, und jetzt sollten sie durch Neulinge zurückgedrängt werden, die von der Betriebsgunst emporgetragen wurden? Die besonnene Sachlichkeit der Gewerkschaftsarbeit sollte nicht durch die abenteuerliche Sucht der Arbeiterräte nach Experimenten gestört werden.

Die ablehnende Haltung der offiziellen Mehrheitssozialdemokratie gegen die Räte wurde in der Öffentlichkeit vor allem von Ebert und Scheidemann vertreten. Aber es wäre falsch, wenn man diesen beiden Männern persönlich die Schuld an diesem einen wie so vielen anderen Fehlern der Revolutionszeit aufbürden wollte. Denn viele Hunderte, ja Tausende von angesehenen Parteifunktionären in ganz Deutschland dachten ebenso wie Ebert und Scheidemann. Diese Männer erkannten durchaus richtig gewisse Fehler und Mängel, die im einzelnen den deutschen Arbeiter- und Soldatenräten anhafteten. Aber der konservative Geist der alten Partei war in ihnen so stark, daß sie zu den neuen Erscheinungen des politischen und gesellschaftlichen Lebens nicht unbefangen Stellung nehmen konnten. So war der offizielle Mehrheitssozialismus unbedingt für die parlamentarische Demokratie und für die Nationalversammlung. In den Räten erblickte man nur eine Übergangserscheinung. Sie waren Produkte der revolutionären Unordnung, und sie sollten so schnell wie möglich verschwinden, wenn erst die Nationalversammlung und die andern parlamentarisch-demokratischen Körperschaften in Deutschland da waren.

Diese selben mehrheitssozialistischen Funktionäre waren aufrichtig von dem Wunsche erfüllt, in Deutschland den privaten Kapitalismus zurückzudrängen und auf seine Kosten die Gemeinwirtschaft zu stärken. Aber bei der trostlosen Wirtschaftslage, in der sich Deutschland damals befand, wollten sie mit der Wirtschaft nicht experimentieren. Man müsse alles vermeiden, wodurch die jetzt so notwendige Produktion gestört werden könnte. Sie wollten nur solche Betriebe in vorsichtiger Form in das öffentliche Eigentum überführen, die dafür, wie man sagte, reif waren.

Die offizielle Parteimeinung der SPD über die Räte wurde indessen durchaus nicht von allen Parteimitgliedern geteilt. Vor allem waren es Tausende von mehrheitssozialistischen Arbeiterräten selbst, die ihre Aufgaben nicht so eng ansehen wollten, wie der Parteivorstand es vorschrieb. Zwar waren auch die oppositionellen Mehrheitssozialisten durchaus für die Wahl der Nationalversammlung. Aber sie wollten doch, daß neben dem traditionellen Parlament die Räte zu ihrem Rechte kommen sollten. Die Räte sollten dazu helfen, daß die politische Demokratie gesichert und die Sozialisierung vorwärtsgetrieben wurde. Das theoretische Material für die mehrheitssozialistische Opposition, besonders für die mehrheitssozialistischen Arbeiterräte, die so dachten, lieferte der Kreis der »Sozialistischen Monatshefte«. Cohen, Kaliski und andere Männer aus dieser alten revisionistischen Gruppe propagierten zwar genauso wie der Parteivorstand die Nationalversammlung, und sie waren auch mit einem vorsichtigen Tempo der Sozialisierung einverstanden, aber sie verlangten, daß überall in Deutschland Kammern der Arbeit, als Organe der in den Räten vereinten Produzenten, gebildet würden. Die Kammern der Arbeit sollten neben den politischen Parlamenten die wirtschaftliche Demokratie verkörpern.

Der Parteivorstand der USPD und die ihm nahestehenden Theoretiker erkannten die Bedeutung der Räte. Sie wünschten ebenfalls eine Kombination zwischen Räten und Nationalversammlung. Über die Möglichkeiten einer Vollsozialisierung dachten sie ebenso skeptisch wie die Mehrheitssozialdemokratie. Auch sie wären zunächst mit vorsichtigen Schritten auf dem Wege zur Gemeinschaft, beginnend mit der Vergesellschaftung des Bergbaus, zufrieden gewesen. Wie man sieht, war die Grundauffassung, wie sie der Parteivorstand der USPD vertrat, ungefähr dieselbe, wie man sie bei den oppositionellen Mehrheitssozialisten finden konnte. Der Auffassung von der deutschen Revolution, wie Haase und Dittmann sie vertraten, standen auch die bedeutendsten sozialistischen Theoretiker Deutschlands, Männer wie Kautsky, Hilferding und Bernstein, nahe. Eine gewisse Sonderstellung nahm der Ministerpräsident Bayerns, Kurt Eisner, ein. Er war ein besonders aktiver Vertreter einer lebendigen, aus den Räten erwachsenden Demokratie. Er hätte am liebsten ein Parlament alten Stils überhaupt nicht mehr gesehen, aber auf der andern Seite wollte er keine übereilte Sozialisierung und lehnte jede Diktaturmethode bolschewistischer Art aufs schärfste ab.

Während so der Parteivorstand der USPD sich dem linken Flügel der Mehrheitssozialisten näherte, verlor er das Vertrauen eines Teils der eigenen Mitgliedschaft. Der in den Monaten vor der Revolution innerhalb der USPD, vor allem in Groß-Berlin, gebildete radikale linke Flügel stimmte mit den Grundgedanken des Spartakusbundes überein, dem Berliner Kreis der sogenannten revolutionären Obleute gehörten die Vertrauensleute der Großbetriebe, in erster Linie der Metallindustrie, an. Sie selbst und die hinter ihnen stehenden Arbeiter waren unter dem Eindruck der russischen Revolution zu der Überzeugung gekommen, daß in Deutschland die bürgerliche Republik nicht genüge, sondern daß man zu einem konsequent sozialistischen Staat vordringen müsse. Die revolutionären Obleute hatten im Oktober 1918 in Berlin einen Aufstand vorbereitet, der die Errichtung der sozialistischen Republik zum Ziele haben sollte. Aber sie waren durch die allgemeine breite Massenbewegung, die von Kiel ausging, überrumpelt worden, und so hatten sie die Bildung der bürgerlichen Republik und der Koalitionsregierung aus der SPD und USPD nicht verhindern können. Jetzt vertraten sie den kompromißlosen sozialistischen Staat und die reine Räteregierung unter Ablehnung der Nationalversammlung.

Die Gruppe der revolutionären Obleute war im November 1918 ein starker politischer Faktor, weil sie über die Berliner Großbetriebe verfügte. Es gelang ihr auch, in dem Groß-Berliner Vollzugsrat der Arbeiter- und Soldatenräte die Führung an sich zu reißen. Das war eine Art von Exekutivorgan, das die Gesamtheit der Berliner Arbeiter- und Soldatenräte aus ihrer Mitte heraus gewählt hatte. Der Berliner Vollzugsrat fühlte sich als der eigentliche Repräsentant des deutschen Rätegedankens. Er hielt es für seine Aufgabe, auch den Rat der Volksbeauftragten im Namen des revolutionären Proletariats zu kontrollieren. Im Berliner Vollzugsrat hatten zwar die Mehrheitssozialisten zahlenmäßig die Majorität, aber die Unabhängigen, von der Richtung der Obleute, hatten die geistige Führung, und sie stellten auch den Vorsitzenden in der Person Richard Müllers. Neben Müller waren die wichtigsten Männer aus dem Kreis der Obleute Däumig und Ledebour. Die revolutionären Obleute, ihre Freunde und Anhänger, waren zwar formell Mitglieder der USPD, aber sie waren in allen grundlegenden Fragen anderer Meinung als ihr Parteivorstand. Sie gehörten durchaus zur Opposition und nicht zu den Anhängern der Regierung der Volksbeauftragten. Eine Anzahl radikaler Arbeiterräte im Reich suchte Fühlung mit dem Berliner Vollzugsrat und paßte sich seinem politischen Grundgedanken an.

Die Führer des Spartakusbundes, Rosa Luxemburg und Karl Liebknecht, machten sich am 10. November und in den folgenden Wochen über den Charakter der deutschen Revolution gar keine Illusionen. Sie erkannten, daß die große Mehrheit des deutschen Volkes zur Zeit mit der bürgerlich-demokratischen Republik zufrieden sei. Erst in einem langwierigen Entwicklungsprozeß werde sich die Mehrheit des deutschen werktätigen Volkes für den konsequent sozialistischen Staat gewinnen lassen. Rosa Luxemburg war für eine demokratische Räterepublik, aber unter Ablehnung einer jeden Parteidiktatur. Der Spartakusbund könnte erst dann die Macht übernehmen, wenn die große Mehrheit des deutschen werktätigen Volkes unzweideutig mit seiner Politik einverstanden sei. Alle putschistischen Abenteuer und jeden terroristischen Handstreich einer Minderheit lehnte sie ab. Die Führung des Spartakusbundes wollte eine entschlossene Agitation für den sozialistischen Staat, für die Räte und gegen die Nationalversammlung treiben. Aber sie wollte von politischen Abenteuern nichts wissen. Wie man sieht, waren die Grundgedanken Rosa Luxemburgs und Karl Liebknechts im allgemeinen mit der Anschauung der revolutionären Obleute identisch. Aber die Mehrheit ihrer eigenen Partei, des Spartakusbundes, dachte ganz anders.

Der Spartakusbund setzte sich aus zwei ganz verschiedenen Gruppen zusammen. Auf der einen Seite stand ein kleiner Kreis von konsequenten revolutionären Marxisten. Auf der andern Seite war eine größere Zahl von radikalen Utopisten. Der hemmungslose Utopismus ist als Neben- und Unterströmung in der Arbeiterschaft stets vorhanden gewesen. Je nach den politischen und sozialen Bedingungen tritt er hervor, oder bleibt er im Hintergrund. Zum Utopismus neigen die besonders armen, verelendeten und verbitterten Arbeiterschichten. Sie lehnen jedes irgendwie geartete Kompromiß mit den bestehenden Zuständen ab. Sie wollen vom Parlament und von der Gewerkschaft nichts wissen, weil angeblich an beiden Stätten das Proletariat nur verraten würde. Sie sind eigentlich gegen jede Führung und gegen jede Organisation, weil sie in jeglicher Bindung nur eine verräterische Tücke erblicken. Ihre Taktik ist die gewaltsame revolutionäre Aktion, ganz gleich, wie im Moment die objektiven Bedingungen und das Kräfteverhältnis sein mögen. Daß derartige utopistische Arbeiterschichten, wie sie sich vor allem aus Arbeitslosen rekrutieren, sehr leicht zu demoralisieren sind und dann von einem Extrem ins andere fallen, hat die Erfahrung nur zu oft bestätigt. Die utopistisch-radikalen Arbeiter sind das Sprengpulver für jede proletarische oder sozialistische Bewegung. Mit ihrem Mißtrauen, ihrer Ungeduld und Hemmungslosigkeit können sie nur zerstören, aber keine konsequente revolutionäre Politik fördern. Marx, Engels und Lenin haben sich stets mit schärfster Rücksichtslosigkeit gegen die utopistische Tendenz gewandt und vor jeder Konzession an sie gewarnt.

Als der Kreis um Rosa Luxemburg daranging, eine revolutionäre, marxistische Gruppe im deutschen Proletariat zu bilden, fand er, bei dem Mangel einer jeden revolutionären Tradition in der deutschen Arbeiterschaft, nur wenige Anhänger. Was sich ihnen anschloß, waren vielfach solche verbitterte Utopisten, die meinten, daß die Theorie der Spartakusleute mit ihren eigenen wilden Gefühlen übereinstimme. In Wirklichkeit hatte die Führung des Spartakusbundes theoretisch und praktisch mit der Mehrzahl ihrer Anhänger gar nichts gemein. Wo die Führung sich realistisch nach den gegebenen Verhältnissen Deutschlands richten wollte, da wollten die Anhänger ohne Überlegung vorwärtsstürmen. Wo die Führung mit einer längeren Dauer der Entwicklung rechnete, wollten die Anhänger schon in wenigen Tagen und Wochen das Resultat sehen.

Wie man sieht, zerfallen die drei Parteien des deutschen sozialistischen Proletariats im November und Dezember 1918 eigentlich in sechs ganz verschiedene Tendenzen. Dabei ist der Bequemlichkeit halber der Spartakusbund überall als selbständige Partei gerechnet, obwohl er erst Ende Dezember den offiziellen Trennungsstrich von der USPD zog und sich als »Kommunistische Partei Deutschlands« unabhängig machte. Es gab im November, um es ganz einfach auszudrücken, rechte und linke Mehrheitssozialisten, rechte und linke Unabhängige, rechte und linke Spartakisten. Dabei standen sich merkwürdigerweise die linken Mehrheitssozialisten und die rechten Unabhängigen und ebenso die linken Unabhängigen und die rechten Spartakisten ganz nahe. Die Dreiteilung des deutschen sozialistischen Proletariats, wie sie sich durch die Kriegspolitik ergeben hatte, paßte eben in die veränderten Verhältnisse der Revolution und Republik nicht mehr hinein. An Stelle der drei veralteten bestehenden Parteien hätten nach der politischen Logik nur zwei existieren sollen; nämlich eine große demokratische

Arbeiterpartei, die zunächst im Rahmen des bürgerlichen Staates arbeiten und nur langsam und vorsichtig sozialisieren wollte. Zu dieser Partei hätten alle Mehrheitssozialisten und der rechte Flügel der USPD gehören können. Das wäre die Regierungspartei, die Zusammenfassung der Anhänger der sechs Volksbeauftragten gewesen. Ihnen gegenüber hätte die kleinere Oppositionspartei der konsequenten Sozialisten stehen können. Sie hätte sich aus den linken Unabhängigen, also dem Kreis der Obleute nebst der spartakistischen Richtung Rosa Luxemburgs, zusammengesetzt. Diese zweite Partei hätte auf dem Boden der bürgerlichen Demokratie ohne putschistische Abenteuer Opposition gemacht. Außerhalb beider Parteien hätte das kleine Häuflein der hemmungslosen Utopisten gestanden. Ohne die Autorität eines Liebknecht und einer Luxemburg hätten sie politisch nichts bedeutet, und ihre Zurückhaltung wäre eine polizeiliche Aufgabe gewesen. Alle diese Kombinationen sind nicht etwa ein Produkt späterer Schreibtischphantasie, sondern sie sind damals ernsthaft von den führenden Politikern erwogen worden. Die Gruppe Rosa Luxemburgs verhandelte im Dezember mit den revolutionären Obleuten wegen der Bildung einer neuen Partei, und der Kreis um Dittmann und Haase strebte eine Einigung mit der Mehrheitssozialdemokratie an.

Es gehört mit zum Verhängnis der deutschen Revolution, daß die notwendigen Spaltungen der USPD und des Spartakusbundes gar nicht, beziehungsweise viel zu spät, erfolgten. Rosa Luxemburg und Karl Liebknecht hatten nicht die Kraft, sich rechtzeitig von ihren Utopisten zu trennen, und Haase und Dittmann konnten die Trennung von den revolutionären Obleuten nicht vollziehen. Schuld daran trug die allgemeine politische Rückständigkeit der deutschen Arbeiterbewegung. Sentimentale Treue zu den zufällig entstandenen Vereinen war stärker als die Einsicht in die politischen Notwendigkeiten. Wären die rechten Unabhängigen, unter Führung von Dittmann und Haase, zu den Mehrheitssozialisten zurückgekehrt, dann hätten die Nurparlamentarier in der Partei ein starkes Gegengewicht gehabt. Auf seine eigenen Kräfte angewiesen, blieb der linke Flügel der SPD aktionsunfähig. Im andern Lager aber wurden Dittmann und Haase durch die revolutionären Obleute lahmgelegt, und schließlich wurden Luxemburg und Liebknecht die Gefangenen ihrer Utopisten. Eine einheitliche Aktion des deutschen sozialistischen Proletariats war nur möglich, wenn die Millionen von Arbeitern aktiv mitwirkten, die zwischen den parlamentarischen Rätefeinden auf der Rechten und den hemmungslosen Utopisten auf der Linken in der Mitte standen. Durch die verworrenen Parteiverhältnisse ergab sich die Gefahr, daß diese breite Mitte der sozialistischen Bewegung ausgeschaltet wurde und daß die äußerste Rechte und die äußerste Linke hemmungslos aufeinander losschlugen.

Die Regierung der Volksbeauftragten verfügte, als sie ihr Amt antrat, über sehr viel Macht und Autorität, und leidenschaftliche Hoffnungen wurden ihr von der Mehrheit des Volkes entgegengetragen. Aber ganz abgesehen von den Schwierigkeiten der außenpolitischen und wirtschaftlichen Lage Deutschlands, mußte doch die politische Rückständigkeit und innere Zerrissenheit der deutschen Arbeiterbewegung ernste Sorgen verursachen. Die Schwierigkeiten waren zu überbrücken, wenn die Volksbeauftragten durch entschiedene Taten die Initiative an sich rissen und so die Massen des sozialistischen Proletariats und darüber hinaus auch die demokratischen Mittelschichten des deutschen Volkes an sich fesselten.

II. Kapitel

Die Regierung der Volksbeauftragten

Der Rat der Volksbeauftragten hat in den Monaten November und Dezember 1918 und Januar 1919 in Deutschland mit diktatorischer Gewalt regiert. Er bestand bis Ende Dezember aus den drei Volksbeauftragten der SPD und den drei Vertretern der USPD. Nach dem Ausscheiden der unabhängigen Mitglieder regierten die Mehrheitssozialisten allein. Die Kontrolle über den Rat der Volksbeauftragten, im Namen der deutschen revolutionären Räte, übte zunächst der Großberliner Vollzugsrat aus. Im Dezember wählte dann der allgemeine deutsche Rätekongreß einen Zentralrat, dem die Aufsicht über die Tätigkeit der Volksbeauftragten zustehen sollte. Soweit der Vollzugsrat und später der Zentralrat sie deckte, übten die Volksbeauftragten eine diktatorische Gewalt aus, und die Verordnungen der Volksbeauftragten hatten in ganz Deutschland die Kraft von Gesetzen.

Der Rat der Volksbeauftragten hat in den drei Monaten eine außerordentlich eifrige Tätigkeit entfaltet und eine Menge von wichtigen Verordnungen erlassen. Aber die an sich wichtige und gründliche Tätigkeit der Volksbeauftragten beschränkte sich ganz auf bestimmte Einzelgebiete.

Schon am 12. November kündigten die Volksbeauftragten die Einführung des Achtstundentags an. Eine ergänzende Verfügung des Demobilmachungsamtes vom 23. November brachte weitere Einzelheiten über die Arbeitszeit. Die Volksbeauftragten hoben die Gesindeordnung und die Sonderbestimmungen zuungunsten der Landarbeiter auf, wie sie im Kaiserreich gegolten hatten. Die öffentlichen Beamten erhielten das unbeschränkte Koalitionsrecht. Eine wichtige Verordnung vom 13. November richtete die Erwerbslosenfürsorge ein. Dadurch wurde den Gemeinden die Verpflichtung auferlegt, die Erwerbslosen zu erhalten. Diese Unterstützung sollte aber nicht den rechtlichen Charakter der Armenpflege haben. Von den Kosten sollte in der Regel das Reich die Hälfte, der zuständige Bundesstaat ein Drittel und die Gemeinde das übrigbleibende Sechstel tragen. Dazu kam noch eine Reihe von weiteren Verordnungen sozialpolitischer Art, unter denen die Neuregelung der Krankenversicherung besondere Bedeutung besaß.

Eine Verordnung vom 4. Januar 1919 verpflichtete die Arbeitgeber, ihre aus dem Felde zurückgekehrten Arbeiter wieder einzustellen. Gleichzeitig wurde ein System geschaffen, um Arbeiter und Angestellte vor willkürlicher Entlassung zu sichern. Der Arbeiter, der glaubte, ungerechtfertigt behandelt zu werden, konnte einen Schlichtungsausschuß anrufen. Im Notfall hatte der staatliche Demobilmachungskommissar die Befugnis, festzustellen, wer entlassen und wer weiterbeschäftigt werden solle.

Eine Verordnung vom 23. Dezember beschäftigte sich mit den Tarifverträgen. Sie bestimmte, daß ein Tarifvertrag, der für einen bestimmten Beruf zwischen den zuständigen Gewerkschaften und dem zuständigen Unternehmerverband geschlossen wurde, unbedingt gültig sei, das heißt, daß kein Arbeitgeber für seinen Betrieb eine andere Regelung treffen durfte. Für alle Streitigkeiten wurde ein genau durchdachtes System von Schlichtungsausschüssen eingerichtet.

Ferner haben die Volksbeauftragten das allgemeine und gleiche Wahlrecht für alle Männer und Frauen vom 20. Lebensjahr an eingeführt. Sämtliche politischen Wahlen sollten künftig in Deutschland nach diesem radikalen Wahlrecht erfolgen. Das galt für die deutsche Nationalversammlung, aber ebenso für alle Landtage und Gemeindevertretungen. Sämtliche öffentlichen Körperschaften, die nach einem anderen Prinzip zusammengesetzt waren, wurden beseitigt. Damit verschwanden das preußische Herrenhaus, das nach dem Dreiklassenwahlrecht zusammengesetzte alte preußische Abgeordnetenhaus und die nach einer Klassenordnung gewählten alten Stadtverordnetenversammlungen.

Wenn man das gesamte Gesetzgebungswerk der Volksbeauftragten betrachtet, so erkennt man bestimmte Grundgedanken, wie sie vor allem den führenden Mehrheitssozialisten eigen waren: Das deutsche Volk sollte nach unbedingt demokratischen Prinzipien über sein Geschick bestimmen. Vom Reichsparlament herab bis ins letzte Dorf sollte das allgemeine Stimmrecht entscheiden. Wenn das Volk nicht reif genug war, um sein Recht angemessen zu benutzen, dann konnte auch die Weisheit der neuen revolutionären Obrigkeiten nichts nützen. Aber es war doch unter dem Eindruck des Kriegsendes und der Revolution anzunehmen, daß in nächster Zeit sämtliche Wahlen erdrückende demokratische Mehrheiten bringen würden. Diese Vermutung ist durch die Ereignisse durchaus bestätigt worden. So erhielten bei den Wahlen zur Nationalversammlung am 19. Januar 1919 die sozialistischen und demokratischen Parteien zusammen vier Fünftel aller Stimmen und die mehr oder minder verkappten Anhänger des alten Systems nur ein Fünftel. Die übrigen Wahlen zu den Landtagen, Gemeindevertretungen und so weiter verliefen ähnlich. Die demokratische Grundlage für den Neuaufbau Deutschlands schien demnach gesichert.

Auf dieser demokratischen Basis wollten dann die Mehrheitssozialisten die Existenz der Arbeiterschaft besonders sichern. Mit der Einführung des Achtstundentages wurde ein altes Ideal der sozialistischen Internationale verwirklicht. Die Stellung des Arbeiters im Betrieb wurde vor Willkür gesichert, die Rechte der Gewerkschaften wurden unbedingt durchgesetzt, die Wiedereinstellung der Kriegsteilnehmer befohlen. Wo aber ein Arbeiter, trotz der behördlichen Maßregeln, keinen Erwerb finden konnte, mußte die Gemeinde für seinen Unterhalt eintreten. Sowohl die parlamentarisch-demokratischen wie die sozialpolitischen Maßregeln der Volksbeauftragten bedeuten wichtige Errungenschaften für die Volksmassen. Dennoch hat sich schon bald das ganze sorgfältig durchdachte Gesetzgebungswerk der Volksbeauftragten als zwecklos erwiesen, und die deutschen Arbeiter haben den Volksbeauftragten für ihre Verordnungen nur wenig Dankbarkeit gezeigt. Die beiden Ziele, die sich die Volksbeauftragten gesetzt hatten, die deutsche Demokratie und die Stellung des Arbeiters in ihr zu sichern, sind nicht erreicht worden.

An dem Programm der Volksbeauftragten fällt sofort seine merkwürdige Einseitigkeit auf. Die Volksbeauftragten waren gerade auf den Gebieten wirksam, auf denen auch die Interessen der alten deutschen Sozialdemokratie lagen, und sie haben dort überall versagt, wo auch die SPD vor 1914 keine ernsthafte Initiative zeigte. Sozialpolitik und Wahlrecht waren und blieben die eigentlichen Objekte sozialdemokratischer Politik, und was daneben lag, wurde entweder ignoriert oder nur zaghaft und unzulänglich angefaßt. Wenn man sich den Zusammenhang zwischen der Tätigkeit der Sozialdemokratie vor 1914 und ihrer Wirksamkeit während der Revolution klarmacht, ist man vor ungerechten Urteilen über einzelne Personen gesichert. Was sich in der deutschen Revolution rächte, war die unzulängliche politische Schulung der deutschen Sozialdemokratie vor 1914. Wenn man überhaupt einen einzelnen Schuldigen suchen will, dann hätte es viel mehr historische Berechtigung, August Bebel zu nennen, als Ebert oder Scheidemann.

Die Volksbeauftragten haben bei ihren Maßregeln viel zu wenig beachtet, daß die Sozialpolitik niemals als Ding an sich im luftleeren Raum schweben kann, sondern daß ihr Erfolg von der Gesamtsituation der Wirtschaft abhängt. Die schönsten sozialpolitischen Bestimmungen nützen nichts, wenn zum Beispiel die Unternehmer nicht reich genug sind, um die Kosten der Sozialpolitik zu tragen, oder wenn der Staat zu arm ist, um seine sozialpolitischen Verpflichtungen zu erfüllen, oder wenn durch die schnellen Sprünge einer Inflation dem Arbeiter sein Lohn in der Hand entwertet wird, oder wenn gar die politische Staatsmacht von arbeiterfeindlichen Kräften erobert wird und diese die sozialpolitischen Paragraphen nach Belieben durchlöchern. Im November 1918 und in den darauffolgenden Monaten hing das Schicksal der deutschen Sozialpolitik von dem Schicksal der deutschen Wirtschaft ab, und auf dem Gebiete der Wirtschaftspolitik war die Leistung der Volksbeauftragten gleich null.

Bei dem Urteil über die deutsche Wirtschaft in der Revolutionszeit muß man zwei Erscheinungsformen der deutschen Krise voneinander unterscheiden: die dauernde Krise der deutschen Volkswirtschaft, wie sie sich durch den Weltkrieg herausgebildet hatte, und daneben die spezielle Krise, wie sie im Moment der Revolution und der Kriegsbeendigung da war. Die Dauerkrise der deutschen Wirtschaft ergab sich dadurch, daß ein dichtbevölkertes Industrieland, das über einen verhältnismäßig engen Raum verfügt wie das Deutsche Reich, für seine Existenz auf das Ausland angewiesen ist. Die überschüssigen Lebensmittel und Rohstoffe, die das deutsche Volk zu seiner Existenz braucht, wurden vor dem Kriege aus dem Ertrag der blühenden deutschen Ausfuhr und aus den Zinsen des im Ausland angelegten deutschen Kapitals bezahlt. Der Weltkrieg vernichtete die deutschen Kapitalanlagen im Ausland und zerstörte die deutsche Ausfuhr. Auch wenn man von den Reparationsforderungen der Entente ganz absah, war es für die deutsche Volkswirtschaft nach 1918 eine verzweifelte Aufgabe, wie man die zur Existenz des deutschen Volkes nötigen ausländischen Lieferungen bezahlen sollte. Dazu kam noch die Verengung der deutschen Rohstoff- und Lebensmittelbasis durch den Verlust von Elsaß-Lothringen, der polnischen Gebiete und der Kolonien.

Diese Fragen, die sich aus der deutschen Handels- und Zahlungsbilanz und aus den Reparationen ergeben, führten zu der großen Dauerkrisis der deutschen Wirtschaft der Nachkriegszeit. In den Monaten nach der Revolution beschäftigte man sich aber in Deutschland viel mehr mit der akuten Krisis, wie sie das Kriegsende mit sich brachte. Die deutsche Industrie war bis zum November 1918 für den Krieg tätig gewesen. Nun hörten mit einem Schlage die Kriegslieferungen auf, und man mußte sich auf die Friedenswirtschaft umstellen. Dabei waren die Fäden zwischen den deutschen Lieferanten und ihren früheren ausländischen Kunden zerrissen und so bald nicht wieder anzuknüpfen. Eine große Arbeitslosigkeit drohte. Indessen hielt sich die deutsche Erwerbslosigkeit, infolge der Demobilmachungsmaßregeln der Regierung, in mäßigen Grenzen. Im ersten Halbjahr der deutschen

Republik stieg die Zahl der Arbeitslosen in ganz Deutschland auf eine Million, von denen freilich ein Viertel sich in Groß-Berlin vereinigte.

Die schreckliche Lebensmittel- und Rohstoffnot der letzten Kriegszeit wurde durch den Abschluß des Waffenstillstandes nicht beseitigt, da die Entente nur geringe Lieferungen nach Deutschland hereinließ. Die Staatsmänner der Siegermächte wollten Deutschland bis zum Abschluß des endgültigen Friedens unter Druck halten. Bei der völligen Desorganisation der Weltmärkte zur Zeit des Kriegsendes wären aber, auch bei besserem Willen der Entente, kaum viel größere Lieferungen nach Deutschland gelangt. Diese Nöte wurden noch durch gewisse psychologische Erscheinungen im deutschen Proletariat gestärkt. Die Arbeiterschaft war durch die vier Kriegsjahre mit ihrem Hunger und ihren Entbehrungen aufs äußerste deprimiert. Die Ermüdung und Depression der deutschen Arbeiter zeigten sich nach dem 9. November in einem erstaunlichen Rückgang der deutschen Arbeitsleistungen. Außerdem waren Millionen von Arbeitern von dem Wunsche erfüllt, aus dem alten privatkapitalistischen Wirtschaftssystem irgendwie herauszukommen, und sie hatten keine rechte Lust, für die alten Unternehmer weiterzuarbeiten. Es kam zu außerordentlich vielen Streiks in allen Teilen Deutschlands, vor allem seit dem Dezember 1918. Die Arbeiter wollten die politische Machtverschiebung dazu ausnutzen, um sich höhere Löhne zu erkämpfen. Dazu kam dann noch seit der Jahreswende die Welle der politischen Streiks.

Durch all diese Umstände: Ermüdung der Arbeiter, Arbeitsunlust und Streiks, ging die Produktion gerade der wichtigsten Rohstoffe erschreckend zurück. Am schlimmsten wurde um die Jahreswende die Kohlennot, da in erster Linie die Bergarbeiter die Sozialisierung der Zechen forderten und durch passiven Widerstand oder Streik gegen die fortdauernde Macht der alten Unternehmer demonstrierten. Ein weiteres Übel waren die Transportschwierigkeiten, denn das Eisenbahnmaterial war in den Kriegsjahren völlig abgenutzt, und ein Teil der besten Lokomotiven und Waggons mußte außerdem an die Entente abgeliefert werden.

Die deutsche Währung machte seit Kriegsende eine fortschreitende Entwertung durch, denn auch wenn man von der Reparationsforderung der Entente ganz absah, reichten die deutschen Gold- und Devisenbestände nicht im entferntesten aus, um die notwendigen Käufe im Ausland zu bezahlen. Man mußte daher versuchen, im Ausland Waren gegen deutsche Papiermarkscheine zu erhalten. Das Massenangebot der deutschen Papiermark im Ausland mußte ihren Wert herabdrücken. Um die Mitte des Jahres 1919 war der Wert der deutschen Mark ungefähr auf ein Drittel gesunken. Bei der wachsenden Verschuldung

Deutschlands an das Ausland war eine gewisse Entwertung der Mark nicht zu vermeiden. Auch siegreiche Mächte, mit unvergleichlich besserer Wirtschaftslage als Deutschland, wie Frankreich und Italien, sind in der Nachkriegszeit der Inflation nicht entgangen. Auch die genialste und festeste Führung der deutschen Finanzen hätte den Goldwert der Mark damals nicht halten können. Die Geldentwertung, wie sie sich ungefähr im Verlauf des ersten Jahres der Republik vollzog, war unter den damaligen Umständen nicht zu vermeiden. Ganz anders ist freilich die wahnwitzige spekulative Geldentwertung zu beurteilen, wie sie sich in Deutschland vor allem von 1921 bis 1923 ausgetobt hat.

Die Volksbeauftragten und überhaupt die maßgebenden Männer der Sozialdemokratie haben in den ersten Monaten nach der Revolution die Dauerkrise, die der deutschen Wirtschaft bevorstand, kaum in ihrem ganzen Umfang durchschaut. Dafür ließen sie sich durch die Krise des Augenblicks zu einer panikartigen Sorge hinreißen. Dabei war die Knappheit an Lebensmitteln und Rohstoffen doch nur eine vorübergehende Erscheinung. Sie war zu überwinden, sobald erst die Weltmärkte wieder auf die Friedensverhältnisse umgestellt waren. Auch die Mängel des deutschen Transportwesens waren nicht unheilbar, und die Arbeitsleistung in den Fabriken mußte sich heben, wenn die Arbeiter wieder ausreichende Nahrung bekamen und mit den neuen Zuständen wirklich innerlich einverstanden waren. Mit der Geldentwertung, in gewissen Grenzen endlich, mußte man sich abfinden und nur verhindern, daß diese Grenzen nicht durch spekulative Elemente überschritten wurden.

Die Augenblickskrise der deutschen Wirtschaft war also durchaus zu heilen, wenn man möglichst schnell zu einem definitiven Frieden gelangte und nicht die Nerven verlor. Die Dauerkrise der deutschen Wirtschaft wäre freilich damit nicht aus der Welt geschafft gewesen. Die Volksbeauftragten und der Vorstand der Mehrheitssozialistischen Partei waren indessen von schwerster Sorge erfüllt, ob nicht die deutsche Wirtschaft in nächster Zeit, durch den Kohlenmangel, die Transportkrise und die Hungersnot ganz zusammenbrechen würde. Deshalb erließ man einen Appell an die Arbeiter nach dem andern und ermahnte sie, zu arbeiten, Ruhe zu halten und nicht zu streiken, denn sonst käme der Zusammenbruch. Diese väterlichen Ermahnungen zum Fleiß und zum Gehorsam mit ihrer düsteren Schwarzmalerei machten auf die deutsche Arbeiterschaft den denkbar schlechtesten Eindruck. Nach der siegreichen Revolution wollten die Arbeiter neue Wege sehen. Sie wollten aktiv an der Neugestaltung der Wirtschaft mitwirken. Die Streiks waren der Ausdruck dieses Willens, sich neue ökonomische und gesellschaftliche Verhältnisse zu erkämpfen. Statt dessen sollte man nun mit hungrigem Magen und zerrissenen Stiefeln für die alten Unternehmer weiterarbeiten. Der radikale Teil der Arbeiterschaft legte die Proklamationen der Regierung so aus, daß die Volksbeauftragten nicht den Willen oder die Kraft hätten, an den bestehenden wirtschaftlichen Verhältnissen etwas Ernsthaftes zu ändern.

Wie wenig damals die führenden Männer Deutschlands das Wesen der herannahenden Dauerkrise der Wirtschaft erkannten, während sie sich völlig von den Sorgen des Alltags einfangen ließen, dafür sei ein Beispiel angeführt: Einer der besten Köpfe der Mehrheitssozialdemokratie, Rudolf Wissell, im Jahre 1919 Volksbeauftragter und nachher Reichswirtschaftsminister, beschäftigte sich in einem Artikel am 7. Juli 1919 mit der Forderung nach einer Verstaatlichung des Bergbaus[1]. Er erklärte, daß das Reich bei der Enteignung der Gruben die alten Besitzer entschädigen müßte. Wissell fuhr dann fort:

> »Nähme das Reich diese Entschädigungen nach dem zur Zeit bestehenden geringen Geldwert auf sich, es müßte sie übermäßig hoch bewerten. Was wir heute kaufen, müssen wir dreimal so hoch bezahlen wie in der Vorkriegszeit, nicht, weil etwa der Wert an sich gestiegen ist, sondern weil der Wert unserer papierenen Zahlungsmittel so gesunken ist, und den teueren Realwert, die Gruben, das, was wir sozialisieren wollen, müßten wir jetzt mit einem zur Zeit spottbilligen Nominalwert, eben der Banknote oder dem Schuldschein, bezahlen. Dieser Nominalwert wird aber wieder steigen, das heißt, der Wert des Geldes wird wieder größer werden. Wer heute eine Schuld aus der Vorkriegszeit abträgt, zahlt zwar nominell, wenn sie tausend Mark betrug, auch tausend Mark, aber faktisch gibt er nur ein Drittel des Wertes, den er in der Vorkriegszeit empfangen hat, und wer heute eine Schuld aufnimmt, der muß mehr zurückzahlen, wenn unsere Valuta wieder besser geworden ist.«

Wissell betonte, er machte in der Art keine Sozialisierung mit, daß »ich heute dem Unternehmer ein geringwertiges Zahlungsmittel gebe, das, wie wir hoffen, nach drei oder fünf oder zehn Jahren um das Doppelte oder das Dreifache in die Höhe gegangen ist«. Wissell glaubte also damals tatsächlich, daß die Markentwertung nur eine vorübergehende Angelegenheit sei und daß die deutsche Papiermark schon in wenigen Jahren wieder die Parität mit der Goldmark zurückgewinnen könnte. So wenig war er sich über die allgemeine Situation der deutschen Wirtschaft nach dem verlorenen Kriege im klaren.

Der Rat der Volksbeauftragten schreckte vor jedem Eingriff in die deutsche Wirtschaft zurück. Man wollte auf diesem Gebiete der kommenden Nationalversammlung nicht vorgreifen. Die Regierung berief eine Anzahl von Fachleuten in eine Sozialisierungskommission und gab dieser den Auftrag, festzustellen, welche Erwerbszweige zur Sozialisierung »reif« seien. Dagegen konnte sich der Rat der Volksbeauftragten nicht dazu aufraffen, durch Verordnungen ernsthaft in private Eigentumsverhältnisse einzugreifen. Dabei wäre mindestens auf zwei Gebieten ein solcher Eingriff im Interesse der deutschen Demokratie damals notwendig gewesen, nämlich beim Großgrundbesitz und beim Bergbau. Der überlebte, aus der Feudalzeit stammende Großgrundbesitz ist damals in den meisten Ländern Osteuropas beseitigt worden, nicht nur in Sowjetrußland, sondern ebenso in den baltischen Staaten, in der Tschechoslowakei und in Rumänien. Eine solche Agrarreform war in Preußen östlich der Elbe unbedingt notwendig. Sie hatte an sich mit Sozialismus nichts zu tun. Und eine Enteignung des preußischen Adels und eine Aufteilung seiner Güter hätte östlich der Elbe die Demokratie gesichert und die Macht der feudalen Aristokratie endgültig gebrochen. Als die Enteignung der großen Güter ausblieb und überdies die Arbeiter- und Soldatenräte östlich der Elbe verschwanden, kehrten dort die sozialen und wirtschaftlichen Zustände der Vorkriegszeit zurück. Weil die deutsche demokratische Republik nicht die Kraft hatte, dem preußischen Feudaladel einen Schlag zu versetzen, konnte sie auch die Bauernschaft nicht für sich gewinnen.

Welche Betriebe für die Sozialisierung reif waren oder nicht, darüber gab es damals lebhafte Meinungsverschiedenheiten. Aber fast alle sozialistischen Theoretiker und ebenso die große Masse der Arbeiter waren davon überzeugt, daß die Bergwerke zu den reifen Betrieben gehörten. Um aus den vorhandenen Zechen Kohle zu gewinnen, brauchte man keine besondere Unternehmerintelligenz. Das war eine rein technische Aufgabe. In einem verstaatlichten Bergwerk war sie ebenso leicht zu lösen wie in einer Kohlenzeche, die einer privaten Gesellschaft gehört. Eine Verstaatlichung der deutschen Bergwerke hätte bestimmt die Produktion nicht geschädigt. Sie hätte aber machtpolitisch sehr viel bedeutet. Denn es wäre damit eine besonders einflußreiche Gruppe des Großunternehmertums ausgeschaltet worden, die in der Vergangenheit ihren Herrenstandpunkt mit äußerster Energie betont hatte. Auch nach einer Verstaatlichung der Bergwerke wäre die deutsche Republik ein bürgerlicher Staat geblieben. Aber die Arbeiter hätten doch daran den ernsthaften Willen der Machthaber zur Sozialisierung erkannt. Das Vertrauen zum neuen Staat und zur neuen Ordnung wäre im Proletariat außerordentlich gestärkt worden.

Die sachlichen Einwendungen, die von den früheren Mehrheitssozialisten gegen die Sozialisierung des Bergbaus erhoben wurden, sind durchaus nicht stichhaltig. Die wunderliche Währungstheorie Wissells ist schon oben erwähnt worden. Ferner behauptete man, daß die Entente zwar das deutsche Privateigentum respektieren, aber allen öffentlichen Besitz als Pfand für ihre Reparationsforderungen ansehen würde. So bestehe die Gefahr, daß die verstaatlichten Bergwerke von der Entente weggenommen würden. Indessen zeigt die spätere Entwicklung bei den deutschen staatlichen Eisenbahnen, daß diese Gefahr real nicht existierte. Denn die deutschen Eisenbahnen sind erst im Jahre 1924 durch den Dawesplan unter die Ententekontrolle gekommen, und die Annahme des Dawesplans war ein durchaus freiwilliger Schritt von deutscher Seite. Den staatlichen Bergwerken wäre es nicht anders ergangen als den staatlichen Eisenbahnen. Überdies hätte die Regierung der Volksbeauftragten sowohl die enteigneten Großgrundbesitzer wie die enteigneten Bergwerksbesitzer in angemessener Form entschädigen können. Das hätte an dem politischen Gesamtresultat nichts geändert.

Die Volksbeauftragten haben weder das Eigentum der ostelbischen Großgrundbesitzer noch den Besitz der Kohlenmagnaten des Ruhrgebiets angetastet. Aber selbst auf dieser Grundlage des unberührten Privateigentums wäre eine positive wirtschaftspolitische Wirksamkeit in der Richtung zum Sozialismus möglich gewesen. Man hätte die deutsche Industrie in großen Syndikaten zusammenschließen, für jeden Produktionszweig einen Wirtschaftsplan aufstellen und an der Durchführung dieser Pläne die Arbeiterräte maßgebend beteiligen können. Wenn auch eine solche Neuorganisation längere Zeit gebraucht hätte, so wäre es doch möglich gewesen, schon in den ersten Wochen die Grundlagen zu schaffen. Auch mit einer solchen Planwirtschaft hätte man zunächst dem Willen der Arbeiterschaft zur Sozialisierung entgegenkommen und das Interesse der Belegschaften an der Produktion wieder beleben können. Aber nichts dergleichen geschah. Die Verordnung der Volksbeauftragten über die Tarifverträge vom 23. Dezember schrieb zwar für alle Betriebe Ausschüsse der Arbeiter und Angestellten vor. Aber diese Ausschüsse sollten sich nur mit der Durchführung der Tarifverträge und überhaupt mit den persönlichen Angelegenheiten der Arbeitnehmer im Betrieb beschäftigen. Einfluß auf die Produktion gewannen sie nicht. Da die sozialistische Regierung der Volksbeauftragten überhaupt keine Wirtschaftspolitik hatte und die Dinge einfach laufen ließ, nahm das Chaos in der deutschen Produktion von Woche zu Woche zu. Mißmutig und hoffnungslos suchten die Arbeiter sich durch Streiks zu helfen, wodurch die Verwirrung nur gesteigert wurde.

Ebenso katastrophal wie die Wirtschaftspolitik der Volksbeauftragten war ihre Militärpolitik. Als die Volksbeauftragten am 10. November ihr Amt antraten, hatten sie Millionen von zuverlässigen Soldaten zur Verfügung. Aber man mußte doch damit rechnen, daß das deutsche Heer des Weltkrieges in wenigen Wochen verschwinden würde. Denn die Soldaten wollten wieder nach Hause zurückkehren, den feldgrauen

Rock ausziehen und in Beruf und Familie untertauchen. Das galt für die Heimattruppen so gut wie für das Feldheer. Die Nähe des Weihnachtsfestes brachte dabei eine besondere Beschleunigung der Demobilisierung. Es war bestimmt anzunehmen, daß Ende Dezember nur noch geringe Reste der Truppen in den Kasernen zurückbleiben würden. Das waren Leute ohne Familie oder ohne Berufsaussichten, die lieber noch eine Zeitlang die militärische Löhnung als die Erwerbslosenunterstützung beziehen wollten. Mit dieser Selbstauflösung der deutschen Armee verschob sich aber die gesamte machtpolitische Basis der Republik. Die Reste des alten Heeres, die im aktiven Dienst zurückblieben, waren entweder ganz kampfunfähig, oder sie hatten nur noch die Interessen eines beutegierigen Söldnertums. Das bedeutete, daß die Regierung Ende Dezember überhaupt keine brauchbare bewaffnete Truppe für militärische oder Polizeizwecke zur Verfügung haben würde. Dann war die Regierung tatsächlich wehrlos und jedem Zufall preisgegeben.

Die Volksbeauftragten hätten unbedingt mit dieser Möglichkeit rechnen und die nötigen Schritte tun müssen, um sich auch nach der Auflösung der alten Armee eine zuverlässige demokratische Polizeitruppe zu verschaffen. Aber es geschah nichts Ernsthaftes. Auf dem Papier wurde zwar eine freiwillige Volkswehr gegründet, aber sie trat nirgends in Erscheinung.

Die Oberste Heeresleitung des Weltkrieges hatte sich seit dem 9. November den neuen Machthabern zur Verfügung gestellt. Die formelle Leitung der Feldarmee hatte der Feldmarschall von Hindenburg, die tatsächliche Führung General Groener. Die Oberste Heeresleitung erklärte sich bereit, den Rückmarsch der Armee von der Westfront in die Heimat zu leiten, und die Volksbeauftragten gingen gern darauf ein. Obwohl, wie schon oben betont wurde, die Feldtruppen für die republikanische Regierung keine Gefahr bedeuteten, war es doch ein Fehler, daß man die Generäle der Kaiserzeit weiter an der Spitze der Armee ließ. Jede ernsthafte, aus den Volksmassen hervorbrechende Revolution hat auch eine, ihr eigentümliche Wehrmacht geschaffen. Die Revolution erzeugte ihre eigenen Heerführer und militärischen Organisatoren. Die gewaltige Volksenergie, die durch die Erhebung lebendig geworden war, übertrug sich auf das Militärwesen. Die improvisierten Führer der Truppen siegten auf den Schlachtfeldern. So geschah es in der großen englischen Revolution, in der großen französischen und in der großen russischen. Aber die deutsche Revolution, die Erhebung der friedensbedürftigen Sozialpolitiker, hat keinen Cromwell, keinen Carnot und keinen Trotzky hervorgebracht. In den großen Revolutionen der Weltgeschichte haben die neuen Führer sich zugetraut, auf dem Schlachtfeld zu siegen. Die Männer der deutschen Revolution von 1918 glaubten nicht einmal, daß sie ohne Hilfe der kaiserlichen Generäle die Truppen nach Hause bringen könnten.

So blieb die Oberste Heeresleitung Hindenburg-Groener bestehen. Sie verlegte ihren Sitz nach Kassel, und von dort aus entfaltete General Groener seine lebhafte politische Tätigkeit. General Groener war damals, wie man sagen könnte, ein konservativer Republikaner. Er hatte zwar an einer Rückkehr Wilhelms II. gar kein Interesse. Aber er wollte unbedingt das Chaos bekämpfen, das er in der Wirksamkeit der Arbeiter- und Soldatenräte erblickte, er wollte in Deutschland die Ruhe und Ordnung, so wie er sie auffaßte, wiederherstellen. Er wollte eine neue Armee schaffen, in der das kaiserliche Offizierskorps wieder eine Bestätigung finden konnte, und so die bürgerliche Gesellschaft in Deutschland wieder befestigen.

Die leitenden Offiziere erkannten von Anfang an, daß sie ihre Ziele nicht im Frontalangriff gegen das sozialistische Proletariat, sondern nur durch Spaltung der Sozialdemokratie erreichen konnten. Man mußte versuchen, den konservativen Flügel der Mehrheitssozialisten gegen die Unabhängigen, die Spartakisten und überhaupt gegen die Räte, zu mobilisieren. Dann war es möglich, durch eine Koalition zwischen dem rechten Flügel der Mehrheitssozialisten, den Offizieren und dem Bürgertum, den revolutionären Sozialismus niederzuwerfen. Wenn es den Offizieren gelang, dieses Ziel zu erreichen, dann war der bürgerliche Staat in Deutschland gesichert, aber der demokratische Sozialismus tot.

Die leitenden Offiziere waren der Meinung, daß der mehrheitssozialistische Volksbeauftragte Ebert am ehesten geneigt sei, auf ihre Pläne einzugehen[2]. So überschüttete die Oberste Heeresleitung Ebert mit Kundgebungen der Loyalität und mit Versprechungen, ihm gegen spartakistische Unruhestifter beizustehen. Es liegt kein Beweis dafür vor, daß Ebert damals tatsächlich eine Verschwörung zusammen mit den Offizieren gegen die radikale Arbeiterschaft unternommen hat. Ebert hat niemals die Pflicht der Loyalität gegenüber seinen Kollegen von der USPD verletzt. Er stand unter dem Eindruck der ungeheuren Schwierigkeiten, die damals die Regierung Deutschlands zu überwinden hatte. Zu den Sorgen der Außenpolitik und Wirtschaft kam noch die Gefahr des Separatismus, die sich im Rheinland, aber auch in andern Gebieten Deutschlands zeigte. Unter diesen Umständen wollte Ebert möglichst die Reibungsfläche vermindern und nach allen Seiten hin versöhnend wirken. Wenn die Oberste Heeresleitung ihm ihre Loyalität bekundete, sah Ebert keinen Anlaß, die Generale zurückzustoßen. Aber es war doch ein taktischer Fehler, daß Ebert eine weitgehende Vertraulichkeit der Obersten Heeresleitung mit ihm selbst duldete. Der äußere Ausdruck dieses Verhältnisses war eine geheime Telefonleitung, die von Eberts Arbeitszimmer in der Wilhelmstraße zur Obersten Heeresleitung nach Kassel ging. Ohne Zweifel war Ebert davon überzeugt, daß er der Republik einen Dienst leiste, wenn er die hohen Offiziere an sie fesselte. Aber wenn es in irgendeiner Form an die Öffentlichkeit kam, daß Ebert das besondere Vertrauen der Obersten Heeresleitung genieße, mußte dies die Stellung der Volksbeauftragten gegenüber der Arbeiterschaft erschweren und allen möglichen abenteuerlichen Projekten das Tor öffnen.

Man hätte von der deutschen Revolution zumindest erwarten können, daß sie die überlebte Kleinstaaterei beseitigen und sofort den deutschen Einheitsstaat verwirklichen würde. Aber auch hier blieb die Regierung der Volksbeauftragten unfruchtbar. Man duldete es, daß die deutschen Einzelstaaten in der alten Form weiterexistierten, daß sie ihre gesonderten Minister behielten und ihre Landtage neu wählen ließen. Dabei war der gefährlichste und unnatürlichste deutsche Partikularismus der preußische. Die historische Entwicklung, die zur Reichsgründung von 1871 führte, hatte den Dualismus Preußen-Reich heraufbeschworen. Nach dem Sturz der Hohenzollern war die Sonderexistenz eines einzelnen Bundesstaates, der zwei Drittel des ganzen Reichs umfaßte, völlig sinnlos geworden. Die Fortdauer der deutschen Kleinstaaterei brachte nicht nur eine ständige Verschwendung von Geld und Energie mit sich, sondern die einzelstaatlichen Verwaltungen waren vor allem die Zentralen der bisher herrschenden Bürokratie gewesen. Nur durch Zertrümmerung der einzelstaatlichen Apparate war eine Überwindung des historischen deutschen Bürokratismus möglich.

Aber auch hier schreckten die Volksbeauftragten vor jeder einschneidenden Tat zurück. Der einzige Fortschritt auf dem Gebiete der Gliederung Deutschlands wurde der Zusammenschluß der acht Thüringer Kleinstaaten zu dem neuen einheitlichen Thüringen. Als der demokratische Professor Preuß im Auftrag der Regierung einen Verfassungsentwurf der deutschen Republik veröffentlichte und darin mit vollem Recht die Auflösung Preußens vorschlug, erhob sich von allen Seiten ein Entrüstungssturm. Jedermann rückte von Preuß ab, und so blieb der deutschen Republik ihr Preußen erhalten. Kurt Eisner, der bayerische Ministerpräsident, gewann von der Berliner Unzulänglichkeit einen so tiefen Eindruck, daß er gerade im Interesse der Revolution glaubte, die Sonderstellung Bayerns verteidigen zu müssen.

Ebensowenig wurde von den Volksbeauftragten das Verhältnis der deutschen Republik zu den vertriebenen Fürsten geklärt. Man begnügte sich mit den Abdankungen der ehemaligen Herrscher, faßte aber keine Entschlüsse über ihr Vermögen. Entweder hätte man den Besitz der Fürstenhäuser vollständig konfiszieren, oder man hätte einen Teil der

Güter und so weiter den Fürsten überlassen und den Rest für Staatseigentum erklären können. So blieb die ganze Frage ungeklärt, und in den späteren Jahren sollten daraus die peinlichsten Schwierigkeiten für die deutsche Republik erwachsen.

Es ist unmöglich, einen revolutionären Staat mit dem Beamten- und Justizapparat des vergangenen Systems aufzubauen. Aber in der deutschen Republik sollte dieses Wunder wirksam werden. Man ließ das alte Beamtenrecht bestehen, auf Grund dessen ein Beamter nur nach einem langwierigen Disziplinarverfahren beseitigt werden konnte und in der Regel noch seine Pension behielt. Man respektierte sogar die Unabsetzbarkeit der kaiserlichen Richter. Die Folge davon war, daß nach dem Verschwinden der Arbeiter- und Soldatenräte der kaiserliche Verwaltungs- und Justizapparat seine Auferstehung feierte. Die wenigen Sozialdemokraten, die neu in ihre Ämter hereinkamen, änderten an dem Geist der bürokratischen Verwaltung nichts[3].

Zu den Aufgaben der deutschen Revolution hätte auch eine reinliche Scheidung zwischen Staat und Kirche gehören müssen. Jede Art von Religionsverfolgung wäre ein schwerer Fehler gewesen und hätte vor allem die katholischen Arbeiter und Bauern der Republik entfremdet. Aber die konsequente Trennung von Kirche und Staat und Kirche und Schule wäre durchzuführen gewesen, ohne daß man das religiöse Empfinden irgendwelcher Kreise verletzt hätte. Aber auch hier blieb die Tat der Volksbeauftragten aus. Da die Einzelstaaten weiterregieren durften, blieb ihnen auch das Kirchen- und Schulwesen weiter vorbehalten. Das preußische Unterrichtsministerium wurde nach der Revolution gemeinsam von dem Mehrheitssozialisten Hänisch und dem Vertreter der USPD, Adolf Hoffmann, verwaltet. Adolf Hoffmann, trotz mancher Wunderlichkeiten seiner Ausdrucksweise ein einsichtiger und gebildeter Mann, drängte auf die Kirchentrennung und auf eine radikale Schulreform. Aber Hänisch, ein durchaus passiver Charakter, verhinderte jede entscheidende Maßregel. Nur die geistliche Schulaufsicht wurde beseitigt. Daß auch die deutschen Universitätsverfassungen unverändert blieben, ist unter diesen Umständen nicht wunderbar.

Der Rat der Volksbeauftragten trat im allgemeinen nach außen hin einheitlich auf. Mindestens die drei Mehrheitssozialisten und Dittmann und Haase von der USPD stimmten in den Grundfragen der Politik überein. Einige Seitensprünge leistete sich freilich der dritte unabhängige Volksbeauftragte, Emil Barth. Barth kam aus dem Kreis der Berliner revolutionären Obleute. Die Obleute hatten sich ebenso wie der Spartakusbund offiziell an der Regierung der Volksbeauftragten nicht beteiligt, sondern sie waren in die Opposition gegangen. Aber man hatte Barth als Person in die Regierung aufgenommen, damit er inoffiziell ein Verbindungsmann zur radikalen Arbeiterschaft sein könne. Barth sollte nun einerseits die Politik der Regierung und anderseits die Linie der Opposition vertreten. Auch eine stärkere Intelligenz als seine wäre einer solchen wunderlichen Aufgabe nicht gewachsen gewesen. Praktischen Nutzen hat die Mitarbeit Barths, der sich schließlich zwischen sämtliche Stühle setzte, den Volksbeauftragten nicht gebracht.

Im Laufe des November und in den ersten Dezembertagen war Deutschland von dem Streit zwischen den Anhängern der Nationalversammlung und des reinen Rätesystems erfüllt. Der Spartakusbund zusammen mit den Obleuten entfaltete eine lebhafte Agitation gegen die Regierung. Die Mehrheitssozialisten erwiderten die Angriffe, die man auf sie richtete, und die offizielle USPD suchte zu vermitteln. Als die ersten Wochen der Republik vorüber waren, erkannte das Bürgertum, daß die Volksbeauftragten keine ernsthafte Diktatur gegen Andersdenkende ausübten. So rekonstruierten sich die bürgerlichen Parteien, sammelten wieder ihre Anhänger, und vor allem die bürgerlichen Zeitungen vertraten wieder mit Entschiedenheit ihren Standpunkt[4]. Die gesamte bürgerliche Öffentlichkeit nahm Stellung für die Nationalversammlung und gegen die Räte und suchte die Kluft zwischen den Mehrheitssozialisten und der linken Arbeiterschaft zu vertiefen.

In dieser Atmosphäre kam es zu den Vorgängen vom 6. Dezember in Berlin, die für die Weiterentwicklung der Republik eine verhängnisvolle Bedeutung haben sollten. Es bildete sich eine Verschwörung aus politischen Abenteurern, der sich einige Unteroffiziere und Beamte des Auswärtigen Amts anschlossen. Die Absicht war, durch einen Handstreich den Berliner Vollzugsrat, das Zentralorgan der verhaßten Räteordnung, zu verhaften und zugleich Ebert zum Präsidenten der deutschen Republik zu proklamieren. Das phantastische Projekt hatte unter den damaligen Verhältnissen keine Aussicht auf Erfolg. Denn zu einer offen gegenrevolutionären Aktion gegen die Räte war Anfang Dezember der Boden noch nicht reif. Es liegt auch kein Beweis dafür vor, daß die Oberste Heeresleitung oder gar Ebert selbst mit dem Projekt etwas zu tun hatten. Aber daß ein solcher Plan entstehen konnte, war doch ein bedenkliches Symptom. Wenn die Gegenrevolutionäre so ohne weiteres in Ebert ihren Mann erblickten, da hatte er doch in der Öffentlichkeit den Trennungsstrich gegenüber solchen Bestrebungen nicht deutlich genug gezogen.

Das Unternehmen scheiterte am 6. Dezember vollkommen. Der Vollzugsrat wurde zwar überrumpelt, aber gleich darauf wieder befreit, und Ebert gab den Demonstranten, die ihn zum Präsidenten der Republik ausrufen wollten, eine vorsichtig ablehnende Antwort. Die Urheber der Verschwörung wurden verhaftet. So weit hätten die Vorgänge vom 6. Dezember nur die Stärke der revolutionären Gewalten beweisen können. Aber im Zusammenhang damit kam es in Berlin zu einem schweren Blutvergießen, das die Sache der Republik äußerst schädigte. Stadtkommandant von Berlin war damals der führende Mehrheitssozialist Otto Wels. Als er von dem Überfall gegen den Vollzugsrat erfuhr, alarmierte er die Berliner Truppen und ließ alle Zugänge zur inneren Stadt absperren. Zufällig stieß ein Demonstrationszug des Spartakusbundes auf eine solche Sperrkette von Regierungssoldaten. Es kam zu einem Konflikt, wobei die Soldaten auf die Spartakusleute schossen. Sechzehn Tote blieben auf der Straße liegen. Es ist möglich, daß diese Schießerei nur durch eine Verkettung unglücklicher Umstände entstanden ist. Es könnte auch sein, daß Mitglieder der Verschwörung, die ein Interesse an der Zuspitzung der Gegensätze hatten, dabei mitwirkten.

Der Eindruck, den die Vorgänge des 6. Dezember auf die radikale Berliner Arbeiterschaft machten, war außerordentlich stark. Es lag nur zu nahe, eine Verbindung zwischen dem Putsch gegen den Vollzugsrat, der Proklamation Eberts zum Präsidenten und dem Blutbad unter friedlichen Spartakusdemonstranten herzustellen. Das Mißtrauen der oppositionellen Arbeiterschaft gegen die mehrheitssozialistischen Volksbeauftragten und gegen Wels steigerte sich außerordentlich. Man warf der Regierung vor, daß sie im Bunde mit der militärischen Gegenrevolution die radikalen Arbeiter zusammenschießen wolle. Eine tiefe Entfremdung zwischen den Regierungsanhängern und der radikalen Arbeiterschaft war seit diesem Tage zumindest in Berlin vorhanden. Dabei läßt sich irgendein direktes Verschulden der Mehrheitssozialisten bei den Vorgängen des 6. Dezember nicht nachweisen. Es blieb freilich die politische Unterlassungssünde bestehen, daß Ebert und seine engeren Freunde sich nicht deutlich genug von den Mächten des alten Systems abzugrenzen vermochten.

Um den Streit wegen der Nationalversammlung endgültig zu klären und überhaupt die politische Zukunft festzulegen, beschloß die Regierung, einen allgemeinen deutschen Kongreß der Arbeiter- und Soldatenräte nach Berlin zu berufen. Der Rätekongreß tagte vom 16. bis 20. Dezember. An den Wahlen beteiligte sich im wesentlichen nur die Industriearbeiterschaft nebst den noch nicht demobilisierten Teilen der Armee. Die Regierung, vor allem die Mehrheitssozialisten, errangen eine überwältigende Mehrheit[5]. Von ungefähr 450 Mitgliedern des Rätekongresses standen 350 auf dem Boden der Regierung. Es waren zum größten Teil Mehrheitssozialisten, dazu kamen einige Bürgerliche und gemäßigte Unabhängige. Der Spartakusbund war bei den Wahlen fast ganz ausgefallen. Weder Liebknecht noch Rosa Luxemburg hatten ein Mandat zum Kongreß erhalten. Dagegen hatte die Richtung der revolutionären Obleute eine Anzahl Delegierte in Berlin durchgebracht, denen sich auch radikale Arbeiterräte aus dem Reich anschlossen. Die Opposition, geführt von Richard Müller, Däumig und Ledebour, verfügte auf dem Kongreß über ungefähr hundert Stimmen.

Die Regierungsmehrheit stand von vornherein fest. Sie entschied sich für die Wahl der Nationalversammlung. Als Wahltermin wurde der 19. Januar 1919 festgelegt. In allen wesentlichen Fragen zeigte sich eine weitgehende Übereinstimmung zwischen den Mehrheitssozialisten und dem Parteivorstand der USPD. Das Referat Dittmanns, über die politische Lage, mit seiner starken Betonung der proletarischen Einigkeit, fand bei den Mehrheitssozialisten begeisterte Zustimmung. Ebenso wurde das Referat des unabhängigen Theoretikers Hilferding, über die Möglichkeiten der Sozialisierung, von den mehrheitssozialistischen Delegierten durchaus zustimmend aufgenommen. Um so schärfer war der Gegensatz zwischen Dittmann, Haase und Hilferding auf der einen Seite und ihren eigenen Parteigenossen von der Richtung der revolutionären Obleute. Die Opposition trat auf dem Kongreß aktiv und geschickt auf, und sie verschaffte sich eine wirksame Rückendeckung durch große Demonstrationen der radikalen Berliner Arbeiterschaft. Es gelang den Männern des Berliner Vollzugsrates, die Führung in der USPD-Fraktion des Kongresses völlig an sich zu reißen. So war parteitaktisch auf dem Kongreß die Position Dittmanns und Haases nicht angenehm. Sie hatten zwar die offenkundigen Sympathien der Mehrheitssozialisten, aber scheinbar gar keinen Einfluß auf ihre eigene Partei. Die Wahlen zum neuen Zentralrat der deutschen Republik mußten eine Klärung bringen. Der Rätekongreß betrachtete sich nämlich als Träger der souveränen Gewalt des revolutionären Volkes. Bevor er auseinanderging, wählte er aus seiner Mitte einen Ausschuß, den sogenannten Zentralrat. Dieser sollte permanent zusammenbleiben und den Rat der Volksbeauftragten kontrollieren. Er hatte sogar die Befugnis, die einzelnen Volksbeauftragten abzusetzen und neue zu berufen.

Als es sich darum handelte, den Zentralrat zu wählen, beschloß die Fraktion der USPD unter dem Einfluß der Richtung Däumig - Richard Müller, sich an der Wahl nicht zu beteiligen, sondern den Zentralrat allein den Mehrheitssozialisten zu überlassen. Das war vom Standpunkt der revolutionären Obleute aus durchaus konsequent. Denn sie lehnten jede direkte oder indirekte Beteiligung an der Regierung ab, in der sie nur eine verkappte Koalition mit dem Kapitalismus und der Gegenrevolution erblickten. Sie wollten nur in eine konsequent sozialistische Regierung hineingehen und in keine andere. Der Zentralrat war aber genauso ein Stück der Reichsregierung wie der Rat der Volksbeauftragten selbst. Es entsprach durchaus der politischen Sauberkeit, daß eine konsequente Opposition nicht zugleich in der Regierung sitzen konnte.

Mit diesem Entschluß der USPD-Fraktion des Rätekongresses war indessen die Position der unabhängigen Volksbeauftragten eigentlich unhaltbar geworden. Denn sie blieben verantwortliche Mitglieder einer Regierung, mit der ihre eigene Partei nicht das geringste zu tun haben wollte. In dieser Situation wäre eigentlich für Dittmann und Haase nur eine politische Konsequenz möglich gewesen: Sie hätten sich formell von ihrer alten Partei trennen und den Beitritt zur mehrheitssozialistischen Partei erklären können. Der Verlauf des Rätekongresses hatte gezeigt, daß Dittmann und Haase in allen wesentlichen politischen Fragen mit der mehrheitssozialistischen Partei einig, aber mit dem linken Flügel ihrer eigenen Partei uneinig waren. In Wirklichkeit war der Vorstand der USPD gar nicht so schwach, wie es nach den zufälligen Kombinationen auf dem Rätekongreß aussah. Bei einer Spaltung hätten Dittmann und Haase einen erheblichen Teil der USPD mit sich gerissen. Die Funktionäre, die von der USPD kamen, hätten in weiten Kreisen der mehrheitssozialistischen Arbeiter die stärksten Sympathien gefunden. Die Autorität von Männern wie Haase, Dittmann, Hilferding und Bernstein hätte ein starkes Gegengewicht gegen die Richtung Eberts und Scheidemanns dargestellt. Die Politik der Mehrheitssozialisten hätte nicht zum äußersten rechten Flügel abgleiten können, sondern sie hätte sich den Stimmungen und Wünschen der breiten Mitte der deutschen Arbeiterschaft angepaßt.

Dittmann und Haase konnten sich indessen zu einem solchen radikalen Schritt nicht aufraffen. Es kam zu einer Verlegenheitslösung. Sie blieben Mitglieder der USPD, aber zugleich behielten sie ihre Sitze im Rat der Volksbeauftragten. Auch Emil Barth blieb Volksbeauftragter. Der rein mehrheitssozialistische neue Zentralrat hat ohne Schwierigkeit die drei unabhängigen Volksbeauftragten bestätigt. Er wünschte also gleichfalls, daß die Zusammenarbeit zwischen der Mehrheitspartei und dem Vorstand der USPD nicht gestört werde.

Eine Klärung bedeutete dies freilich nicht. Das alles waren keine Personenfragen. Welche Funktionen Dittmann und Haase als Einzelpersönlichkeiten bekleideten, welches Mitgliedsbuch sie in der Tasche trugen, war an sich nicht welterschütternd. Aber sie repräsentierten die entscheidend wichtige, Millionen von Proletariern umfassende Mittelrichtung der sozialistischen Arbeiterschaft. Das Schicksal der deutschen Revolution konnte davon abhängen, ob diese Mitte aktiviert oder ausgeschaltet wurde. Eduard Bernstein als Einzelperson ist zur mehrheitssozialistischen Partei zurückgekehrt, konnte aber dort keinen maßgebenden Einfluß gewinnen.

Schon drei Tage nach der Schlußsitzung des Rätekongresses trat die Katastrophe ein, von der die unheilbare Zerklüftung der sozialistischen Arbeiterschaft ausgehen sollte. Der äußere Anlaß kam von den unmöglichen Militärverhältnissen, die sich um diese Zeit in der deutschen Republik entwickelt hatten. Unter den Resttruppen, die sich in Berlin noch nicht hatten demobilisieren lassen, nahm die sogenannte Volksmarinedivision eine besondere Stellung ein. Sie bestand aus ungefähr tausend Matrosen, die in den Novembertagen nach Berlin gekommen waren. Von der Marine war die Revolution ausgegangen, und so hielt die Volksmarinedivision sich für eine besonders wichtige Truppe. Ihr Quartier war im Berliner Schloß. Die Matrosentruppe trat nach außen recht radikal auf, in Wirklichkeit war sie eine echte Söldnerformation, der ihre materiellen Interessen viel wichtiger waren als jede Politik. Über das Verhalten der Matrosen waren Klagen erhoben worden. Es sollten dort Diebstähle vorgekommen sein. Ob die Anschuldigungen berechtigt waren oder nicht, läßt sich heute schwer feststellen. Es ist auch historisch unbedeutend. Die Regierung der Volksbeauftragten ordnete an, daß die Volksmarinedivision das Schloß räumen und ihr Hauptquartier nach dem Marstallgebäude verlegen sollte. Die Matrosen wollten darauf eingehen, stellten aber eine Lohnforderung von 80 000 Mark.

Es war ein phantastischer Zustand, daß die Truppe der tausend Matrosen mit der Regierung der deutschen Republik ungefähr wie eine gleichberechtigte Macht mit der andern verhandelte. Denn die Matrosen wußten sehr gut, daß die Regierung bei dem fortgeschrittenen Stadium der Demobilmachung so gut wie wehrlos war. Man einigte sich schließlich dahin, daß die Matrosen die Schlüssel des Schlosses beim Stadtkommandanten Wels abliefern sollten, dann würden sie die 80 000 Mark erhalten. Der Fortgang der Angelegenheit wurde immer operettenhafter. Die Matrosen lieferten die Schlüssel nicht bei Wels ab, sondern brachten sie zu Emil Barth. Daraufhin zahlte Wels die 80 000 Mark nicht. Die Matrosen waren der Meinung, daß man ihnen das Geld vorenthalten würde, und dann würden sie zu Weihnachten ohne Mittel sein. So entschlossen sie sich zur Tat.

Eine Abteilung der Matrosen ging am 23. Dezember in die Kommandantur. Wels wurde verhaftet, mißhandelt und fortgeschleppt. Eine andere Abteilung erschien im Dienstgebäude der Volksbeauftragten und verhängte über die gerade anwesenden Regenten des deutschen Reiches eine Art von Hausarrest. Sie sollten ihre Zimmer nicht mehr verlassen, und die Telefonverbindung mit der Außenwelt wurde ihnen abgeschnitten. Nur die Geheimleitung, die Ebert mit der Obersten Heeresleitung verband, entging der Aufmerksamkeit der Matrosen. Und so konnte Ebert einen Ruf um schnelle Hilfe an General Groener senden. Der Hausarrest über die Volksbeauftragten wurde zwar von den Matrosen bald wieder aufgehoben. Aber es bestand die Möglichkeit, daß sie jederzeit wiederkommen konnten. Der Stadtkommandant Wels blieb Gefangener der Volksmarinedivision, und man fürchtete um sein Leben.

Die Regierung der Volksbeauftragten hatte zwar mindestens drei Viertel des deutschen Volkes hinter sich, und die oberste revolutionäre Körperschaft, der deutsche Rätekongreß, hatte erst vor wenigen Tagen mit erdrückender Mehrheit den Volksbeauftragten sein Vertrauen bekundet. Aber das schützte die Regierung nicht davor, daß sie wehrlos den Launen der tausend Matrosen preisgegeben war. Denn die Reste des alten Heeres, die noch in den Berliner Kasernen lagen, wollten sich in die unangenehme Angelegenheit nicht einmischen. Der Berliner Polizeipräsident Eichhorn, Mitglied der USPD von der Richtung der revolutionären Obleute, hatte ebenfalls wenig Neigung, sich für die Volksbeauftragten zu opfern, und außerdem wären seine eigenen Sicherheitsmannschaften durchaus nicht schlagfertig gewesen.

Indessen standen in und um Berlin noch einige Regimenter von Fronttruppen, die noch nicht demobilisiert waren. Ihre Führung hatte General Lequis. Die Oberste Heeresleitung griff den Hilferuf Eberts bereitwillig auf und gab dem General Lequis den Auftrag, gegen die Matrosen gewaltsam vorzugehen. Am 24. Dezember, vor dem »heiligen Abend«, erlebten die Berliner im Herzen ihrer Stadt eine reguläre Straßenschlacht. Die Fronttruppen griffen das Schloß und den Marstall an, wo sich die Matrosen eingenistet hatten. Die Generäle hofften, durch einen militärischen Erfolg den ganzen verhaßten Linkssozialismus zertrümmern und der deutschen Revolution eine neue Wendung geben zu können. Aber der Erfolg blieb aus. Die Frontsoldaten führten die Befehle ohne Eifer aus. Sie fürchteten, zu irgendeinem gegenrevolutionären Manöver mißbraucht zu werden, und sie wurden von den Berliner Arbeitern eifrig in diesem Sinn bearbeitet. So kam der Vorstoß ins Stocken. Man begann zu verhandeln, und schließlich wurde ein Vertrag zwischen der Regierung und den Matrosen abgeschlossen. Die Matrosen gaben Wels frei, räumten das Schloß, erhielten ihre 80 000 Mark und versprachen, künftig keine bewaffnete Aktion mehr gegen die Regierung zu unternehmen. Dafür erhielten sie vollständige Amnestie, und ihre Truppe blieb bestehen. Die ungeheuerliche Meuterei und Gewalttätigkeit der Volksmarinedivision blieb ungesühnt.

Die Vorgänge vom 23. und 24. Dezember bedeuteten eine schwere moralische Niederlage der Reichsregierung. Sie hatte gegen eine kleine Truppe ihren Willen nicht durchsetzen können und mußte sich jede Beleidigung und Erniedrigung von den Matrosen gefallen lassen. Aber irgendein schuldhaftes Verhalten der Volksbeauftragten, besonders der drei Mehrheitssozialisten, läßt sich in diesen Tagen nicht feststellen. Die Volksbeauftragten waren gegenüber den Matrosen unbedingt im Recht. Wenn jeder Truppenteil sich daran gewöhnte, nur nach Belieben zu gehorchen, dann war jede Staatsordnung aufgelöst. Man kann Ebert auch keinen Vorwurf daraus machen, daß er in der äußersten Notlage den regierungstreuen Generälen die Aufforderung zum Kampf gegen die Matrosen zugehen ließ. Die Aktion der Generäle konnte politisch sehr üble Folgen haben. Aber im Augenblick befand sich die Regierung in der Lage des Ertrinkenden, der nach dem ersten besten Arm greift, der sich ihm entgegenstreckt.

Auf der andern Seite gibt es für das Verhalten der Matrosen keine Entschuldigung. Politische Motive für ihr Handeln lagen in Wirklichkeit nicht vor. Die Matrosen kämpften nur um ihre Löhnung. Es ist bezeichnend, daß die gleiche »radikale« Volksmarinedivision im Januar neutral blieb, als wirklich ein bewaffneter Entscheidungskampf zwischen den Mehrheitssozialisten und ihren Gegnern von links begann. Als Revolutionäre hätten sie mindestens die Beschlüsse des Rätekongresses respektieren müssen.

Indessen wurde diese objektive Auffassung der Vorgänge von der radikalen Berliner Arbeiterschaft nicht geteilt. Das Mißtrauen, das seit dem 6. Dezember bei der oppositionellen Berliner Arbeiterschaft gegen die Volksbeauftragten bestand, wurde jetzt außerordentlich verstärkt. In den Berliner Großbetrieben kümmerte man sich nicht um die Einzelheiten des Streits zwischen den Matrosen und der Regierung, sondern man sah nur die Tatsache, daß die mehrheitssozialistischen Führer zusammen mit den Generälen eine revolutionäre Truppe vernichten wollten: Ebert und die Offiziere lassen Kanonen auffahren, um den Sieg der Gegenrevolution zu sichern. Die Bestattung der Matrosen, die in den Kämpfen um das Schloß gefallen waren, gestaltete sich zu einer ungeheuren Sympathiekundgebung der linken Berliner Arbeiterschaft, und im Leichenzug trug man Schilder mit der Aufschrift: »Des Matrosenmordes klagen wir an Ebert, Landsberg und Scheidemann.«

Zufällig waren während der Aktion der Matrosen gegen die Regierung Haase und Dittmann nicht anwesend. Im Gebäude befanden sich die Mehrheitssozialisten und Barth. Der letzte sympathisierte offenkundig mit den Matrosen, so daß die ganze Verantwortung für die Maßregeln der Regierung und für das Herbeirufen des Militärs bei den Mehrheitssozialisten lag. Als Dittmann und Haase die Tatsachen erführen, glaubten sie, weiter die Verantwortung für die Politik der Regierung nicht tragen zu können. Sie riefen den Zentralrat als Schiedsrichter an, und als dieser im wesentlichen die Politik der drei mehrheitssozialistischen Volksbeauftragten billigte, erklärten am 29. Dezember Dittmann, Haase und Barth den Austritt aus der Regierung.

Das Verhalten der drei unabhängigen Volksbeauftragten war sachlich nicht zu rechtfertigen, sondern nur aus parteipolitischen Rücksichten zu erklären. Denn wer einigermaßen objektiv die Vorgänge des 23. und 24. Dezember betrachtet, kann einen Tadel gegen die mehrheitssozialistischen Volksbeauftragten nicht aussprechen. Keine Regierung konnte in Deutschland bestehen, wenn ein paar hundert Soldaten sich erlaubten, wegen rückständiger Löhnung die Minister zu verhaften. Dittmann und Haase suchten denn auch bei ihren Anklagen gegen Ebert und Scheidemann das Kampffeld zu erweitern. Sie betonten, daß zwischen ihnen und den Mehrheitssozialisten prinzipielle Meinungsverschiedenheiten in der Militärpolitik beständen. Denn die Mehrheitssozialisten hätten den Willen, sich in Militärfragen wieder den alten Generälen anzuvertrauen. Das sei ein Unglück für die Revolution, und eine solche Politik könne die USPD nicht mitmachen.

An sich war der Vorwurf begründet, daß vor allem Ebert den Generälen ein viel zu großes Vertrauen entgegenbringe. Aber wenn die Gefahr bestand, daß Ebert in seinem Entgegenkommen gegen die Offiziere zu weit ging, dann wurde diese Gefahr durch den Austritt der Unabhängigen aus der Regierung nur vergrößert. Männer, die prinzipiell über die politischen Fragen verschieden denken, können nicht in derselben Regierung zusammensitzen. Aber noch am 20. Dezember, sieben Tage vorher, hatte sich auf dem Rätekongreß eine weitgehende Übereinstimmung Dittmanns und Haases mit den Mehrheitssozialisten in den politischen Grundfragen Deutschlands erwiesen. Einmütig wollten sie zusammen in der Regierung bleiben, und nicht einmal Emil Barth war am Schluß des Rätekongresses zurückgetreten. Was hatte sich in diesen neun Tagen in irgendeiner politischen Grundfrage und an der Haltung der beiden sozialistischen Parteivorstände geändert?

Es wirkte sich jetzt die verhängnisvolle Halbheit aus, die von den führenden Unabhängigen parteitaktisch auf dem Rätekongreß gezeigt worden war. Am 20. Dezember hatte sie nicht die Kraft gehabt, sich organisatorisch von den revolutionären Obleuten zu trennen. Nun mußten sie die Folgen tragen. Dittmann und Haase hielten es für unmöglich, in den Reihen der USPD den Sturm auszuhalten, der sich gegen die Regierung der »Matrosenmörder« erheben würde. Sie wollten schnell die Regierung verlassen, sich ein politisches Alibi verschaffen und so das Vertrauen ihrer Parteigenossen zurückgewinnen.

Das war das Ende der Koalitionsregierung vom 10. November. Die Vorgänge der letzten Dezemberwoche bedeuteten eine schwere materielle und moralische Schädigung der deutschen Revolution und der sozialistischen Sache. Nach dem billigen Triumph, den die Matrosen hatten feiern dürfen, schien die Regierung völlig ohnmächtig. Jeder wagemutige Mann glaubte, es riskieren zu können, der Regierungsautorität zu trotzen. Die Vertrauenskundgebung des Zentralrats für die Volksbeauftragten imponierte niemandem, solange keine Waffengewalt dahinter stand. So rächten sich die trostlose Verwahrlosung des deutschen Militärwesens und die Unzulänglichkeit der Volksbeauftragten in allen militärischen Fragen.

Daneben bahnte sich aber eine gefährliche moralische Isolierung der mehrheitssozialistischen Führung innerhalb der Arbeiterschaft an. Männer wie Haase, Dittmann und Hilferding, die noch eine Woche vorher bereit waren, mit den Mehrheitssozialisten zusammenzuwirken, erklärten jetzt, daß Ebert und Scheidemann die Gefangenen der militärischen Gegenrevolution seien und daß man mit ihnen nichts Gemeinsames haben dürfe. Bis zu diesem Moment war die Arbeiterschaft in eine große Mehrheit zerfallen, die mit der bürgerlichen Demokratie und der vorsichtigen Sozialisierung zufrieden war, und in eine Minderheit, die den konsequenten Sozialismus und die Räterepublik wollte. Mit der Kampfansage der USPD-Führung gegen Ebert und Scheidemann begann die Zerklüftung jener großen Mehrheit der sozialistischen Arbeiterschaft. Nicht nur der verhältnismäßig enge Kreis der Anhänger von Dittmann und Haase ging jetzt in Opposition. Millionen von Arbeitern, die immer noch mehrheitssozialistisch wählten, wurden mißtrauisch. Ende Dezember 1918 begann jener Prozeß, der unter der Einwirkung der sogenannten Noskepolitik zur Zertrümmerung der großen mehrheitssozialistischen Partei führen sollte.

Man konnte gegen Ende des Jahres 1918 mit ziemlicher Sicherheit vorhersehen, daß neue schwere Krisen der deutschen Republik bevorstanden. Die Opposition gegen die mehrheitssozialistischen Regierungsmänner hatte sich zahlenmäßig und moralisch außerordentlich gestärkt. Es war sehr zweifelhaft, ob die Gegensätze sich auf dem Gebiet friedlicher Agitation und Propaganda würden austragen lassen.

Ein Vorspiel kommender Ereignisse war es, daß in den Weihnachtstagen in Berlin eine Truppe radikaler Arbeiter das Vorwärtsgebäude besetzte und erklärte, daß dieses Zentralorgan der mehrheitssozialistischen Partei künftig der revolutionären Arbeiterschaft gehören würde[6]. Im Kriege hatte die Redaktion des »Vorwärts« ursprünglich der Parteiopposition angehört. Dann hatte 1916 der Parteivorstand Besitz von dem Blatt ergriffen. Dieser sogenannte Vorwärtsraub hatte die radikalen Arbeiter sehr erbittert, weil sie damit ihre Zeitung verloren und weil unter der Herrschaft der Kriegszensur die Herausgabe eines neuen oppositionellen Organs in Berlin nicht möglich war. Seit der Revolution hatten in Berlin alle drei sozialistischen Richtungen ihre Zeitungen. Der »Vorwärts« blieb das Organ der Mehrheitssozialisten, die USPD hatte ihre »Freiheit« und der Spartakusbund seine »Rote Fahne«. Solange die drei politischen Tendenzen des Sozialismus existierten und miteinander leben mußten, bestand kein vernünftiger Grund, den Mehrheitssozialisten ihr Berliner Organ zu nehmen. Aber der Vorwärtsraub hatte für die utopisch-radikalen Arbeiter eine Art von symbolischer Bedeutung. Ohne Rücksicht auf die realen Verhältnisse wollten diese Utopisten den »Vorwärts« zurückholen, ungefähr wie man eine Fahne wiederholt, die in die Hand des Feindes geraten war. Erst nach umständlichen Verhandlungen und durch das Eingreifen der revolutionären Obleute gelang es, die Freigabe des »Vorwärts« zu erreichen. Wann die nächste Aktion der Utopisten erfolgen würde, blieb abzuwarten.

III. Kapitel

Spartakus und Noske

Am 30. Dezember trat in Berlin der Parteitag des Spartakusbundes zusammen, der formell die Loslösung der Spartakusleute von der USPD bestätigen sollte. Man konstituierte sich als neue Partei, die den Namen »Kommunistische Partei Deutschlands (Spartakusbund)« annahm. Auf Veranlassung Lenins hatten die russischen Bolschewisten den Namen der Sozialdemokratie abgelegt, der, wie man meinte, durch den Reformismus kompromittiert war. Statt dessen gab Lenin seiner Partei den Namen der Kommunisten, denn so hatten sich Marx und Engels in der revolutionären Zeit von 1848 bezeichnet. Die Namensänderung des Spartakusbundes bedeutete eine äußerliche Anlehnung an die siegreiche Partei der russischen Revolution, aber in der Sache blieben große Unterschiede zwischen den deutschen und russischen Kommunisten bestehen.

Der kommunistische Parteitag nahm ein Programm an, das Rosa Luxemburg entworfen hatte. Die entscheidenden Sätze darin lauten:

> »Der Spartakusbund ist keine Partei, die über die Arbeitermasse oder durch die Arbeitermasse zur Herrschaft gelangen will. Der Spartakusbund ist nur der zielbewußte Teil des Proletariats, der die ganze breite Masse der Arbeiterschaft bei jedem Schritt auf ihre geschichtliche Aufgabe hinweist, der in jedem Einzelstadium der Revolution das sozialistische Endziel und in allen nationalen Fragen die Interessen der proletarischen Weltrevolution vertritt.«
>
> »Der Spartakusbund lehnt es ab, mit Handlangern der Bourgeoisie, mit den Scheidemann-Ebert, die Regierungsgewalt zu teilen, weil er in einer solchen Zusammenwirkung einen Verrat an den Grundsätzen des Sozialismus, eine Stärkung der Gegenrevolution und eine Lähmung der Revolution erblickt.«
>
> »Der Spartakusbund wird es auch ablehnen, zur Macht zu gelangen, nur weil sich die Scheidemann-Ebert abgewirtschafttet haben und die Unabhängigen durch die Zusammenarbeit mit ihnen in eine Sackgasse geraten sind.«
>
> »Der Spartakusbund wird nie anders die Regierungsgewalt übernehmen, als durch den klaren unzweideutigen Willen der großen Mehrheit der proletarischen Masse in Deutschland, nie anders als kraft ihrer bewußten Zustimmung zu den Ansichten, Zielen und Kampfmethoden des Spartakusbundes.«

»Die proletarische Revolution kann sich nur stufenweise, Schritt für Schritt, auf dem Golgathaweg eigener bitterer Erfahrungen, durch Niederlagen und Siege, zur vollen Klarheit und Reife durchringen. Der Sieg des Spartakusbundes steht nicht am Anfang, sondern am Ende der Revolution. Er ist identisch mit dem Siege der großen Millionenmassen des sozialistischen Proletariats.«

Das Programm Rosa Luxemburgs ist eine klare Absage an allen Utopismus und an jedes Abenteurertum. Ebenso bestimmt lehnt es eine Diktatur der Partei über die Arbeitermassen in der Art des Bolschewismus ab. Rosa Luxemburg will die Macht nicht übernehmen, wenn irgendein technischer Zufall sie dem Spartakusbund in die Hände spielt, sondern nur, wenn unzweideutig die große Mehrheit des deutschen Proletariats mit den Gedanken des Spartakusbundes einverstanden ist. Rosa Luxemburg war sich darüber klar, daß nur ein langwieriger Entwicklungsprozeß zur Schaffung einer sozialistischen Republik in Deutschland führen kann. Rosa Luxemburg hat sogar in ihrem Referat vor dem Parteitag prophezeit, daß die Regierung Ebert-Scheidemann in absehbarer Zeit unter dem Sturm der Gegensätze zusammenbrechen und daß dann eine »Militärdiktatur unter Hindenburg« kommen werde.

Die Mehrheit der spartakistischen Delegierten nahm auf dem Parteitag das Programm Rosa Luxemburgs an, ohne über dessen Sinn viel nachzudenken. In Wirklichkeit wurde der Parteitag von dem Geist eines fanatischen Utopismus beherrscht. Auf dem Gebiet der Theorie ließen die Delegierten Rosa Luxemburg reden, was sie wollte. Aber in der politischen Praxis gingen sie ihren selbständigen Weg. Die entscheidende Tagesfrage war die Stellung zur Nationalversammlung. Der Rätekongreß hatte sich dahin entschieden, daß am 19. Januar die Wahlen zur Nationalversammlung stattfinden sollten. Rosa Luxemburg und Liebknecht waren davon überzeugt, daß die Wahlen stattfinden würden und daß man durch putschistische Versuche die Nationalversammlung nicht würde abwenden können. Deshalb wollten sie die Wahlbeteiligung. Rosa Luxemburg sagte den lärmenden Delegierten die Wahrheit:

»Genossen, ihr macht euch euren Radikalismus etwas sehr bequem. Wir müssen bei allem stürmischen Drängen nicht den erforderlichen Ernst und die ruhige Überlegung vermissen lassen. Es geht nicht an, das Beispiel Rußlands gegen die Wahlbeteiligung anzuführen. Als dort die Nationalversammlung auseinandergetrieben wurde, da hatten die russischen Genossen schon die Regierung Trotzky-Lenin. Wir haben noch Ebert-Scheidemann. Das russische Proletariat hatte eine lange Epoche revolutionärer Kämpfe hinter sich. Wir stehen im Anfang der Revolution. Wir haben nichts hinter uns als die elende halbe Revolution des 9. November. Da müssen wir uns fragen, welcher Weg der sicherste ist, um die Massen zu erziehen.«

Karl Liebknecht fragte: »War unsere parlamentarische Tätigkeit selbst im Reichstag gänzlich wertlos?« Aber die Delegierten, die Träger des utopischen Fanatismus der Mitgliedschaft, kümmerten sich um die Autorität Rosa Luxemburgs und Liebknechts nicht. Mit 62 gegen 23 Stimmen wurde die Wahlbeteiligung für die Nationalversammlung abgelehnt. Dahinter steckte nicht nur der Wille, eine demonstrative Geste der Ablehnung des bürgerlichen Parlamentarismus zu tun, sondern die Delegierten meinten, im Gegensatz zu ihren Führern, daß schon in wenigen Wochen durch revolutionäre Massenaktionen die bürgerliche Republik überwunden sein würde. Der Beschluß war indirekt der Aufruf zu putschistischen Abenteuern, und er hatte mit dem Programm Rosa Luxemburgs nichts gemein.

Rosa Luxemburg und Karl Liebknecht standen am 30. Dezember vor demselben Entschluß wie Dittmann und Haase zehn Tage vorher, ob sie die politische Linie vertreten wollten, die nach ihrer Überzeugung die einzig richtige war, oder ob sie eine überlebte Parteiorganisation respektieren sollten. Marx und Engels haben niemals der Meinung der zufällig vorhandenen Parteimitgliedschaft die geringste Konzession gemacht. Sie sind immer rücksichtslos ihren eigenen Weg gegangen. Das zeigt die Geschichte des Kommunistenbundes so gut wie die der Ersten Internationale. Lenin hätte seine Partei alle acht Tage neu gespalten, wenn es politisch nötig gewesen wäre. Aber die Führer der deutschen Revolution meinten, daß sie vor allen andern Dingen ihrem Verein die Treue bewahren müßten. Indem sich Rosa Luxemburg und Liebknecht dem unsinnigen Mehrheitsbeschluß des Parteitages fügten, gaben sie tatsächlich die Führung der Kommunistischen Partei aus der Hand und billigten im voraus jede Aktion, die irgendeine Abenteurerschar versuchen würde.

Die verhängnisvollen Konsequenzen des Beschlusses gegen die Wahlbeteiligung zeigten sich schon auf dem Parteitag selbst. Denn der Beschluß vernichtete die aussichtsreichen Verhandlungen wegen einer Verschmelzung des Spartakusbundes mit den revolutionären Obleuten. Der Bericht, den Karl Liebknecht dem Parteitag über die Verhandlungen erstattete, ist sehr merkwürdig. Liebknecht erzählte unter anderem:

> »Plötzlich erhob sich der Genosse Richard Müller und erklärte, in erster Linie müsse verlangt werden, daß wir unsere fortgesetzte Putschistentaktik aufgeben. Ich erwiderte ihm sofort, er scheine ein Vertreter des ›Vorwärts‹ zu sein. Seine Bemerkung sei um so deplacierter, als es sich bei allen bisherigen Aktionen, die der Spartakusbund unternommen habe, um Aktionen gehandelt habe, die von den revolutionären Obleuten selbst beschlossen und durchgeführt worden seien.«

Formell hatte Liebknecht durchaus recht, als er den Angriff Richard Müllers zurückwies. Denn der Spartakusbund hatte bisher niemals »geputscht«. Er hatte weder die blutigen Vorgänge vom 6. Dezember noch vom 23. Dezember verursacht. Er hatte seine Demonstrationen gewöhnlich im Einverständnis mit den revolutionären Obleuten durchgeführt. Aber auch die Befürchtungen Richard Müllers waren zu begreifen. Denn die revolutionären Obleute Berlins hatten große ernsthafte Arbeitermassen hinter sich, und diese hatten ein gewisses Mißtrauen gegen die abenteuerlichen Elemente, die sich damals in Berlin wie im Reich als Spartakisten ausgaben.

Die revolutionären Obleute stellten für eine Verschmelzung mit der Kommunistischen Partei fünf Bedingungen: Erstens solle der Spartakusbund seinen Beschluß gegen die Wahlbeteiligung zurücknehmen. Zweitens solle die Programmkommission der künftigen Einheitspartei paritätisch aus beiden Richtungen zusammengesetzt sein. Drittens solle der Spartakusbund zusammen mit den revolutionären Obleuten seine »Straßentaktik präzisieren«. Viertens forderten die revolutionären Obleute entscheidenden Einfluß auf die Presse und die Flugblätter der Kommunistischen Partei. Fünftens sollte aus dem Namen der neuen Partei die ergänzende Bezeichnung »Spartakusbund« verschwinden.

Auf dieser Grundlage war die Einigung nicht möglich, und die Verhandlungen zerschlugen sich. Beide Richtungen waren prinzipiell miteinander einig, aber Liebknecht war bei den Verhandlungen mit den Obleuten durch den abenteuerlichen Mehrheitsbeschluß seines Parteitags gebunden, und die Obleute befürchteten, nicht von Liebknecht und Rosa Luxemburg selbst, aber von ihren Anhängern, hemmungslose Experimente, und dagegen wollten sie sich sichern. Däumig, Ledebour und Richard Müller wollten zwar kommunistische Politik machen, aber sie wollten mit dem Typus nichts zu tun haben, den damals die Öffentlichkeit als »Spartakist« bezeichnete. Die Abneigung ging so weit, daß sogar das Wort »Spartakus« aus dem Parteinamen herausgestrichen werden sollte. So blieben die beiden linken sozialistischen Parteien in ihrer zufälligen organisatorischen Zusammensetzung voll innerer Widersprüche und durchaus aktionsunfähig. Der Verlauf der Januarereignisse 1919 ist nur zu verstehen, wenn man sich klarmacht, daß eigentlich in beiden Parteien, in der USPD wie in der KPD, die Führung gleichmäßig ohnmächtig war.

Nach dem Austritt der Volksbeauftragten Dittmann, Haase und Barth mußte zunächst das Regierungskollegium des Reichs ergänzt werden. Der Zentralrat berief als neue Volksbeauftragte die Mehrheitssozialisten Wissell, Noske und Löbe. Löbe lehnte die Wahl ab. Die beiden andern traten ihr Amt an. Wissell war einer der fähigsten Wirtschaftspolitiker der Partei. Noske war zu Beginn der Revolution von der Regierung Max von Baden nach Kiel geschickt worden. Er hatte es dort verstanden, das Vertrauen der revolutionären Matrosen zu gewinnen, und er hatte die Bewegung in geordnete Bahnen gelenkt. Seine Tätigkeit in Kiel hatte ihn in ganz Deutschland bekannt gemacht. Damals bedeutete die Wahl Noskes zum Volksbeauftragten noch durchaus keine Provokation der radikalen Arbeiterschaft.

Im Anschluß an den Austritt der unabhängigen Volkskommissare aus der Reichsregierung legten auch die unabhängigen Minister in Preußen und in den anderen Bundesstaaten ihre Ämter nieder. Überall blieben die Mehrheitssozialisten allein oder im Bunde mit der bürgerlich-demokratischen Mitte an der Macht. Eine Ausnahme machte nur der bayrische Ministerpräsident Eisner. Er war zwar ebenfalls Mitglied der USPD, trieb aber eine durchaus selbständige Politik und ließ sich durch die Schwankungen der Unabhängigen Partei-Leitung nicht behindern. Seit dem Jahresende trennte sich die Linie der bayrischen Politik von der des übrigen Reichs. Die bayrische sozialistische Arbeiterschaft suchte die Spaltung zu vermeiden und einheitlich erst unter Führung Eisners, nach Eisners Tod noch eine Zeitlang in seinem Geiste, demokratisch-sozialistische Politik zu treiben, bis im April die Ausrufung der bayrischen Räterepublik alles verdarb.

Dem Rücktritt der unabhängigen Volksbeauftragten und Minister im Reich und Preußen und so weiter folgte die Demission fast aller höheren politischen Beamten, die der USPD angehörten. Nur wenige Ausnahmen waren zu verzeichnen. Die wichtigste betraf den Berliner Polizeipräsidenten Eichhorn. Er lehnte es ab, seinen Rücktritt zu erklären. Im Gegenteil, er war entschlossen, unter allen Umständen auf jedes Risiko hin sein Amt zu verteidigen. Politisch ist diese Haltung Eichhorns geradezu unverständlich. Er war ein radikaler Unabhängiger von der Richtung der Obleute. Der Berliner Polizeipräsident war vielleicht das wichtigste Exekutivorgan der preußischen Regierung. Gerade die Tendenz Eichhorns hatte jede Zusammenarbeit mit den Mehrheitssozialisten in der Regierung abgelehnt. Die Obleute hatten von Anfang an die konsequente kompromißlose Opposition gefordert. Sie sahen es als Verrat an, wenn man als Sozialist mit den »Scheidemännern« zusammenarbeite. Blieb aber Eichhorn weiter Polizeipräsident, dann mußte er die Weisungen des mehrheitssozialistischen Innenministers ausführen und unter Umständen auf seine eigenen Parteifreunde schießen lassen. Gerade Eichhorn hätte mit besonderer Energie und Schnelligkeit um die Jahreswende seinen Rücktritt anmelden müssen. Aber er entschloß sich, zu bleiben. Nicht etwa, um den mehrheitssozialistischen Ministern zu dienen, sondern im Konflikt mit ihnen.

Eichhorn erblickte in seiner Tätigkeit im Berliner Polizeipräsidium eine Machtposition des revolutionären Proletariats, die nicht zerstört werden dürfe. Wenn man sich auf diesen Standpunkt stellte, dann waren die Posten der Unabhängigen im Rat der Volksbeauftragten erst recht Machtpositionen der revolutionären Arbeiterschaft, und Dittmann und Haase hätten auf keinen Fall aus der Reichsregierung ausscheiden dürfen.

Logisch und politisch war das Verbleiben Eichhorns auf seinem Posten in keiner Weise zu rechtfertigen. Man hat später dafür die Entschuldigung gesucht, daß eigentlich die Polizei in jeder anständigen Demokratie eine kommunale Angelegenheit sein müsse. Also dürfe das Haupt der Berliner Polizei gar nicht der Landesregierung verantwortlich sein, sondern nur dem kommunalen Haupt der Berliner Arbeiterschaft, dem Vollzugsrat. Die Theorie von der kommunalen Polizei ist an sich recht schön, aber in einer revolutionären Zeit ist der Polizeichef der Hauptstadt nur als Organ der Regierung denkbar. Die von den Mehrheitssozialisten beherrschte preußische Regierung wollte ihren demonstrativen Gegner im Berliner Polizeipräsidium nicht dulden. Am 4. Januar 1919 hat der zuständige preußische Innenminister ordnungsgemäß Eichhorn entlassen. Aber Eichhorn weigerte sich, zu gehen, und daraus haben sich Kämpfe von historischer Bedeutung entwickelt.

Nur in der deutschen Revolution, mit ihrer trostlosen politischen Verwirrung und Rückständigkeit, mit dem Mangel an politischer Klarheit bei fast allen beteiligten Personen und Tendenzen, war es möglich, daß wegen der 80 000 Mark der Matrosen und wegen der Launen Emil Eichhorns die schwersten Krisen ausbrachen.

Als in Berlin die Absetzung Eichhorns bekannt wurde, wurde sie von den radikalen Arbeitern mit Entrüstung aufgenommen. Man registrierte einen neuen Gewaltstreich der Regierung Ebert-Scheidemann gegen die Opposition. Es kam sofort zu Verhandlungen zwischen den führenden Richtungen des Berliner oppositionellen Sozialismus. Dazu gehörten jetzt nicht nur die Obleute und der Spartakusbund, sondern auch die offizielle USPD. Man einigte sich zu einem gemeinsamen Aufruf, der am Morgen des 5. Januar in Berlin verbreitet wurde. In dem Aufruf hieß es unter anderem:

»Arbeiter, Parteigenossen! Mit Hilfe der Bajonette will die Ebert-Regierung mit ihren Helfershelfern im preußischen Ministerium ihre Macht stützen und sich die Gunst des kapitalistischen Bürgertums sichern, dessen verkappte Interessenvertreter sie von Anfang an waren. Mit dem Schlage, der gegen das Berliner Polizeipräsidium geführt wird, soll das ganze deutsche Proletariat, soll die ganze deutsche Revolution getroffen werden. Arbeiter, Parteigenossen! Das könnt, das dürft ihr nicht dulden! Heraus darum zu wuchtigen Massendemonstrationen! Zeigt den Gewalthabern von heute eure Macht, zeigt, daß der revolutionäre Geist der Novembertage in euch noch nicht erloschen ist. Sammelt euch heute, Sonntag, um 2 Uhr zu imposanten Massenkundgebungen in der Siegesallee! Marschiert in Massen auf! Es gilt eure Freiheit. Es gilt eure Zukunft. Es gilt das Schicksal der Revolution. Nieder mit der Gewaltherrschaft der Ebert, Scheidemann, Hirsch und Ernst. Es lebe der revolutionäre, internationale Sozialismus!« (Hirsch und Ernst waren preußische Minister.)

Man könnte dem Problem eine Doktordissertation widmen, ob dieser Aufruf zum bewaffneten Aufstand auffordern sollte oder nicht. Wenn man die Sätze des Aufrufs ganz wörtlich interpretiert, dann mahnt er die Berliner Arbeiter nur zu »Massendemonstrationen«. Aber nichtphilologisch geschulte Arbeiter konnten daraus ebensogut die Aufforderung entnehmen, daß man mit Gewalt die Herrschaft von Ebert und Scheidemann brechen müsse.

Es kam zu einer riesenhaften Kundgebung der radikalen Berliner Arbeiterschaft. Die Massen zogen von der Siegesallee zum Alexanderplatz, wo Eichhorn vom Balkon des Polizeipräsidiums herab zum Volke sprach. Einige Stoßtrupps bewaffneter Spartakusleute besetzten wiederum das Vorwärtsgebäude, und um diesmal ganze Arbeit zu machen, eroberten andere Abteilungen die Zeitungspaläste der Verlagshäuser Mosse, Scherl und Ullstein in der Berliner Innenstadt. Man hatte allgemein in Berlin das Gefühl, daß die zweite Revolution begonnen habe. Die revolutionären Demonstranten, unter denen viele Bewaffnete waren, beherrschten die Straße, von einer Gegenaktion der Regierung war nichts zu merken. Am 6. Januar kam es nochmals zu einer Riesendemonstration der radikalen Arbeiter in der Siegesallee, zu der wiederum die drei verbündeten Organisationen aufgerufen hatten. Man konnte annehmen, daß jetzt die drei Organisationen gemeinsam eine neue rote Regierung einsetzen und den Aufstand bis zum Ende durchführen würden.

Aber da stellte sich heraus, daß eigentlich niemand den Aufstand wollte und daß offenbar auf allen Seiten Mißverständnisse vorlagen. Die USPD dachte an keinen Aufstand und traf dafür keine Vorbereitungen. Noch überraschender war, daß auch der größte Teil der revolutionären Obleute eine durchaus friedliche Gesinnung zeigte. Däumig und Richard Müller wollten keinen bewaffneten Kampf, und ihr Einfluß bewirkte es, daß die Massen der radikalen Arbeiter aus den Berliner Großbetrieben dem Aufstand fernblieben. Wirklich zum Kampf entschlossen war nur der kleine persönliche Anhang Eichhorns, den er im Polizeipräsidium vereint hatte, ferner ein paar tausend utopisch-radikale Spartakisten, die sich in den Zeitungsgebäuden verschanzt hatten, endlich ein kleiner Teil der revolutionären Obleute mit ihrem persönlichen Anhang unter Führung von Ledebour und Scholze. Die Berliner Truppen waren im allgemeinen neutral oder sympathisierten mit der Regierung, sogar die Volksmarinedivision entdeckte plötzlich ihre Vertragstreue und proklamierte Neutralität.

Schon am Abend des 6. Januar war der klägliche Mißerfolg der mit so viel Leidenschaft eingeleiteten revolutionären Aktion offenkundig. Rosa Luxemburg durchschaute die Sinnlosigkeit des Unternehmens. Der Spartakusbund hatte die Aktion nicht eingeleitet, die im Interesse des USPD-Mannes Eichhorn begonnen hatte. Aber wenn die USPD und die Obleute vorwärtsgingen, konnten die Kommunisten nicht zurückbleiben. Als die andern Instanzen abfielen, hielten Liebknecht und Rosa Luxemburg es für ihre Pflicht, bei den kämpfenden Arbeitern auszuhalten. Sie haben beide ihr Leben für eine Aktion geopfert, deren Zwecklosigkeit ihnen klar war[1].

Der Rest der aktiv kämpfenden Funktionäre und Arbeiter bildete einen Revolutionsausschuß, an dessen Spitze Liebknecht, Ledebour und Scholze von den Obleuten standen. Das war, wenn man will, die revolutionäre Gegenregierung gegen Ebert und Scheidemann. Aber selbst in Groß-Berlin wurde sie nur in ein paar Häusern anerkannt, und mit dem Reich hatte sie gar keine Verbindung.

Dieser Lauf der Dinge war das Schlimmste, was den revolutionären Sozialisten geschehen konnte. Man hätte am 4. und 5. Januar genau wissen müssen, was man tat. Entweder man glaubte, daß der Moment zum Losschlagen noch nicht da sei. Dann mußte man in der Defensive bleiben, gegen die Regierung nur mit den Mitteln der Agitation kämpfen, die Massen vor unüberlegten Schritten warnen. Wenn dann noch utopistische Scharen auf eigene Verantwortung in Aktion traten, konnte man mit gutem Gewissen die Verantwortung für sie ablehnen.

Oder man entschloß sich zum offenen Kampf, dann mußte er einheitlich mit allen verfügbaren Mitteln und mit höchster Energie geführt werden. Ein solcher ernsthafter, überlegter Aufstandsversuch wäre immer noch besser gewesen als das jämmerliche Zerbröckeln der Bewegung im Januar. Damals hatten viele Berliner Arbeiter noch Waffen oder konnten sich Gewehre besorgen. Hätte der Parteivorstand der USPD zusammen mit den Obleuten die Berliner Arbeiterschaft zu den Waffen gerufen, um die Revolution zu retten, dann wären viele Tausende von Berliner Arbeitern diesem Rufe gefolgt. Man hätte dann am 5. und 6. Januar ohne Mühe die Macht in Berlin erobert. Dann hätte man eine neue, möglichst breite Regierung aus vertrauenswürdigen Persönlichkeiten bilden, die Verbindung mit Eisner, mit Leipzig,

Halle, Bremen, dem Ruhrgebiet und so weiter aufnehmen müssen. Ob selbst unter diesen Voraussetzungen die konsequenten Sozialisten im Reichsmaßstab hätten siegen können, ist zweifelhaft. Aber das wäre wenigstens eine realistische revolutionäre Politik gewesen.

Jetzt blieben die paar tausend utopistischen Kämpfer allein, die man durch die zweideutige Sprache der Aufrufe und Reden vom 5. Januar herausgelockt hatte. Die Niederlage des Aufstandes war sicher, und zu den politisch Besiegten gehörten sämtliche Verbände, die am 5. Januar zur Demonstration aufgerufen hatten, nicht nur die Kommunisten, sondern ebenso die USPD und die Obleute.

Die Führung des Spartakusbundes opferte sich für die verunglückte Bewegung. Die revolutionären Obleute brachten in den kritischen Tagen überhaupt nichts Ernsthaftes zustande. Die USPD endlich wollte retten, was noch zu retten war, und bot den kämpfenden Teilen ihre Vermittlung an. Die Reichsregierung ging auf die Vermittlung gern ein, stellte aber durchaus begreiflich die Vorbedingung, daß erst die besetzten Zeitungsgebäude, vor allem der »Vorwärts«, geräumt werden müßten. Es zeigte sich indessen, daß keine Macht der Welt auf friedlichem Wege die Besatzungen aus dem Vorwärtsgebäude und den andern Verlagshäusern herausbringen konnte. So ist die Vermittlungsaktion gescheitert. Die Besetzung der Zeitungen am 5. Januar war ein durchaus sinnloses Unternehmen. Entweder die Revolutionäre hatten die Macht in Berlin, oder sie hatten sie nicht. Wenn man die Macht hatte, dann mußte man vor allem die Regierungsgebäude in der Wilhelmstraße besetzen, und dann konnte man die unbequemen Zeitungen mit einer einzigen Verordnung unterdrücken. Beherrschte man aber Berlin nicht, dann nützte auch die Besetzung des Vorwärtshauses nichts. Aber, wie schon oben betont wurde, das Vorwärtsgebäude hatte für die utopisch-radikalen Arbeiter den Wert eines politischen Symbols. Nun hatte man das Symbol zum zweiten Male ergriffen, und jetzt wollte man es nicht hergeben. So führte der utopische Fanatismus der Spartakusbesatzungen dazu, daß der Kampf bis aufs äußerste weiterging.

Die Regierung der Volksbeauftragten, die am 5. Januar in Berlin so gut wie wehrlos gewesen war, entschloß sich jetzt, eine schlagfertige Truppe in aller Eile zu bilden. Der Volksbeauftragte Noske erhielt den Oberbefehl über die neu zu bildenden Regierungstruppen, die den Berliner Aufstand niederwerfen sollten. Als Noske den Auftrag erhielt, sagte er, einer müsse der Bluthund sein, und er wolle die Verantwortung übernehmen. Man konnte von der Regierung nicht verlangen, daß sie, ausgestattet mit dem Vertrauen der großen Volksmehrheit, vor ein paar tausend Bewaffneten kapitulierte. Die Gewaltanwendung gegen die Utopisten war nicht zu vermeiden. Noskes Schuld liegt nicht darin, daß er die Verantwortung für die Niederkämpfung des Aufstandes übernahm. Seine Fehler im Januar und in den folgenden Monaten liegen überhaupt nicht auf dem moralischen, sondern auf dem politischen Gebiet. Das Verhängnis für die deutsche Republik kam nicht dadurch, daß Noske Gewalt anwandte, sondern mit welchen Truppen er Gewalt anwandte.

Die Formationen, die sich in der Woche nach dem 6. Januar in den Dienst der Regierung stellten, zerfielen in zwei Lager, die man kurz als die demokratischen und als die gegenrevolutionären Truppen bezeichnen kann. Die Erlebnisse der letzten Wochen hatten doch vielen Arbeitern und Funktionären der mehrheitssozialistischen Partei die Überzeugung beigebracht, daß man ohne eine bewaffnete Macht nicht auskommen könne. So bildeten sich jetzt in Berlin mehrere Freikorps, die fast ganz aus mehrheitssozialistischen Arbeitern zusammengesetzt waren. Besonders eifrig bei der Aufstellung dieser Truppen war der Vorwärtsredakteur Kuttner. Die sozialistischen Freiwilligen wurden in drei Regimenter organisiert, die nun den Kampf gegen die Spartakisten aufnahmen. Außerdem gelang es, wenigstens einen Teil der in den Kasernen liegenden Garnisonen von Resten des alten Heeres zu aktivieren. Auch diese Truppenteile waren demokratisch und mehrheitssozialistisch gestimmt.

Aber Noske legte das Hauptgewicht nicht auf diese demokratischen Formationen, sondern auf andere Truppenteile, die in der Nähe von Berlin von Offizieren der alten Armee gebildet wurden. Die Oberste Heeresleitung und die Generäle hatten von Anfang an die Situation herbeigesehnt, in der sie im Auftrage von Ebert die radikale Arbeiterschaft niederschlagen konnten. Der erste Versuch dieser Art war in den Weihnachtstagen in Berlin beim Kampf gegen die Matrosen unternommen worden. Er war gescheitert. Jetzt wurde das Experiment auf breiterer Basis und mit stärkeren Mitteln wiederholt. Ausgestattet mit den Mitteln und der Autorität der republikanischen Regierung, begann eine Reihe von Offizieren der alten Armee mit der Werbung von Freiwilligen. Sie stellten Freikorps auf, die ihren Führern unbedingt gehorchen sollten und deren Geist die Offiziere bestimmten. Die Freiwilligen setzten sich aus Arbeitslosen zusammen oder überhaupt aus kampf- und abenteuerlustigen jungen Leuten. Sie fühlten sich als die Erben der alten, vorrevolutionären Armee und entwickelten bald einen starken Korpsgeist. Die Offiziere der Freikorps waren von einem leidenschaftlichen Haß gegen die Revolution erfüllt, die das alte Heer und das alte Kaiserreich zerschlagen hatte. Wenn sie vorläufig noch den Mehrheitssozialisten dienen mußten, so rechneten sie um so lieber mit dem Spartakismus ab. Darunter verstand man die Summe aller radikalen und aufrührerischen Erscheinungen. Durch Ausrottung des Spartakismus müsse zunächst in Deutschland wieder die Ruhe und Ordnung gesichert werden, und dann werde man weitergehen.

Die Kämpfe zwischen den Regierungstruppen und den Aufständischen dauerten in Berlin bis zum 12. Januar. Der Reihe nach eroberten die Regierungstruppen die von den Aufständischen besetzten Zeitungsgebäude und das Polizeipräsidium zurück. Die militärische Aufgabe war nicht schwer, da die Masse der Berliner Arbeiter sich am Kampf nicht beteiligte und man nur ein paar tausend Aufständische, die schlecht geführt und auf eine Anzahl Gebäude verteilt waren, gegen sich hatte. Wenn man die einzelnen Kampfhandlungen der Berliner Aufstandswoche verfolgt, ergibt sich, daß die Hauptarbeit von den demokratischen Regierungstruppen geleistet wurde. Ohne Zweifel hätten sie auch den Aufstand allein niederschlagen können, ohne Hilfe der von den alten Offizieren geführten Freikorps.

Jetzt begingen Noske, Ebert und Scheidemann den entscheidenden Fehler. Sie hätten sich in erster Linie auf die sozialistisch-demokratischen Truppen stützen müssen, die in Berlin in der Bildung begriffen waren. Ähnliche Formationen von regierungstreuen Arbeitern und Sozialisten hätten sich auch in Breslau, Magdeburg, Hannover, Hamburg usw. bilden lassen. Mit 10000 zuverlässigen republikanischen und demokratisch gesinnten Freiwilligen in Berlin und 50000 im Reich hätte die Regierung sich behaupten können, und sie hätte es nicht nötig gehabt, die Gefangene der militärischen Gegenrevolution zu werden. Unmittelbar nach Ende eines Krieges, in dem Millionen sozialistischer Arbeiter die Waffen geführt hatten, mußte es möglich sein, bei einigem guten Willen und einiger Energie eine solche republikanische Schutztruppe aufzustellen. Aber die mehrheitssozialistischen Regierungsmänner trauten sich ein solches militärisches Werk nicht zu. Sie glaubten den Versprechungen der Offiziere und meinten, daß nur Truppen alten Stils wirklich brauchbar wären. Nach dem 13. Januar war noch die Möglichkeit gegeben, ein demokratisches Heer in Deutschland zu schaffen. Aber schon nach einigen Wochen konnte man sehen, daß die Entwicklung ganz anders lief. Die Offiziere der alten Armee stellten immer neue Freikorps auf, die Ansätze der demokratischen Truppenteile ließ man verkümmern, und bald hatte die deutsche Republik ein gegenrevolutionäres, von kaiserlichen Offizieren geführtes Heer [2].

Die Januarkämpfe des Jahres 1919 sind die entscheidende Wendung der deutschen Revolution, denn damals wurde die Offensivkraft der radikalen Arbeiterschaft gebrochen. Die Nutznießer des Sieges waren nur scheinbar die Mehrheitssozialisten, in Wirklichkeit die Offiziere und durch sie das Bürgertum. Ein geistreicher Kritiker hat treffend die Januarereignisse als die Marneschlacht der deutschen Revolution bezeichnet. Wie die große Offensive des deutschen Heeres an der Marne zum Stehen kam und die einmal gefallene Entscheidung vom September 1914 nachher nicht mehr revidiert werden konnte, so ging es der deutschen Revolution seit dem Januar 1919. Die Entscheidung, die damals fiel, erwies sich als endgültig und ließ sich durch alle späteren Bemühungen nicht mehr abändern.

Was die deutsche Republik von ihren Truppen erwarten konnte, das zeigte gleich nach der Niederwerfung des Januaraufstandes die Ermordung von Karl Liebknecht und Rosa Luxemburg. Von den Führern des Aufstandes war es Eichhorn und Scholze gelungen, Berlin zu verlassen. Ledebour wurde verhaftet. Er wurde später vor ein Schwurgericht gestellt, verteidigte sich in glänzender Art und erkämpfte seine Freisprechung. Liebknecht und Rosa Luxemburg hätten ohne Mühe rechtzeitig Berlin verlassen und sich im Reich in Sicherheit bringen können. Aber aus einem verkehrten Ehrbegriff heraus wollten sie nicht »fliehen«, und so blieben sie in Berlin, obwohl der ganze Haß des Bürgertums und der Offiziere sich auf die beiden spartakistischen »Haupthetzer« konzentrierte.

Die großen Revolutionäre der Vergangenheit wußten, was ihre Person für die Bewegung bedeutete. Sie haben sich nie gescheut, den Heimatort zu verlassen, wenn das Interesse der Sache es forderte. Marx und Engels sind ohne jedes Gewissensbedenken 1849 nach England gegangen, und sie dachten gar nicht daran, sich den Gerichten der deutschen Gegenrevolution zu stellen. Lenin verließ im Sommer 1917 Petersburg, um sich den Verfolgungen der Kerenski-Regierung zu entziehen. Er tauchte in der Illegalität Finnlands unter und kehrte erst zurück, als er ohne Leichtsinn in Petersburg wieder auftreten konnte. Rosa Luxemburg war eine geniale Frau und der beste theoretische Kopf der deutschen Arbeiterbewegung, aber sie hatte in sich noch gewisse Reste kleinbürgerlicher »Anständigkeit«. So erklären sich ihr Gehorsam gegenüber der Vereinsmehrheit, ihre Mitwirkung bei der sinnlosen Januaraktion, wo sie auch dem Verein die Treue halten wollte, und schließlich die Weigerung, zu fliehen, die sie mit dem Leben bezahlte.

Am 15. Januar wurden Rosa Luxemburg und Karl Liebknecht verhaftet und von einer Gruppe von Freikorpsoffizieren hinterlistig ermordet. Die Mörder glaubten wohl, daß sie mit der Beseitigung der Spartakistenführer dem Vaterland einen Dienst erwiesen. Die Regierung der Republik war kurzsichtig genug, daß sie neben der alten Armee auch die alte Militärjustiz wieder aufleben ließ. So wurde die Untersuchung gegen die schuldigen Offiziere von Kameraden geführt, und sie wurden von Kameraden abgeurteilt. Das Ergebnis entsprach diesen Umständen. Die Schuldigen wurden teils freigesprochen, und soweit man sie verurteilen mußte, verhalf man ihnen zur Flucht.

Der Tod Luxemburgs und Liebknechts war ein außerordentlich schwerer Verlust für die sozialistische Arbeiterbewegung, denn beide Persönlichkeiten waren die Träger eines wissenschaftlich begründeten, die realen Umstände würdigenden und doch konsequenten Sozialismus. Bei längerem Leben hätten sie doch die Trennung von den Utopisten in der eigenen Partei vollziehen müssen, und sie wären die gegebenen Führer der entschieden sozialistischen Millionenbewegung im deutschen Proletariat geworden. Vor allem aber hätten Rosa Luxemburg und Karl Liebknecht als Führer der KPD sich niemals zu Werkzeugen russischer Staatspolitik mißbrauchen lassen. Sie hätten die genügende Autorität besessen, um den sogenannten Leninismus nach 1921 abzuwehren. Die verhängnisvolle Entwicklung, die den entschiedenen deutschen Sozialismus zum Hörigen russischer Bauernpolitik machte und damit lahmlegte, wäre vielleicht bei einem längeren Leben Liebknechts und Luxemburgs vermieden worden.

Es liegt nicht der geringste Beweis dafür vor, daß die mehrheitssozialistischen Volksbeauftragten die Ermordung Liebknechts und Rosa Luxemburgs gewünscht oder gebilligt haben. Im Gegenteil, das Ereignis vom 15. Januar war ein furchtbarer Schlag für die Regierung der Republik. Der moralische Erfolg, den die Besiegung des Aufstandes der Regierung gebracht hatte, wurde dadurch wieder zerstört. Die Masse der deutschen Arbeiter erkannte jetzt mit Schrecken, was für Truppen zum Schutz der Republik durch Ebert und Noske gerufen waren. Die Entrüstungsopposition eines großen Teils der deutschen Arbeiterschaft gegen die mehrheitssozialistische Partei nahm eigentlich vom 15. Januar 1919 ihren Ausgang. Wenn das Ereignis auch noch zu frisch war, um die Wahl zur Nationalversammlung am 19. Januar wesentlich beeinflussen zu können, so hat es doch entscheidend dazu beigetragen, daß Millionen deutscher Arbeiter der SPD den Rücken kehrten. Daß die Regierung nicht einmal die Kraft hatte, das Verfahren gegen die Schuldigen der Militärjustiz zu entreißen, machte einen katastrophalen Eindruck auf das Proletariat.

Nachdem in Berlin durch die Überwindung des Aufstandes die »Ruhe und Ordnung« wiederhergestellt waren, folgten entsprechende Aktionen im Reich. In der ersten Hälfte des Jahres 1919 gingen Strafexpeditionen der Regierungstruppen nach Bremen und Hamburg, nach Leipzig, Halle und in den mitteldeutschen Bergwerksbezirk, nach Braunschweig, Thüringen und mehrfach ins Ruhrgebiet. Dazu kamen dann noch viele kleine lokale Kämpfe und Zusammenstöße. Es wäre eine ermüdende und weitläufige Aufgabe, bei jeder einzelnen dieser Aktionen die Schuldfrage objektiv zu klären. Historisch wichtig ist nur der politische Sinn dieser ganzen Vorgänge.

Es sei ohne weiteres als richtig vorausgesetzt, daß die Regierung, das heißt vor allem Noske, ihre Truppen niemals ohne bestimmte Gründe und Beschwerden in Marsch setzte. Der Anlaß zum Eingreifen der Regierungstruppen ergab sich gewöhnlich durch lokale Unruhen, Gewalttätigkeiten oder Übergriffe von links. Indessen liegt ein ganz bestimmter Sinn darin, daß die Expeditionen der Regierungstruppen der Reihe nach alle die Gebiete Deutschlands trafen, in denen die Räte noch eine wesentliche örtliche Macht ausübten. Das Bürgertum und die mehrheitssozialistischen Regierungsmänner waren der Meinung, daß seit den Wahlen zur Nationalversammlung die Räte überflüssig geworden seien und daß jetzt überall die geordnete Verwaltung alten Stils wieder errichtet werden müsse.

Wo die Räte weiter amtieren konnten und nicht der Bürokratie das Feld räumten, ergaben sich naturgemäß Zusammenstöße und Unordnungen. In den Städten, wo der Arbeiterrat noch die Macht hatte, war seine Autorität gewöhnlich nicht sehr stark. Nach der Demobilisierung des alten Heeres und dem Wegfall der Soldatenräte hatten die Arbeiterräte keine brauchbare Exekutivtruppe zur Verfügung. Eingeengt zwischen dem bürgerlich-bürokratischen Widerstand auf der einen Seite und utopistischen Vorstößen auf der anderen Seite konnten sie wenig Kraft entwickeln. Eine Regierung, die den Sinn der neuen volkstümlichen Demokratie begriffen hätte, würde sich bemüht haben, die Räte zu stärken und ihnen die richtige Art der Exekutive zu zeigen. Ebert und Noske aber, im Einklang mit dem Bürgertum und den Generälen, sahen in der Regierungstätigkeit der Arbeiterräte nur Aufruhr und Unordnung, zumal wenn an den betreffenden Orten Streiks, Demonstrationen oder gar putschistische Einzelaktionen vorkamen.

Der Widerstand, der den Regierungstruppen auf diesen Expeditionen entgegengesetzt wurde, war nirgends bedeutend. Indessen kostete fast jedes Einschreiten der Regierungstruppen Todesopfer in den Reihen der Arbeiterschaft. Aus jeder Stadt, die von den Freiwilligen besetzt wurde, kamen Klagen wegen der Übergriffe der Regierungstruppen. Mißhandlungen und Erschießungen auch unbeteiligter Arbeiter ereigneten sich. Über besonders unruhige Gebiete wurde der Belagerungszustand verhängt, dort wurde die Presse- und Veranstaltungsfreiheit eingeschränkt, oppositionelle Personen wurden in Schutzhaft genommen, Verhaftete wurden im Gefängnis mißhandelt, ja es kam sogar zu zahlreichen »Erschießungen auf der Flucht«.

Besonders heftig waren diese lokalen Bewegungen und Kämpfe gegen Ende Februar und Anfang März 1919. Im März beschloß eine Vollversammlung der Berliner Arbeiterräte einen demonstrativen Generalstreik. Das politische Ziel dieser und ähnlicher Aktionen war die Durchführung der Sozialisierung, die ganz ins Stocken geraten war, und die Auflösung der Freiwilligentruppen. In Berlin bestand immer noch die Volksmarinedivision. Aber sie fürchtete jetzt, daß sie bei der Neugestaltung des deutschen Heeres von den maßgebenden Offizieren aufgelöst werden würde. So begann der größte Teil der Matrosen anläßlich des Generalstreiks einen Aufstand gegen die Regierung. Indessen schlossen sich nur wenige Berliner Arbeiter dem Aufstand an. Die Streikleitung stand unter der Führung des alten Kreises der revolutionären Obleute (Däumig, Richard Müller). Sie hatte mit dem Aufstand nichts zu tun. Die Regierungstruppen, die an Zahl bei weitem überlegen waren, konnten ohne viel Mühe die Matrosen niederwerfen. Zu Beginn des Berliner Aufstandes verbreiteten sich wilde Gerüchte über angebliche Greueltaten der Aufständischen. Dadurch ließ sich Noske zu einem verhängnisvollen Erlaß hinreißen. Er bestimmte, daß jeder Aufständische, der mit der Waffe in der Hand gefangen werde, erschossen werden sollte. Noske wollte mit diesem Erlaß abschreckend wirken und den Aufstand schnell beenden. Aber er hätte doch die Geistesrichtung seiner Freiwilligen genauer kennen und wissen müssen, was aus diesem Schießerlaß entstehen konnte. So war gerade die Niederwerfung des Berliner Märzaufstandes von massenhaften Erschießungen begleitet. Dabei wurden viele Leute getötet, die mit dem Aufstand nichts zu tun hatten. Der schlimmste Fall dieser Art ist mit dem Namen eines Leutnants Marloh von den Regierungstruppen verknüpft. Eine Gruppe von dreißig Angehörigen der Volksmarinedivision, die sich am Aufstand nicht beteiligt hatte, wollte friedlich ihre Löhnung einkassieren. Da ließ Marloh die Matrosen umzingeln, verhaften und sämtlich erschießen.

Das politische Resultat des Bürgerkrieges, der in der ersten Hälfte des Jahres 1919 im Namen Noskes geführt wurde, war die vollständige Vernichtung jeder politischen Macht der Räte. Wo noch Arbeiterräte fortbestanden, waren sie völlig einflußlos. So war der Versuch, im Anschluß an die Revolution eine volkstümliche aktive Demokratie zu begründen, gescheitert. Im Zusammenhang damit erfolgte an allen Orten eine systematische Entwaffnung der Arbeiterschaft, die von den Offizieren mit größter Energie durchgeführt wurde. Auf der anderen Seite nahm die von den alten Generälen geführte Freiwilligenarmee einen immer größeren Aufschwung. Schon um die Mitte des Jahres lag die reale Macht in Deutschland bei den Freikorps und nicht bei der Nationalversammlung. Hand in Hand damit ging eine systematische Bewaffnung des besitzenden Bürgertums, der Gutsbesitzer, Studenten und so weiter, die sich in Zeitfreiwilligenregimentern und Einwohnerwehren zusammenschlossen. Dieser ganze mächtige Ausbau, wenn nicht der monarchistischen, so doch mindestens der bürgerlich-kapitalistischen Gegenrevolution geschah unter der Parole: Für Ruhe und Ordnung und gegen Spartakus. Die mehrheitssozialistischen Minister konnten oder wollten diese Gefahr nicht sehen. In der Blindheit gegenüber den Tatsachen wetteiferte mit Ebert und Noske der preußische Innenminister Wolfgang Heine.

Die deutsche Arbeiterschaft hatte gegenüber dieser Entwicklung die Empfindung einer siegreichen Gegenrevolution. Die Arbeiter empfanden, daß die Revolution zwecklos gewesen war und daß sie jetzt wieder in die Hand der Offiziere und Kapitalisten gekommen waren; mit geringeren Rechtsgarantien, als die Arbeiter sie in der Kaiserzeit, selbst noch während des Krieges, gehabt hatten. In dem Jahre, das auf die Wahlen zur Nationalversammlung folgte, hat die Mehrheitssozialdemokratie ungefähr die Hälfte ihrer Anhänger verloren. Die USPD erlebte dank dem Noskekurs einen mächtigen Aufschwung. Die Arbeiter, die aus Entrüstung der Mehrheitssozialdemokratie den Rücken kehrten, wollten entweder gar nichts mehr von der Politik wissen oder schlossen sich der Unabhängigen-Partei an. Diese Renaissance der USPD im Jahre 1919 war eigentlich ein ganz unnatürlicher Vorgang. Denn die Partei war ein Zufallsgebilde, von tiefsten inneren Gegensätzen zerrissen und eigentlich schon längst zum Untergang reif. Aber jetzt schuf die Entrüstung über Ebert, Scheidemann und Noske der USPD eine künstliche Einigkeit. Die von Hilferding glänzend redigierte Berliner »Freiheit« mit ihrer rücksichtslosen Kritik der Regierung und des Mehrheitssozialismus wurde das Sprachrohr eines immer größeren Teiles der deutschen sozialistischen Arbeiterschaft.

Die Kommunistische Partei war nach den Januarkämpfen 1919 fast in ganz Deutschland in die Illegalität gedrängt. Die geistige Führung der Partei übernahm nach dem Tode Rosa Luxemburgs Paul Levi, der bald in einen heftigen Konflikt mit dem utopistischen Flügel der Partei geriet. Die Autorität der Parteizentrale bei den Mitgliedern war gering. An den örtlichen Aktionen und putschistischen Versuchen radikaler Arbeitergruppen war die Zentrale der KPD nicht beteiligt. Seltsamerweise hatte die KPD keinen Vorteil von der Radikalisierung breiter Arbeiterschichten im Jahre 1919. Während die USPD sich ständig vermehrte, wurde der Einfluß der Kommunisten auf die Arbeiterschaft nicht größer. Das hing mit dem Mißtrauen gegen den abenteuerlichen Spartakismus zusammen, das nicht nur im Bürgertum, sondern auch im größten Teil des deutschen Proletariats vorhanden war. Paul Levi und seine marxistischen Freunde erkannten, daß die Kommunistische

Partei sich erst rücksichtslos von den abenteuerlichen und lumpenproletarischen Elementen trennen müsse. Erst dann könne die KPD eine Massenbewegung werden. So bereitete die Zentrale der KPD allmählich die Parteispaltung vor.

Die militärpolitische Entwicklung, die mit dem Namen Noske verbunden ist, breitete sich seit Ende Januar 1919 über alle Teile Deutschlands aus. Nur Bayern machte eine Ausnahme. Hier gab es keine Freikorps, keine Rekonstruktion des alten Militärsystems, keine Bewaffnung des Bürgertums und vor allem keinen Krieg der Sozialisten gegeneinander. Diese Sonderentwicklung Bayerns war in erster Linie das Werk des Ministerpräsidenten Eisner. Es ist überaus bemerkenswert, daß Eisner das Vertrauen der revolutionären Arbeiterschichten genoß, obwohl er in der Frage der Sozialisierung mindestens ebenso vorsichtig war wie Ebert und Scheidemann. Man sieht daraus, daß sich in der deutschen Revolution die Geister viel mehr an der Frage der Demokratie als an der Frage der Wirtschaftsform geschieden haben. Die von Eisner geführte bayrische Regierung hielt keine weinerlichen Moralpredigten an das Volk, sondern suchte mit Tatkraft und Optimismus die neue Demokratie zu beleben. Vor allem Eisner selbst erwies sich als Meister darin, in seinen Reden den Räten ihre Aufgaben für die Zukunft nachzuweisen. Im Gegensatz zum übrigen Reich war es in Bayern gelungen, wenigstens einen Teil der Bauernschaft in der Räteorganisation zu erfassen. Der vor allem im Süden des Landes einflußreiche Bauernbund hatte sich zur Revolution und zu den Räten bekannt und verkörperte den Rätegedanken in den Dörfern. Ferner blieb in den Kasernen Bayerns ein größerer Prozentsatz von Truppen zurück als im Reich, und die revolutionäre Energie der bayrischen Soldaten war erheblich stärker. So konnte sich Eisner neben den Arbeiterräten auch noch nach Weihnachten 1918 auf aktive Soldaten- und Bauernräte stützen. Und er tat alles, um die bayrischen Räte vorwärtszudrängen.

Freilich wuchsen allmählich auch für Eisner die Schwierigkeiten. Die rückläufige Bewegung der deutschen Revolution übte auch auf Bayern ihren Einfluß aus. Ein großer Teil der bayrischen Bauern, der dem Zentrum angehörte, sowie der städtische liberale Mittelstand wollten von einer Räteregierung nichts wissen. Und auch bei den Mehrheitssozialisten gab es genug Funktionäre alten Stils, die eine Anpassung der bayrischen Entwicklung an das Reich anstrebten. Der Repräsentant dieser Mehrheitssozialisten, die ungefähr die Linie Eberts und Scheidemanns auch in Bayern vertraten, war der Innenminister Auer. So verkörperten sich die entgegengesetzten Tendenzen des deutschen Sozialismus in den beiden bayrischen Ministerkollegen.

Eisner mußte seine Zustimmung dazu geben, daß in Bayern ein Landtag gewählt wurde. Aber er war entschlossen, neben dem Landtag die Rechte der Räteorganisation entschieden zu wahren. Am 12. Januar 1919 fanden in Bayern die Wahlen statt. Das Ergebnis war, daß die rätefreundlichen revolutionären Parteien 80 Mandate erhielten, wobei die SPD ganz zu diesem Lager gerechnet ist. Die bürgerlichen Parteien erhielten 100 Sitze. Im einzelnen erlangten das Zentrum, das in Bayern unter der lokalen Flagge der »Bayrischen Volkspartei« auftrat, 66 Mandate, die Demokraten 25 und die Konservativen 9. Im andern Lager hatte die SPD 61 Sitze, der Bauernbund 16 und die USPD nur 3. Es war für Eisner unangenehm, daß seine eigene offizielle Organisation, die Unabhängige Sozialdemokratie, nur so wenige Stimmen erhalten hatte. Aber seine Politik wurde auch von der Mehrheit der bayrischen Sozialdemokraten, vom Bauernbund und vor allem von den roten Soldaten und den Räten gebilligt. Wenn es gelang, den Block der drei Räteparteien unter Führung Eisners zusammenzuhalten, so hatten sie 45 Prozent der Sitze im Landtag. Das genügte, wenn die bewaffneten Arbeiter und Soldaten dazukamen.

Eisner und seine Kollegen blieben auch nach den Wahlen ruhig im Amt. Aber die Agitation in den bürgerlichen Kreisen, vor allem in der bürgerlichen Presse, gegen Eisner verstärkte sich, und der konservative Flügel der Mehrheitssozialisten wurde schwankend. Als sich Eisner am 21. Februar zur Eröffnung des neugewählten Landtags begeben wollte, wurde er von einem fanatisch gegenrevolutionären Studenten, einem Grafen Arco, ermordet. In der Person Eisners verloren die deutsche Revolution und vor allem die deutsche sozialistische Arbeiterschaft den einzigen schöpferischen Staatsmann, der seit dem November 1918 hervorgetreten war. In der kommenden Zeit der Hilflosigkeit und Mittelmäßigkeit sollte Eisner nur zu sehr vermißt werden.

Die Nachricht von der Ermordung Eisners erzeugte bei den Münchner Arbeitern und Soldaten eine ungeheure Erregung. Ein erbitterter Anhänger Eisners drang in die Landtagssitzung ein, in der gerade die Trauerkundgebung für den Ermordeten stattfand, schoß den Innenminister Auer nieder und tötete einen bürgerlichen Abgeordneten. Auer war am Tode Eisners genauso unschuldig wie Scheidemann am Tode Liebknechts. Aber die radikale Arbeiterschaft hat in beiden Fällen dem politischen Gegner des Toten auch eine moralische Mitschuld an der Tat aufbürden wollen. Auer wurde schwerverletzt ins Krankenhaus gebracht. Der Landtag flog angesichts der blutigen Ereignisse auseinander. Die Münchner Arbeiter bewaffneten sich, die Soldaten traten in Aktion, der bayrische Rätekongreß versammelte sich wieder in München und übernahm die tatsächliche Macht im Lande.

Es ist das beste Zeugnis für Eisners Persönlichkeit und sein staatsmännisches Wirken, daß die bayrischen Massen nach seinem Tode zunächst ganz im Sinne seiner Lehren handelten. Die SPD, USPD und der Bauernbund traten zusammen und beschlossen, weiter geeint die bayrische Revolution zu verteidigen. Sie bildeten eine gemeinsame Regierung unter dem Vorsitz des Mehrheitssozialisten Hoffmann, die sich auf die Räte und die roten Soldaten stützte.

Als sich die Gemüter beruhigt hatten, wurde der Landtag zu einer ganz kurzen Sitzungsperiode nach München berufen. Unter dem Eindruck der bewaffneten revolutionären Massen beschloß die bürgerliche Mehrheit des Landtags, der sozialistischen Regierung ihr Vertrauen auszusprechen und die nötigen Vollmachten zu erteilen. Bayern blieb ruhig. Der Reichsregierung und der Weimarer Nationalversammlung waren begreiflicherweise die bayrischen Vorgänge höchst unerwünscht. Aber gegenüber der imponierenden Haltung der bayrischen Arbeiter, Soldaten und Bauern wagte man keine Intervention. So schien es im März 1919, als ob allein in Bayern die Revolution sich befestigt habe, während im übrigen Deutschland die revolutionären Errungenschaften in schnellem Tempo abgebaut wurden. Bayern bot das Vorbild für eine vernünftige Kombination zwischen den Räten und der parlamentarischen Legalität.

Ob es auf die Dauer möglich gewesen wäre, die bayrische Sonderentwicklung neben der ganz andern Tendenz des übrigen Deutschland fortzusetzen, ist zweifelhaft. Indessen wäre der trostlose Zusammenbruch im April nicht möglich gewesen, wenn Eisner noch gelebt oder eine ihm ebenbürtige Persönlichkeit dem bayrischen Proletariat zur Verfügung gestanden hätte. Die neuen sozialistischen Minister waren durchaus loyale und der revolutionären Sache ergebene Männer. Aber keiner von ihnen hatte die Autorität und Tatkraft, die unter den besonders schwierigen Umständen in Bayern nötig gewesen wäre. Wie das Wahlresultat am 12. Januar bewies, war zahlenmäßig die mehrheitssozialistische Partei den andern sozialistischen Richtungen ungeheuer überlegen. In Bayern kam ungefähr ein Unabhängiger oder Kommunist auf zwanzig Mehrheitssozialisten. Aber gerade weil die SPD in Bayern fast das ganze Proletariat hinter sich hatte, hatte sie all die Tendenzen in sich, die im übrigen Deutschland sich andere organisatorische Formen gesucht hatten. Die Leute, die in Berlin den revolutionären Obleuten oder dem utopisch-radikalen Flügel des Spartakusbundes gefolgt wären, bezeichneten sich in Bayern meistens als Mehrheitssozialisten.

Anfang April erhob sich in Bayern eine Welle des hemmungslosen Utopismus und verschlang das Werk Eisners. Aber es war ein Utopismus, der von mehrheitssozialistischen Funktionären und Arbeitern ausging. Die utopisch-radikalen Arbeiter Bayerns waren mit dem bestehenden Zustand unzufrieden. Sie erblickten in dem Nebeneinander der Räte und des Landtages eine Halbheit, die nicht lange dauern durfte. Zur selben Zeit war in Ungarn die Räterepublik ausgerufen worden. Die Arbeiter des benachbarten Österreich waren in mächtiger Gärung, und man erwartete, daß Wien dem Beispiel Budapests folgen würde. Von Österreich ging die Welle nach Südbayern. Die Utopisten in Augsburg und München meinten, daß nun auch für sie die Zeit gekommen sei und daß man in Bayern die Räterepublik proklamieren müsse. In Wirklichkeit war Bayern schon seit Eisners Novemberrevolution eine Räterepublik, aber eine rationelle Räterepublik, wie sie den realen Verhältnissen entsprach. Dagegen sollte die neue Räterepublik, die man jetzt ausrufen wollte, nicht nur die formelle Ausschaltung des Parlaments bringen, sondern zugleich eine phantastische Abschaffung des gesamten Privateigentums und den Propagandakrieg gegen das übrige Deutschland. Während es Eisner gelungen war, die bayrischen Bauern für sich zu gewinnen oder doch zu neutralisieren, mußte die neue Räterepublik die erbitterte Feindschaft der gesamten Bauern und Mittelschichten Bayerns hervorrufen. Sie mußte die Einigkeit des Proletariats, die bisher über alle Krisen hinweg gewahrt worden war, zerreißen und die Intervention des Reiches heraufbeschwören.

Mit utopistischen Anfällen ist in jeder Revolution zu rechnen. Aber die revolutionäre Disziplin muß stark genug sein, um mit ihnen fertig zu werden. In Bayern war indessen nach dem Tode Eisners niemand da, der in einem kritischen Moment die Massen meistern konnte. Auch die mehrheitssozialistische Organisation, die damals in Bayern alle Tendenzen der Arbeiterschaft von der Richtung Noskes bis zum Bolschewismus friedlich vereinte, konnte der utopischen Welle nicht standhalten.

Es waren gerade die mehrheitssozialistischen Funktionäre, die in Augsburg und München die Einigung des Proletariats und die Ausrufung der Räterepublik verlangten. Die Gegenwehr war in Südbayern schwach. Am 7. April hatte die neue Räterepublik in München gesiegt. Die USPD glaubte sich der Bewegung der Massen nicht entziehen zu können. Dagegen zeigten die Münchner Kommunisten unter Führung von Leviné eine durchaus verständige und sachgemäße Haltung. Sie erklärten, daß die neue bayrische Räterepublik eine jämmerliche Komödie sei, die dazu noch von Leuten ausgehe, die bisher die schärfsten Gegner des Kommunismus waren. Daher lehnte die KPD zunächst jede Beteiligung an der Räterepublik ab. Die Liste der neuen bayrischen Volksbeauftragten sah traurig genug aus. In der allgemeinen Verwirrung, die damals in München herrschte, hatten dunkle Abenteurer, zum Teil offen pathologische Charaktere, sich vorgedrängt. Solche Leute wollten nun als Volkskommissare die bayrische Räterepublik führen. Nur ein bedeutender Mann befand sich unter den neuen Volksbeauftragten, der anarchistische Philosoph Landauer, der aber nur für ethische und Kulturfragen Interesse hatte und den politischen Wahnsinn nicht meistern konnte.

Nordbayern schloß sich der Räterepublik nicht an. Der mehrheitssozialistische Ministerpräsident Hoffmann lehnte es begreiflicherweise ab, die Münchner Räterepublik anzuerkennen. Er und die andern mehrheitssozialistischen Minister gingen nach Bamberg, wo sie die Regierungsgeschäfte weiterführten und den Vormarsch gegen München vorbereiteten. Schon nach einer Woche war das Abenteuer der Räterepublik in München beendet, und die Phantasten, die dort Volksbeauftragte hatten spielen wollen, wurden abgesetzt. Aber nun hielt Leviné es für die Pflicht der Kommunistischen Partei, in die Bresche zu springen und die Ehre des Rätegedankens zu retten. Sie organisierte eine neue Räteregierung und suchte, gestützt auf einen Teil der Münchner Arbeiter und Soldaten, den heranmarschierenden Regierungstruppen Widerstand zu leisten. Wenn die bayrische Räterepublik am 7. April eine Sinnlosigkeit war, dann wurde sie acht Tage später nichts Besseres. Es lag kein Grund vor, daß Leviné und seine Freunde ihr ursprünglich richtiges Urteil revidierten, eine völlig hoffnungslose Sache zu der ihrigen machten und so die Niederlage des Proletariats außerordentlich vergrößerten. Leviné unterlag ähnlichen Hemmungen wie Rosa Luxemburg im Januar. Ein falsch verstandenes revolutionäres Ehrgefühl schien es vorzuschreiben, daß man die »Masse« nicht im Stich lassen dürfe, obwohl eine solche Taktik die Marxisten dazu zwingt, ihre bessere Einsicht, ja ihre Existenz, den Launen jedes Abenteurers preiszugeben, der eine Anzahl radikaler Arbeiter um sich schart[3].

Die Reichsregierung schickte eine Anzahl von Freikorps gegen München, um die Räterepublik zu vernichten. Ihnen schlossen sich neugebildete bayrische Freiwilligentruppen an. Die bayrischen Freiwilligen, die sich aus dem Bürgertum rekrutierten und von alten königlichen Offizieren geführt wurden, wollten in München mit der gesamten bayrischen Revolution und dem Werke Eisners abrechnen. Die Erbitterung der Regierungstruppen steigerte sich, als bekannt wurde, daß die Rätebehörden eine Anzahl bürgerlicher Geiseln erschossen hatten.

Am 1. und 2. Mai haben die Regierungstruppen München erobert. Es kam zu Hunderten von Erschießungen. Unter den Opfern befand sich auch Landauer. Die schrecklichste Episode spielte sich ab, als eine Truppe von Freiwilligen eine Sitzung von zwanzig friedlichen katholischen Gesellen aushob, die Gesellen trotz ihrer Beteuerungen für Spartakisten hielt und sämtlich ermordete. Leviné wurde verhaftet, vom

Standgericht zum Tode verurteilt und erschossen. Er hat im Prozeß und bei der Hinrichtung eine heldenmütige Haltung gezeigt, die ihm auch bei Gegnern seiner Taktik leidenschaftliche Sympathien verschaffte.

Als die Blutarbeit beendet war, kehrte die Regierung Hoffmann nach München zurück. Die Regierung hatte keinerlei Einfluß auf die Haltung des Militärs bei der Eroberung Münchens ausüben können. Der bayrische Landtag wählte eine demokratische Koalitionsregierung, die sich auf die Sozialdemokraten, die Bayrische Volkspartei und die Demokraten stützte. Den Vorsitz behielt der Sozialdemokrat Hoffmann. Gerade die bayrische Geschichte der Jahre 1919 und 1920 zeigt, wie wenig ein Parlament in revolutionären Zeiten den realen gesellschaftlichen Kräften entsprechen kann. Der Landtag verkörperte die bürgerliche parlamentarische Demokratie. Von Januar bis April stand er rechts von den führenden gesellschaftlichen Kräften und war deshalb machtlos. Seit dem Mai 1919 aber befand sich der Landtag links von den realen Gewalten. Darum konnte er nur eine Scheinregierung bilden und eine Scheinherrschaft ausüben. Die wirkliche Macht im Lande hatte eine fanatische militärische Gegenrevolution mit starken monarchischen Sympathien. Seit den Erfahrungen, die man mit der Räterepublik gemacht hatte, waren die Mittelschichten fast vollständig ins gegenrevolutionäre Lager umgeschwenkt. Die Arbeiterschaft war entwaffnet und ohnmächtig. Die roten Truppenteile existierten nicht mehr. Unter solchen Umständen schwebte die Landesregierung in der Luft, wie schon im nächsten Jahr die bayrischen Auswirkungen des Kapp-Putsches bewiesen. Mit dem Einmarsch der Freiwilligentruppen in München war die Anpassung Bayerns an das Reich vollzogen. Der Versuch, die Errungenschaften der Revolution und besonders die Rätedemokratie in Bayern zu behaupten, war erledigt.

IV. Kapitel

Die Nationalversammlung in Weimar

Die Nationalversammlung, die der deutschen Republik ihre Verfassung geben und der Revolution neue Wege zeigen sollte, wurde am 19. Januar 1919 gewählt. Von den sozialistischen Parteien beteiligten sich an den Wahlen die SPD und die USPD, während die Kommunisten entsprechend dem Beschluß ihres Berliner Parteitages Wahlenthaltung übten. Die bürgerlich-demokratische Mitte wurde durch das Zentrum vertreten sowie durch die Deutsche Demokratische Partei, die an Stelle der alten Freisinnigen und Fortschrittler getreten war. Die verschiedenen konservativen Gruppen hatten sich zur Deutschnationalen Volkspartei zusammengeschlossen, und der rechte, industrielle Flügel der alten Nationalliberalen trat als Deutsche Volkspartei auf.

Das Wahlresultat entsprach noch durchaus der Stimmung des November und Dezember 1918. Die Anhänger der Revolution und der Republik, die sozialistischen und die demokratischen Parteien errangen einen großen Erfolg. Die Mehrheitssozialisten erhielten 11,5 Millionen Stimmen und die Unabhängigen 2,3 Millionen. Im ganzen wurden fast 14 Millionen sozialistische Stimmen abgegeben von 30 Millionen insgesamt. Die Sozialisten hatte 45 Prozent der Wählerschaft hinter sich. Das Zentrum erhielt 6 Millionen Stimmen, die Demokraten hatten 5,5 Millionen Wähler. Dagegen erhielten die Deutschnationalen und die Deutsche Volkspartei zusammen nur 4,5 Millionen Stimmen oder 15 Prozent der Wähler. Obwohl die beiden Rechtsparteien ihre Programme vorsichtig formuliert hatten, sich auf den Boden der neuen Tatsachen stellten und sich mit der parlamentarischen Demokratie abfinden wollten, waren sie bei den Wahlen durchaus unterlegen. 85 Prozent der Wähler hatten, so verschieden sie im einzelnen auch dachten, doch die Tatsache der Revolution gebilligt.

Die Nationalversammlung wurde nach Weimar berufen. Damit wollte zunächst die Regierung das deutsche Reichsparlament den Einflüssen der radikalen Berliner Arbeiterschaft entziehen, die seinerzeit auf den Rätekongreß im Dezember einen heftigen Druck ausgeübt hatte. Ferner sollte Weimar ein Symbol des neuen Deutschland sein, das nicht mehr dem Potsdamer Militarismus dienen, sondern den Traditionen Goethes und Schillers folgen wollte.

Aber die Weltgeschichte liebt es, leichtfertig gewählte Symbole zu diskreditieren. Die Republik wollte dem Potsdamer Geist entrinnen, aber als die Nationalversammlung Anfang Februar in Weimar zusammentrat, hatte die Republik den neuen »Militarismus« der Freikorps geschaffen, der die Arbeiter noch schwerer drückte als das alte kaiserliche Militärsystem. Die Bildung der neuen, von kaiserlichen Offizieren geführten Freiwilligenarmee schuf in Deutschland eine politische Macht, die in Wirklichkeit den Tendenzen der Nationalversammlung entgegengesetzt war. Die Haltung zur Militärfrage mußte der Prüfstein für die Fähigkeiten der Nationalversammlung sein.

Seit dem Austritt der USPD aus der Reichsregierung hatten die Mehrheitssozialisten allein das Kollegium der Volksbeauftragten gebildet. Jetzt suchte die Sozialdemokratie nach Verbündeten, da sie allein die Last der Verantwortung nicht tragen konnte. Das erste Angebot zur Bildung einer Koalition richteten die regierenden Mehrheitssozialisten an die USPD. Am 5. Februar nahm die sozialdemokratische Reichstagsfraktion folgenden Antrag an:

> »Bei der Fraktion der Unabhängigen Sozialdemokraten ist anzufragen, ob sie bereit ist, in die Reichsregierung einzutreten auf der Grundlage des Bekenntnisses zur parlamentarischen Demokratie, das heißt zu einer Staatsform, die in jeder Beziehung durch den Willen der Mehrheit des Volkes bestimmt wird, mithin unter Ausschaltung jeder Putschtaktik.«

Es verdient anerkannt zu werden, daß die SPD sich zu diesem Schritt entschloß; trotz all der Angriffe, denen sie in den letzten Wochen seitens der USPD ausgesetzt war. Die Bedingung, die allein von der SPD für die Zusammenarbeit gestellt wurde, der Respekt vor dem Willen der Volksmehrheit und die Ablehnung putschistischer Abenteuer, enthielt nichts Unbilliges. Wenn es damals möglich gewesen wäre, noch einmal eine Zusammenarbeit der beiden sozialistischen Parteien herbeizuführen, dann hätte sich vielleicht das drohende Übergewicht des Militärs abwenden und die Entfremdung zwischen der Republik und der entschieden sozialistischen Arbeiterschaft vermeiden lassen.

Die Antwort der USPD kam sofort am 6. Februar. Sie war sehr charakteristisch:

> »Für die Fraktion der USPD kommt der Eintritt in die Regierung so lange nicht in Frage, bis die gegenwärtige Gewaltherrschaft beseitigt ist und bis die sämtlichen Mitglieder der Regierung nicht nur das Bekenntnis ablegen, sondern auch den entschlossenen Willen betätigen, die demokratischen und sozialistischen Errungenschaften der Revolution gegen die Bourgeoisie und gegen die Militärautokratie sicherzustellen.«

Die Gefahr, die der Republik und der sozialistischen Arbeiterschaft drohte, wurde in dieser Erklärung der USPD durchaus treffend gezeigt, und der Kampf gegen die Gefahr wäre viel leichter gewesen, wenn sich wieder ein einheitliches Auftreten der sozialistischen Parteien hätte erreichen lassen. Aber nach den Ereignissen des Januar war der von Däumig geführte Flügel der USPD weniger denn je zu einer Zusammenarbeit mit den Mehrheitssozialisten bereit. Und der Kreis um Haase und Dittmann wollte nichts tun, wodurch die notdürftig geflickte Einheit der USPD wieder zerrissen werden konnte.

Nachdem der Versuch der Mehrheitssozialisten, die USPD wieder an sich heranzuziehen, gescheitert war, wandte man sich an die bürgerliche Mitte. Die SPD schlug dem Zentrum und den Demokraten ein Zusammengehen unter drei Bedingungen vor, nämlich erstens rückhaltslose Anerkennung der republikanischen Staatsform, zweitens eine Finanzpolitik mit scharfer Heranziehung von Vermögen und Besitz, und drittens eine tiefgehende Sozialpolitik mit Sozialisierung der hierzu geeigneten Betriebe. Die beiden Parteien der bürgerlichen Mitte nahmen die sozialdemokratischen Bedingungen an. Es ist bezeichnend, daß auch die Forderung nach Sozialisierung keinen wesentlichen Widerstand fand. Denn die christlichen Gewerkschaften, die jetzt im Zentrum den Ton angaben, hatten keine Neigung, für die Unternehmer zu kämpfen. Ebenso hatten die bürgerlichen Mittelschichten, Angestellte, Beamte, Intellektuelle und so weiter, aus denen sich die demokratische Wählerschaft zusammensetzte, durchaus keine besonderen Sympathien für das Großkapital. Die Überzeugung, daß eine weitgehende Sozialisierung notwendig sei, hatte sich nach der Revolution in weiten Schichten des deutschen Volkes durchgesetzt und war durchaus populär. Die Parteileitungen und die Abgeordneten des Zentrums wie der Demokraten waren bereit, dieser Stimmung im Volke entgegenzukommen.

Die Auffassung, als wäre die Koalition der Sozialdemokraten mit bürgerlichen Parteien das Verhängnis der deutschen Revolution gewesen, ist bei ruhiger Überlegung nicht haltbar. In den Anfängen der Nationalversammlung hatten die Sozialdemokraten durchaus die Führung. Die Sozialdemokratie hätte im Parlament durchsetzen können, was sie wollte, solange sie die Stoßkraft der revolutionären Massen und die bewaffnete Macht hinter sich hatte. Sehr lehrreich ist in dieser Hinsicht das oben geschilderte Beispiel des bayrischen Landtags im Februar und März 1919. Die sozialistischen Parteien waren prozentual im bayrischen Landtag ungefähr ebenso stark wie in der deutschen Nationalversammlung. Sie hätten sich in Weimar genauso durchsetzen können wie in München. Die revolutionären Ziele blieben unerreichbar, nicht wegen der Opposition von Zentrum und Demokraten, sondern weil die Stoßkraft der SPD erlahmte und weil der Bürgerkrieg in der ersten Hälfte des Jahres 1919 die militärischen und politischen Machtverhältnisse völlig veränderte.

Die Nationalversammlung einigte sich zunächst auf eine provisorische Notverfassung. Zum provisorischen Präsidenten der Republik wurde am 11. Februar Ebert gewählt. Am 12. Februar wurde die neue Reichsregierung gebildet, deren Vorsitz Scheidemann übernahm. Auch die übrigen drei mehrheitssozialistischen Volksbeauftragten blieben im Amt: Landsberg als Reichsjustizminister, Noske als Reichswehrminister (denn der amtliche Sprachgebrauch der Republik bezeichnete die Armee als »Reichswehr«) und Wissell als Reichswirtschaftsminister. Ferner gehörten noch drei weitere Mehrheitssozialisten dem Kabinett an, nämlich Bauer, David und Robert Schmidt. Das Zentrum stellte drei Reichsminister, darunter Erzberger; die Demokraten hatten ebenfalls drei Minister, darunter Preuß. Als parteiloser Bürgerlicher galt der Außenminister Graf Brockdorff-Rantzau. Im ganzen standen im Kabinett sieben Sozialdemokraten sieben bürgerlichen Ministern gegenüber. Da die Sozialdemokraten den Vorsitz hatten und außerdem die Ressorts der Armee, der Wirtschaft, der Lebensmittelversorgung und der Sozialpolitik beherrschten, schien die sozialistische Führung der deutschen Republik gesichert.

Im Verlauf der großen englischen und französischen Revolution haben die parlamentarischen Körperschaften aus sich heraus die Energie entfaltet, mit der die Revolution weitergetrieben und die schwankenden Volksschichten zurückgewonnen wurden. In diesem Geiste wirkte in England das »Lange Parlament« und in Frankreich der Konvent. Aber die Weimarer Nationalversammlung war kein Konvent. Sie hatte das Niveau des deutschen Reichstages der vorrevolutionären Zeit, das heißt, sie setzte sich aus tüchtigen, ehrenhaften und fleißigen Abgeordneten zusammen, in denen aber von revolutionärer Energie nichts vorhanden war. Wirkliche Revolutionäre hätten in Weimar vor allem die Gefahr ins Auge gefaßt, die von der Armee drohte. Im Stil des Konvents hätte die Nationalversammlung erklären können, daß die Republik in Gefahr sei. Sie hätte alle Republikaner und Sozialisten zu den Waffen rufen können, um das Vaterland zu retten. Eine solche allgemeine Volksbewaffnung hätte die Freikorps unschädlich gemacht, die Gefahr putschistischer Einzelaktionen im Keime erstickt, die Ostgrenze gegen die Polen gesichert und vielleicht auch die Position Deutschlands gegenüber der Entente bei den Friedensverhandlungen gestärkt. Aber eine solche Volksbewaffnung unterblieb, denn sie hätte den Popanz der »Ruhe und Ordnung« gestört, den die regierenden Männer über alles verehrten.

In dem Arbeitsprogramm der neuen Reichsregierung findet sich ein Abschnitt über die Militärpolitik. Er verdient es, hier wörtlich wiedergegeben zu werden:

»Schaffung eines auf demokratischen Grundlagen aufgebauten Volksheeres zum Schutz des Vaterlandes unter wesentlicher Herabsetzung der Dienstzeit. Jeder Truppenteil wählt einen Vertrauensausschuß zur Mitwirkung bei Verpflegung (Kantine), Urlaub und Unterbringung sowie bei Beschwerden. Entlassung der in den Kasernen befindlichen Soldaten, auch des Jahrgangs 1899. Auflösung der militärischen Behörden, die nur für den Krieg geschaffen waren, und der heute als überflüssig zu erachtenden Friedensbehörden. Fürsorge für die bisherigen aktiven Offiziere und Unteroffiziere. Für die Übergangszeit Bestätigung der bisher von den Soldaten gewählten Führer, soweit sie sich bewährt haben.«

Dieses Militärprogramm schwebte völlig im luftleeren Raum. Es liquidierte zwar das Heer des Weltkrieges, hatte aber gar keine Stellungnahme zu der neuen real vorhandenen Armee der Freikorps, wenn man von den braven Vertrauensausschüssen zur Kontrolle der Kantine (!) absieht. Später tröstete man sich in der Nationalversammlung damit, daß die Freikorps nur eine »vorübergehende Erscheinung« wären.

Ebensowenig war die Nationalversammlung imstande, das Problem der Räte zu bewältigen. Im Arbeitsprogramm der Regierung vom Februar heißt es: »Die Koalitionsfreiheit ist für jedermann in der Verfassung festzulegen. Die Lohn- und Arbeitsbedingungen sind zwischen den Organisationen der Unternehmer, Arbeiter und Angestellten zu vereinbaren. Ihre Durchführung ist durch Vertretungen der beteiligten Arbeiter und Angestellten zu überwachen. Das gesamte Arbeitsrecht ist den neuen Verhältnissen anzupassen.« Man wollte also nur die traditionellen Arbeiterausschüsse ausbauen, die sich mit den persönlichen Verhältnissen der Arbeitnehmer im Betrieb zu beschäftigen hatten. Aber man wollte keine Arbeiterräte mit wirtschaftlichen oder gar politischen Funktionen. Die große Welle von Unruhen, die im Laufe des Februars und des März durch Deutschland ging, zeigte aber doch, daß erhebliche Teile des deutschen Proletariats von den Räten nicht lassen wollten. So gewann der linke Flügel der Sozialdemokratie vorübergehend in der Rätefrage die Oberhand. Am 22. und 23. März fand in Weimar eine gemeinsame Beratung zwischen dem sozialdemokratischen Parteivorstand, anderen führenden Parteikörperschaften und der Reichstagsfraktion statt. Es wurde der folgende Beschluß über die Räte gefaßt:

»Zur Mitwirkung an Sozialisierungsmaßnahmen, zur Kontrolle sozialistischer Betriebe, zur Überwachung der Gütererzeugung und Verteilung im gesamten Wirtschaftsleben sind gesetzlich geordnete Arbeitervertretungen zu schaffen. In dem zu diesem Zweck schleunigst zu schaffenden Gesetz sind Bestimmungen zu treffen über die Wahl und Aufgaben von Betriebs-, Arbeiter- und Angestelltenräten, die bei der Regelung der allgemeinen Arbeitsverhältnisse gleichberechtigt mitzuwirken haben. Es sind weiter Bezirksarbeiterräte und ein Reichsarbeiterrat vorzusehen, die vor dem Erlaß wirtschaftlicher und sozialpolitischer Gesetze ebenso wie die Vertretungen aller übrigen schaffenden Stände gutachtlich zu hören sind und selbst Anträge auf Erlaß solcher Gesetze stellen können. Die entsprechenden Bestimmungen sind in der Verfassung der deutschen Republik festzulegen.«

Es ist bemerkenswert, daß die offizielle SPD einen derartigen Beschluß zugunsten der Räte fassen konnte. Die Partei hat auch ihr Versprechen eingelöst und einen entsprechenden Paragraphen über die Rolle und Aufgabe der Räte in der Reichsverfassung eingefügt. Aber in die Wirklichkeit umgesetzt wurde von diesem Programm nichts. Die Betriebsräte, die später durch Reichsgesetz eingeführt wurden, waren wieder die alten Arbeiterausschüsse in einem neuen Kleid. Sie hatten im wesentlichen nur sozialpolitische Funktionen. Ferner schuf man einen vorläufigen Reichswirtschaftsrat, der sich aus Vertretern der verschiedenen Berufsstände zusammensetzte. Er führte im allgemeinen ein behagliches Stilleben und hat nur gelegentlich Gutachten über Zollfragen und dergleichen erstattet. Kein deutscher Arbeiter hat jemals im vorläufigen Reichswirtschaftsrat eine Verwirklichung des revolutionären Rätegedankens gesehen. Ein systematischer Aufbau der Arbeiter- und Wirtschaftsräte von unten nach oben ist niemals erfolgt.

Es mag sein, daß die maßgebenden Männer der SPD im März 1919 die Zugeständnisse an den Rätegedanken nur mit halbem Herzen gemacht haben. Bei der abnehmenden Kraft des deutschen Sozialismus und der Arbeiterschaft war es nicht mehr möglich, den Räten eine bedeutsame Stellung im deutschen Staats- und Wirtschaftsleben zu verschaffen. So wurde der leitende Gedanke der deutschen Revolution zu Grabe getragen.

Was die Sozialisierung betraf, so hatte sich die SPD nach dem 9. November jederzeit grundsätzlich für sie ausgesprochen. Aber man konnte zu keiner Klarheit darüber gelangen, wie die Sozialisierung in Wirklichkeit aussehen sollte. Die sofortige Enteignung des Bergbaus und anderer Zweige der Großindustrie galt als undurchführbar. Indessen war der Reichswirtschaftsminister Wissell ein leidenschaftlich überzeugter Anhänger einer Planwirtschaft. Auf diese Weise wollte er die Macht des Staates und der Gemeinschaft im Wirtschaftsleben stärken und in Deutschland dem sozialistischen Gedanken den Weg zur Betätigung öffnen. Die ersten Anfänge einer planwirtschaftlichen Regelung konnte man in den Gesetzen über die Kohlenwirtschaft und die Kaliwirtschaft erblicken, die von der Nationalversammlung angenommen wurden. Es wurde ein Reichskohlenrat und ein Reichskalirat geschaffen, in dem Arbeitgeber, Arbeitnehmer und Verbraucher unter Aufsicht des Staates vertreten waren. Diese Räte sollten die Leitung der betreffenden Industrien übernehmen. Beides waren vorläufig nur Rahmenbestimmungen, und es blieb abzuwarten, wie die Praxis diese Rahmen ausfüllen würde.

Noch auf dem Weimarer Parteitag der SPD im Juni hatte Wissell in einer glänzenden Rede unter dem lebhaften Beifall der Delegierten seinen planwirtschaftlichen Weg zum Sozialismus erläutert. Aber schon auf dem Parteitag konnte man erkennen, daß die konservativ gestimmte Führergruppe der SPD nicht mit Wissell sympathisierte. Die Widerstände gegen den Reichswirtschaftsminister verstärkten sich, und im Juli trat Wissell zurück und wurde durch Robert Schmidt, einen demonstrativen Gegner der Planwirtschaft, ersetzt. Mit dem Sturz Wissells war der Versuch erledigt, gemeinwirtschaftlichen Ideen in Deutschland zum Siege zu verhelfen. Der Privatkapitalismus alten Stils hatte wieder die Oberhand. Der Reichskohlenrat ebenso wie der Kalirat wurden zu dekorativen Gebilden, die sich höchstens durch Preiserhöhungen unangenehm bemerkbar machten.

So ist die Nationalversammlung auf den Gebieten des Militärs, der Räte und der Sozialisierung gleichmäßig unfruchtbar geblieben. Ihr positives Werk liegt in der Schaffung der Reichsverfassung, die nach mühevoller Arbeit am 31. Juli 1919 endgültig angenommen wurde. Für die Situation des Hochsommers, mit ihrem ständigen Rückgang des sozialistischen und überhaupt des revolutionären Einflusses, bei ständig wachsender Macht des Militärs und des Kapitals, war indessen die Weimarer Verfassung geradezu eine radikale Tat. Denn die Nationalversammlung war bei allen ihren Unzulänglichkeiten doch noch das Produkt der ersten Revolutionsmonate. Sie wurde von dem Mehrheitsblock der entschieden demokratischen Parteien beherrscht. Diese Parteien hatten inzwischen im Lande einen großen Teil ihrer Anhänger verloren. Aber in der Nationalversammlung traten sie noch machtvoll auf, und sie gestalteten die Verfassung nach ihren Prinzipien. Es erging der Weimarer Verfassung von 1919 ähnlich wie der Reichsverfassung von 1849. Die Nationalversammlung, die in der Frankfurter Paulskirche zusammentrat, war gegenüber der aktiven Revolution des Jahres 1848 reaktionär. Aber dann ging die revolutionäre Welle so rasch zurück, daß die Nationalversammlung 1849, bei der Ausarbeitung der Reichsverfassung, links von der tatsächlichen Entwicklung in Deutschland zu stehen kam.

Die Weimarer Verfassung, deren leitende Gedanken von dem Demokraten Preuß stammen, hat als Grundprinzip die parlamentarische Demokratie. Der Reichstag, hervorgegangen aus der Wahl des ganzen Volkes, hat die oberste Gewalt. Er hat die Gesetzgebung, und er kann jederzeit durch Mißtrauensvotum die Regierung stürzen. Neben dem Reichstag steht der Reichsrat als Vertreter der Einzelstaaten. Indessen hat sein Einspruch gegen die Beschlüsse des Reichstages nur aufschiebende Gewalt. Wenn der Reichstag seinen ursprünglichen Beschluß mit Zweidrittelmehrheit wiederholt, ist damit der Einspruch des Reichsrats überwunden, und der Wille des Reichstags hat Gesetzeskraft.

Indessen sollte nach der Weimarer Verfassung das parlamentarische Prinzip durch die beiden anderen Prinzipien, der direkten Volksbefragung und des berufsständischen Räteaufbaus, ergänzt werden. Wie schon oben betont wurde, blieben die Bestimmungen der Verfassung über den Räteaufbau auf dem Papier stehen. Aber sie gehören dennoch zu dem Gedankenwerk der Weimarer Gesetzgebung. Bei einer günstigeren Entwicklung der deutschen Republik hätten sie im Geiste der Verfassung verwirklicht werden können.

Die direkte Volksabstimmung sollte zunächst bei der Wahl des Reichspräsidenten in Anwendung kommen. Indessen scheute man doch im Sommer 1919 davor zurück, sofort ein Plebiszit für oder gegen Ebert anzusetzen, weil ein solcher Wahlkampf die politischen Leidenschaften noch stärker erregt hätte. Der vom Reichstag gewählte Reichspräsident blieb mit Zustimmung der Parteien bis zu seinem Tode weiter im Amt. Nach der Verfassung ernennt der Reichspräsident den Reichskanzler, aber der Reichskanzler kann nur amtieren, wenn er das Vertrauen des Reichstags gewinnt. Diese Bestimmung genügte, um das Übergewicht des Reichstags gegenüber dem Präsidenten zu sichern, solange die Verfassung überhaupt in Kraft war, das heißt bis auf den Kanzler Brüning. Bei einer unüberbrückbaren Meinungsverschiedenheit zwischen dem Reichspräsidenten und dem Reichstag sollte das Volk entscheiden: entweder durch Volksabstimmung über den strittigen Gesetzentwurf oder durch Neuwahl des Parlaments.

Für eine Diktatur des Reichspräsidenten war in der Weimarer Verfassung kein Raum. Denn der vielgenannte Artikel 48 gibt, in richtiger Auslegung, dem Reichspräsidenten nur die Macht, bei plötzlich auftretenden gewalttätigen Störungen der Ruhe durch Verordnungen die Ordnung wiederherzustellen. Diese Notverordnungen des Reichspräsidenten sind auf Verlangen des Reichstags sofort wieder aufzuheben. Die Benutzung des Artikels 48 zu einer Notverordnungsgesetzgebung des Reichspräsidenten, an Stelle der normalen Gesetzgebung des Reichstags, hat mit der Weimarer Verfassung nichts gemein. Der Sieg dieser Notverordnungsdiktatur unter Brüning war das Ende der Weimarer

Republik. Daher können diese Notverordnungen, wie sie unter Brüning erlassen wurden, zur Kritik der ursprünglichen Weimarer Verfassung nicht verwendet werden.

Abgesehen von der Wahl des Reichspräsidenten sollte, mit Hilfe von Volksbegehren und Volksentscheid, eine direkte Mitwirkung des gesamten stimmberechtigten Volkes an der Gesetzgebung erzielt werden. Ein durchaus fruchtbarer, demokratischer Gedanke. Die Praxis hat nachher freilich gezeigt, daß die Konstruktion des Volksentscheids in der Weimarer Verfassung viel zu schwerfällig war. In Wirklichkeit konnte unter den Voraussetzungen, wie die Verfassung sie vorschrieb, ein Volksentscheid überhaupt kaum siegen. Aber es wäre durchaus möglich gewesen, bei einer Vorwärtsentwicklung der deutschen Verfassung, diesen technischen Mangel zu beseitigen und den Grundgedanken der Gesetzgeber wiederherzustellen.

Die Reichsverfassung hat naturgemäß die Mängel nicht beseitigen können, die von Anfang an der deutschen revolutionären Entwicklung eigentümlich waren. Die Verfassung ließ die Einzelstaaten bestehen, sie schützte die traditionellen Beamtenrechte und die Unabsetzbarkeit der Richter. Sie klärte weder das Verhältnis der neuen Republik zu den alten Fürstenhäusern auf vermögensrechtlichem Gebiet noch die Beziehungen zwischen Kirche und Staat. Aber die Verfassung hat doch alle Zukunftsmöglichkeiten offen gelassen. Sie gestattete ebensogut einen Ausbau des Rätesystems wie einen Fortschritt der Sozialisierung. Die Verfassung enthielt ferner einen verständigen Mechanismus zu ihrer eigenen Weiterbildung. Das Übergewicht der Generäle in der deutschen Republik ist nicht die Folge der Weimarer Verfassung gewesen, sondern einer Entwicklung, die sich jenseits der Gesetzesparagraphen vollzog. Viele Deutsche waren nach 1919 nur zu geneigt, all die traurigen Zustände, die sich unter der Republik entwickelten, auf das Schuldkonto der Weimarer Verfassung und der Demokratie zu schreiben. Die objektive Geschichtsforschung kann den größten Teil dieser Anklagen zurückweisen. Denn die Weimarer Verfassung, wie sie im Sommer 1919 entstand, war ein Werkzeug, dessen sich das deutsche Volk durchaus im fortschrittlichen Sinne zum Ausbau der Demokratie und des Sozialismus hätte bedienen können. Daß die Entwicklung anders ging, daran tragen die Verfassungsparagraphen keine Schuld. Und die Schuld der Gesetzgeber selbst liegt nicht darin, daß sie die Paragraphen schrieben, sondern darin, daß sie ihre Paragraphen nicht mit dem Leben vereinigen konnten.

Neben der Vollendung der Verfassung war die Hauptarbeit der Nationalversammlung den Fragen des Friedensschlusses gewidmet. Die Außenpolitik der deutschen Republik war nach dem verlorenen Krieg zu einem großen Teil zwangsläufig. Die Siegermächte, das heißt vor allem das Bürgertum Frankreichs, Englands und Amerikas, waren entschlossen, die deutsche Weltmachtstellung und den sogenannten deutschen Militarismus kaiserlichen Stils gründlich zu vernichten. Deutschland sollte seine Kolonien verlieren, Elsaß-Lothringen an Frankreich zurückgeben, soweit wie möglich entwaffnet und mit schwersten Zahlungsverpflichtungen belastet werden. Ein Anschluß Österreichs an Deutschland sollte untersagt, durch die neugeschaffenen Staaten Polen und Tschechoslowakei sollte Deutschland im Osten lahmgelegt werden. Die Friedensbedingungen, wie die Entente sie formulierte, waren unerträglich hart. Dennoch gab es in der Situation von 1919 keinen anderen Ausweg, als den Friedensvertrag anzunehmen. Da Deutschland im Jahre 1919 militärisch nicht imstande war weiterzukämpfen, mußte es den Frieden unterzeichnen, um zunächst wenigstens eine Atempause zu erlangen. Lenin hat im Jahre 1918 durchaus entsprechend gehandelt, als er für die Unterzeichnung des Friedens von Brest-Litowsk eintrat. Lenin ist auch 1919 und 1920 davon überzeugt gewesen, daß selbst eine deutsche sozialistische Arbeiterregierung zunächst den Vertrag von Versailles hätte unterschreiben müssen. Die Opposition der KPD gegen die Unterzeichnung des Friedensvertrages ist von Lenin entschieden mißbilligt worden.

Die Mehrheit der Nationalversammlung hat dann schließlich das Unvermeidliche und Richtige getan. Vor allem die Parteien der SPD und des Zentrums und ebenso die USPD vertraten die Notwendigkeit, daß man, trotz aller Bedenken im einzelnen, den Friedensvertrag nicht ablehnen dürfe. Die Machtstellung der Generäle war inzwischen in Deutschland so groß geworden, daß die Regierung es nicht wagte, ohne Zustimmung der Offiziere den Vertrag zu unterzeichnen. Ein Teil der Generäle wollte auf keinen Fall der »Schmach« von Versailles zustimmen. General Groener erkannte jedoch, daß die Wiederaufnahme der Feindseligkeiten eine Katastrophe nicht nur für Deutschland im ganzen, sondern speziell auch für das Offizierskorps bringen würde. So hat Groener die Autorität der Obersten Heeresleitung für die Annahme des Friedens eingesetzt und wesentlich zur Unterzeichnung des Vertrages beigetragen. Die Oberste Heeresleitung Hindenburg-Groener trat nach Abschluß des Friedens zurück. Damit fiel auch das zentrale Bindeglied zwischen der Regierung und der Armee fort, und die Truppen waren jetzt gewissermaßen herrenlos. Denn der zivile Reichswehrminister hatte doch keine ernsthafte Autorität. Die Folgen dieses Zustandes zeigten sich beim Kapp-Putsch.

Der Reichskanzler Scheidemann hatte sich indessen so sehr gegen die Unterzeichnung des Friedensvertrages festgelegt, daß er am 20. Juni seinen Rücktritt erklärte. Es wurde eine neue Koalition gebildet, die zunächst nur aus Sozialdemokraten und Zentrum bestand. Die Demokraten sind erst einige Monate später in die Reichsregierung zurückgekehrt. Zusammen mit Scheidemann hatte der frühere Volksbeauftragte Landsberg die Reichsregierung verlassen. Der Rücktritt Scheidemanns erklärte sich nicht allein durch die Differenzen in der Friedensfrage, sondern auch aus der weitverbreiteten Überzeugung, daß Scheidemanns Reichsleitung innen- und außenpolitisch gleichmäßig Schiffbruch erlitten hätte. Scheidemann ist später niemals wieder in die Reichsregierung zurückgekehrt.

Reichskanzler wurde jetzt der Mehrheitssozialist Bauer. Von bekannten sozialdemokratischen Führern gehörten ferner der neuen Regierung an: Noske, David, Hermann Müller und für einige Wochen auch Wissell. Der wichtigste Zentrumsminister war Erzberger, der bald durch seine große Aktivität und Redegabe die Führung des Kabinetts an sich riß. Daß das Reichskabinett Bauer bereits seinen politischen Charakter durch einen bürgerlichen Minister erhielt, ist bezeichnend für den Rückgang des sozialdemokratischen Einflusses im letzten Halbjahr. Die alten Volksbeauftragten der SPD waren politisch verbraucht. Neue Führerpersönlichkeiten traten in der Partei nicht hervor. So ging die Leitung der deutschen Republik zunächst auf die bürgerlichen Demokraten aus den Reihen des Zentrums über, auf Männer wie Erzberger, Wirth und Fehrenbach, bis dann 1923 mit Cuno die unverhüllte Regierung des Großkapitals einsetzte.

Am 22. Juni hat die Nationalversammlung der Unterzeichnung des Friedens von Versailles zugestimmt. Es ist hier nicht der Ort, das ganze komplizierte Friedenswerk und seine verwickelte Durchführung darzulegen. Unter den damaligen Verhältnissen mußte man sich in Deutschland mit dem Verlust der Kolonien und Elsaß-Lothringens abfinden. Die Abtretung von Nordschleswig und von Eupen-Malmedy, die auf Grund von Volksabstimmungen erfolgte, war zwar schmerzlich, traf aber keine deutschen Lebensinteressen. Geradezu untragbar war indessen die neue Regelung im Osten, mit der Losreißung der deutschen Gebiete Danzig und Memel, mit dem polnischen Korridor, der bis zum Meere ging und Ostpreußen vom Reich abtrennte, mit der später auf Grund einer Volksabstimmung verfügten Zerreißung Oberschlesiens. Schwere Gefahren schlossen die Paragraphen des Friedensvertrages in sich, die eine langjährige Besetzung des linken Rheinufers durch Ententetruppen vorschrieben. Denn es war sehr fraglich, ob überhaupt die fremden Besatzungen vom Rhein abziehen und ob nicht inzwischen separatistische Gebilde am linken Rheinufer entstehen würden. Endlich war die Reparationsforderung der Entente völlig unerfüllbar. Jeder Versuch, sie zu verwirklichen, mußte den Ruin der deutschen Wirtschaft vollenden, und das Unvermögen Deutschlands, die befohlenen Zahlungen zu leisten, konnte zu immer neuen Sanktionen der Sieger den Anlaß geben.

All dies war im Augenblick nicht zu ändern. Aber die Staatsmänner der deutschen Republik mußten versuchen, über den künftigen Gang der Außenpolitik sich Klarheit zu verschaffen. Erfolge zu erringen war für Deutschland in jener Situation unendlich schwer, aber dennoch mußte man wenigstens wissen, welche politischen Ziele man in der Außenpolitik verfolgen konnte und welche nicht. Indessen ist es der republikanischen Regierung nicht gelungen, sich eine solche außenpolitische Klarheit zu verschaffen. Es blieben nicht nur die Erfolge völlig aus, sondern man ließ sich außerdem noch in das trostlose Baltikumabenteuer hineinmanövrieren.

Als der Vertrag von Versailles ausgearbeitet wurde, waren sich die drei führenden Ententemächte Amerika, England und Frankreich grundsätzlich über die Behandlung Deutschlands einig. Indessen war doch das Interesse an den deutschen Angelegenheiten bei den drei Mächten verschieden. Für die amerikanische Politik hatten die europäischen Angelegenheiten nur sekundäre Bedeutung. Besonders nach dem Rücktritt Wilsons trat die Abwendung der amerikanischen Politik von Europa immer stärker hervor. England ist eine europäische Macht, aber seine Lebensinteressen sind mit dem Britischen Weltreich verbunden, das sich über die fünf Erdteile erstreckt. Frankreich besitzt ebenfalls ein bedeutendes Kolonialreich, aber die Lebensinteressen des französischen Volkes hängen von den europäischen, ja den mitteleuropäischen Vorgängen ab. Unter diesen Umständen war Frankreich die Macht innerhalb der Entente, mit der sich Deutschland in erster Linie auseinanderzusetzen hatte. Bei einer Verständigung mit Frankreich konnten die Angelsachsen für Deutschland nicht gefährlich werden. Dagegen nützte auf der anderen Seite eine Verständigung mit den Angelsachsen Deutschland nichts: Denn weder Amerika noch England wollten Deutschland zuliebe in eine Situation kommen, die ihnen die offene Feindschaft Frankreichs gebracht hätte. Wenn es gelang, eine deutsch-französische Einigung herbeizuführen, dann hatte weder die Reparation noch die Ostfrage für Deutschland ernstliche Schwierigkeiten. Denn wenn Frankreich die Überzeugung gewonnen hatte, daß es mit Deutschland zusammenarbeiten müsse, dann mußte man die Kriegsentschädigung so gestalten, daß Deutschlands Wirtschaft dabei nicht zugrunde ging. Ferner war Polen bei einem Konflikt mit Deutschland machtlos, wenn ihm die französische Rückendeckung fehlte.

1919 und in den folgenden Jahren war der Weg zu einer deutsch-französischen Verständigung durch unzählige Schwierigkeiten objektiver wie psychologischer Art erschwert. Aber man hätte doch versuchen müssen, ihn zu betreten. Statt dessen arbeitete die deutsche Außenpolitik mit der englischen Illusion. Die angelsächsische Illusion ist eine Erfindung der Periode Bethmann-Hollwegs. Die führenden deutschen Politiker waren vor dem Weltkrieg allmählich durch die wachsende Isolierung Deutschlands erschreckt worden. Da redeten sich Bethmann-Hollweg und seine Ratgeber ein, daß im schlimmsten Fall doch England nicht gegen Deutschland kämpfen werde. Die englischen Staatsmänner waren an dieser Illusion unschuldig. Sie hatten immer wieder betont, daß England bei einem deutschen Angriff auf Rußland und Frankreich nicht abseits stehen könne. Aber bis in die Tage des Kriegsausbruchs hinein klammerte sich Bethmann an den Strohhalm der englischen Neutralität.

Im Weltkrieg ging das Spiel weiter. Die führenden Männer Englands legten mit größter Bestimmtheit ihre Kriegsziele dar, die in der Vernichtung der deutschen Weltmacht und des deutschen Militarismus gipfelten. Aber in Deutschland gab es immer noch viele Politiker, die meinten, England sei doch für ein erträgliches Kompromiß mit Deutschland zu gewinnen. Während in Deutschland die Anhänger des sogenannten Siegfriedens durch die U-Boote und durch die Befestigung der belgischen Küste England in Schach halten wollten, waren die Vertreter des Verständigungsfriedens gegen alle Kriegsmittel und Kriegsziele, die England zu sehr verletzten. In Deutschland waren parteipolitisch die Anhänger des sogenannten Siegfriedens meistens auf der Rechten zu finden, während die Linksparteien den Verständigungsfrieden forderten. Die Anhänger des sogenannten Verständigungsfriedens wollten freilich die ernsthafte Verständigung nur mit England und Amerika, während sie eine Unterwerfung und Zerstückelung Rußlands und große Eroberungen Deutschlands im Orient auf der Linie Berlin—Bagdad für durchaus zulässig hielten.

Als sich 1918 das Kriegsglück gegen Deutschland wandte, da erhielten die Anhänger des Verständigungsfriedens das Übergewicht, und die Bethmannschen außenpolitischen Traditionen lebten wieder auf. Man hoffte, daß England, zusammen mit Wilson, den Deutschen zu einem erträglichen Kriegsende verhelfen würde. Vielleicht würden die Angelsachsen auch Deutschland erlauben, seine Vormachtstellung über ein zerstückeltes Rußland zu behalten, also die Politik von Brest-Litowsk legalisieren. Als Gegenleistung müßte Deutschland freilich den »Schutz der europäischen Zivilisation« gegen den Bolschewismus übernehmen.

Aus solchen Gedankengängen heraus ist es zu verstehen, daß die Regierung des Prinzen Max von Baden zwar die Bedingungen Wilsons annahm und die Westmächte um Waffenstillstand bat, aber gleichzeitig die deutschen Truppen in den besetzten Ostgebieten stehen ließ und nichts tat, um den Frieden von Brest-Litowsk wirklich zu liquidieren. So zog sich die erste demokratische Regierung Deutschlands die Feindschaft Sowjetrußlands zu. Die Sowjetregierung unterstützte die Bestrebungen der radikalen deutschen Arbeiterschaft, die Regierung des Prinzen Max von Baden revolutionär zu beseitigen. Die Einmischung der russischen Botschaft in die deutsche Innenpolitik ließ sich nicht verheimlichen, und so kam es noch kurz vor der Novemberrevolution zum Abbruch der Beziehungen zwischen Deutschland und Rußland.

Die Regierung der Volksbeauftragten hat in der Außenpolitik die Linie des Prinzen Max von Baden fortgesetzt. Der Konflikt mit Sowjetrußland bestand fort, obwohl gerade damals eine deutsch-russische Verständigung unbedingt nötig gewesen wäre. Es wäre zwar ein abenteuerlicher Gedanke gewesen, wenn Deutschland geplant hätte, im Bunde mit Sowjetrußland den Krieg gegen die Entente wiederaufzunehmen, aber schon ein politischer Block Deutschland-Rußland hätte die Verhandlungen mit der Entente günstig beeinflussen und das internationale Gewicht Deutschlands stärken können. Die Verständigung mit Rußland war leicht zu erzielen, wenn Deutschland die besetzten Gebiete im Osten schnell räumte und sich mit der Sowjetregierung auf der Basis gegenseitiger Nichteinmischung in die inneren Angelegenheiten des anderen einigte. Aber ein solcher Entschluß von deutscher Seite blieb aus. Und darum suchte die Sowjetregierung auch weiter, durch demonstrative Verbindung mit dem Spartakusbund, den deutschen Volksbeauftragten Schwierigkeiten zu machen.

Aus der Ukraine und aus Polen mußten die deutschen Truppen beim Kriegsende schnell weichen. Anders lagen die Verhältnisse in den baltischen Ländern, in Estland, Lettland und zum Teil in Litauen. Im Baltikum hatten die Großgrundbesitzer deutscher Abstammung während des Krieges die deutsche Invasion begrüßt. Sie hofften bei der kommenden Loslösung dieser Gebiete von Rußland, mit Hilfe der deutschen Armee, die Macht im Lande zu behalten. Nach der Novemberrevolution fürchtete die deutsche Herrenschicht im Baltikum das Herannahen des Bolschewismus.

Aber neben den Freunden Sowjetrußlands und den deutschen Aristokraten gab es im Baltikum noch die dritte Tendenz der einheimischen Bauern und Mittelklassen. Sie wollten die Errichtung einheimischer nationaler bürgerlich-demokratischer Staaten. Die Entente sympathisierte mit dieser dritten Tendenz und wünschte die Schaffung der unabhängigen demokratischen Republiken Estland, Lettland und Litauen. Um die Jahreswende 1918 zu 1919 gab es im Baltikum eine merkwürdige antibolschewistische Einheitsfront. Die nationalen Bauern und Handwerker gingen zusammen mit dem deutschen Adel gegen den Bolschewismus. Die Entente gab dazu ihren Segen, und allgemein wurde gefordert, es sollten deutsche Truppen in den baltischen Ländern bleiben, um zunächst den Grenzschutz gegen die rote Armee durchzuführen. Zwar löste sich hier das alte deutsche Heer des Weltkrieges wie überall auf, aber dafür wurden die baltischen Länder das Ziel immer neuer deutscher Freiwilligenscharen, die dort, im Einvernehmen mit den lokalen Regierungen und mit der Entente, gegen den Bolschewismus kämpften.

Diese Entwicklung widersprach dem deutschen Gesamtinteresse aufs schärfste. Zunächst konnte Deutschland durch den baltischen Konflikt in einen offenen Krieg mit Rußland geraten, in einer Zeit, da es die russische Freundschaft bitter nötig brauchte. Ferner war es eine phantastische Illusion, zu glauben, daß die Entente zwar Danzig und Posen von Deutschland abtrennen, aber dafür in Riga und Reval eine deutsche Armee und von Deutschland abhängige Regierungen dulden würde. Wenn man auch im Augenblick die deutschen Freiwilligen als Kanonenfutter gegen den Bolschewismus brauchte, mußte die Zeit kommen, in der man den Mohren wieder gehen ließ, der seine Schuldigkeit getan hatte. Auf die Dauer war keine Eintracht zwischen den deutschen Gutsherren und den lettischen Bauern möglich. Im gegebenen Moment mußte sich die einheimische Demokratie der baltischen Völker gegen den deutschen Adel und seine militärischen Helfer wenden. Endlich konnte im Baltikum sich noch eine schwere innerpolitische Gefahr für die deutsche Republik entwickeln. Denn die Freiwilligen im Baltikum, die formell gar nicht in deutschen Diensten standen, waren von der heimischen republikanischen Regierung noch viel weniger abhängig als ihre Kameraden im Reich. Das Baltikum wurde das Aufmarschgebiet für die offene militärische Gegenrevolution.

Aus allen diesen Gründen hätte die deutsche republikanische Regierung das baltische Abenteuer aufs schnellste liquidieren müssen[1]. Die Kommunisten, die USPD und die oppositionellen Mehrheitssozialisten haben die Gefahr, die aus dem Baltikum kam, richtig erkannt und die Ostpolitik der Regierung aufs schärfste kritisiert. Die Haltung der Regierung selbst und der offiziellen SPD blieb schwankend und unklar. Zwar versicherten die deutschen Minister immer wieder in ihren offiziellen Erklärungen, daß sie an keinen Krieg mit Rußland und an keine Einmischung in die inneren Verhältnisse Estlands und Lettlands dächten. Sie erklärten, daß die deutschen Truppen, die noch im Baltikum standen, so schnell wie möglich dieses Land verlassen müßten.

Aber mächtige Kreise der deutschen Armee und der deutschen Diplomatie dachten über die baltische Frage anders. Sie hofften bei dieser Gelegenheit, wenigstens einen Teil der deutschen östlichen Eroberungen behaupten, eine Verständigung mit England auf der Basis des gemeinsamen Kampfes gegen den Bolschewismus erzielen und so die ganze außenpolitische Lage Deutschlands verändern zu können. Die deutschen Freiwilligen strömten in die baltischen Gebiete, weil ihnen dort die Regierungsstellen Siedlungsland, zum Lohn für die gegen den Bolschewismus zu leistenden Dienste, versprachen. Einzelne deutsche Sozialdemokraten, wie der Regierungskommissar der Reichsregierung im Baltikum, Winnig, traten offen für die Baltikumpolitik ein.

Das Eingreifen der Reichsregierung wurde dadurch erschwert, daß die im Baltikum befindlichen deutschen Truppen formell in fremde Dienste traten. Sie waren nicht mehr Soldaten Deutschlands, sondern dienten angeblich irgendeiner lettischen Schattenregierung, die den deutschen Maschinengewehren ihre Existenz verdankte, oder auch irgendwelchen russischen monarchistischen Abenteurern, die vom Baltikum aus die Restauration des Zarismus betrieben. Die deutsche Regierung versicherte, daß sie auf diese formal ausländischen Truppenteile keinen Einfluß mehr habe. Dessenungeachtet gingen aus Deutschland ununterbrochen Material, Lebensmittel, Löhnung und Verstärkung ins Baltikum. Die Reichsregierung hatte nicht die Kraft, dem Abenteuer Halt zu gebieten.

Die Krise kam gegen Ende des Jahres. Die Sowjetregierung, die im eigenen Lande schwer bedrängt war, konnte die Angriffe gegen die Randstaaten nicht fortsetzen. So brauchten Esten und Letten die unbequemen deutschen Helfer nicht mehr und verlangten ihren Abmarsch. Es kam zu blutigen Zusammenstößen der Letten und Esten mit den deutschen Freikorps, die das Land nicht räumen wollten. Nun griff die Entente ein und verlangte unter ultimativen Drohungen den Abmarsch der deutschen Truppen aus dem Baltikum. Dagegen war kein Widerstand möglich, und die Freikorps kehrten nach Hause zurück. Es waren die echten Stoßtrupps der Gegenrevolution, die den Marsch von Riga nach Berlin antraten. Die deutsche republikanische Regierung konnte jetzt die Geister nicht mehr loswerden, die sie selbst beschworen hatte.

So endete die baltische Politik Deutschlands mit einem vollständigen Mißerfolg. Die Illusion, daß England mit Deutschland eine Art von Bündnis schließen würde, war verflogen. England hat mit derselben Entschiedenheit von der deutschen Regierung die Annahme der Versailler Bedingungen verlangt wie Frankreich und die anderen Ententemächte. Die Taktik, die von den deutschen amtlichen und halbamtlichen Stellen im Jahre 1919 verfolgt wurde, Frankreich als den eigentlichen

Feind hinzustellen und statt dessen den angelsächsischen Mächten demonstrativ freundlich entgegenzukommen, war zwecklos. Sie gewann die Angelsachsen nicht, aber sie zerstörte alle Möglichkeiten einer deutsch-französischen Einigung und damit einer fruchtbaren deutschen Außenpolitik.

Innerhalb der Sozialdemokratie war es der oppositionelle Kreis um die »Sozialistischen Monatshefte«, der vor allem die Verständigung mit Frankreich empfahl und gegen die »englische Illusion« kämpfte. Diese sogenannte Kontinentalpolitik verlangte durchaus nicht, daß Deutschland gegen England eine feindselige Haltung einnehmen solle. Eine solche antienglische Tendenz wäre für Deutschland völlig sinnlos gewesen. Man kämpfte vielmehr nur gegen die falsche Auffassung über England, wie sie in den Köpfen maßgebender deutscher Politiker steckte; gegen die Einbildung, als würde die englische Politik im Kampfe gegen Frankreich zur Erneuerung der deutschen Großmacht beitragen. Die offizielle SPD lehnte indessen diese Kontinentalpolitik unbedingt ab. Die Unabhängigen und die Kommunisten verlangten die Verständigung Deutschlands mit Sowjetrußland; eine durchaus berechtigte Forderung. Die offizielle Regierungspolitik versicherte zwar ständig, daß sie mit allen Völkern Frieden und Freundschaft halten wolle, und entsprach so der allgemeinpazifistischen Tradition der Sozialdemokratie. Aber dessenungeachtet hat die deutsche Politik in jener Zeit Rußland und Frankreich sich völlig entfremdet und die Angelsachsen sich nicht zu Freunden gemacht.

V. Kapitel

Der Kapp-Putsch

Am 14. Juni 1920 sagte Wissell, damals noch Reichswirtschaftsminister, auf dem sozialdemokratischen Parteitag in Weimar:

> »Trotz der Revolution sieht sich das Volk in seinen Erwartungen enttäuscht. Es ist nicht das geschehen, was das Volk von der Regierung erwartet hat. Wir haben die formale politische Demokratie weiter ausgebaut, gewiß, aber wir haben doch nichts anderes getan, als das Programm fortgeführt, das von der kaiserlich deutschen Regierung des Prinzen Max von Baden schon begonnen worden war. Wir haben die Verfassung fertiggestellt ohne tiefere Anteilnahme der Bevölkerung. Wir konnten den dumpfen Groll, der in den Massen steckt, nicht befriedigen, weil wir kein richtiges Programm hatten.«
>
> »Wir haben im wesentlichen in den alten Formen unseres staatlichen Lebens regiert. Neuen Geist haben wir diesen Formen nur wenig einhauchen können. Wir haben die Revolution nicht so beeinflussen können, als daß Deutschland von einem neuen Geist erfüllt erschiene. Das innere Wesen der deutschen Kultur, das gesellschaftliche Leben, erscheint wenig verändert. Vielfach nicht zum Besseren. Und das Volk glaubt, daß die Errungenschaften der Revolution lediglich negativen Charakter haben, daß an die Stelle einer militärischen und bürokratischen Herrschaft einzelner nur eine andere getreten ist und daß sich die Regierungsmaximen im Westen nicht von denen des alten Regimes unterscheiden ... Ich glaube, die Geschichte wird, wie über die Nationalversammlung, auch über uns in der Regierung hart und bitter urteilen.«

Man muß zugeben, daß Wissell durchaus klar die Dinge erkannt hat, wie sie damals in Deutschland waren. Überhaupt ist das Protokoll dieses ersten Parteitages, den die Mehrheitssozialdemokratie nach der Revolution abhielt, ein ebenso ergreifendes wie lehrreiches Dokument. Auf der einen Seite stand die oppositionelle Minderheit, zu der in der Sache auch Wissell zu rechnen ist, die den Unglücksweg der deutschen Revolution erkannte. Ihr gegenüber stand die Mehrheit, die sich um den Parteivorstand und die Regierung gruppierte und die sich krampfhaft zum Optimismus aufraffen wollte. Die Anträge der oppositionellen Organisationen zeigen die Stimmung, die damals unter Millionen von Arbeitern herrschte. Immer wieder verlangen die Anträge, daß man sich bemühen müsse, die Einigung mit der USPD wiederzufinden, auch wenn kompromittierte Führer geopfert werden sollten. Die Organisation Münster verlangte: »Der Reichswehrminister Noske ist aus der Partei auszuschließen.« Frankfurt a. M. verlangte: »Die sozialdemokratische Fraktion der verfassunggebenden Nationalversammlung wird beauftragt, unverzüglich dahin zu wirken, daß die Auflösung der Freiwilligenkorps und die Neubildung einer Volkswehr auf demokratischer Grundlage alsbald in die Wege geleitet wird.« Hamburg beantragte: »Die Delegiertenversammlung der sozialdemokratischen Partei Hamburg erblickt in dem Freiwilligenheer eine schwere Gefahr für die revolutionären Errungenschaften. Sie verpflichtet deshalb ihre Delegierten zum Parteitag, für die Schaffung eines Volksheeres, nach den Forderungen des Erfurter Programms, einzutreten.«

Andere Anträge traten für die Räte ein, für die Sozialisierung, für die Demokratisierung der Verwaltung, gegen die alte Bürokratie. Dazu kommen die Klagerufe der Delegierten aus ländlichen Bezirken, die sich verlassen fühlten und versicherten, daß sie nach dem Wegfall der Arbeiterräte wieder völlig den alten Gewalten preisgegeben seien. Die Mehrheit des Parteitags hat ohne Zweifel die gerügten Mißstände ebenfalls empfunden. Aber sie wußte bei dem Gang, den die deutsche Revolution bisher genommen hatte, keinen Ausweg und stimmte die oppositionellen Anträge nieder.

So vollzog sich der Abmarsch der Arbeiter von der SPD zur USPD in immer schnellerem Tempo. Die Erbitterung der radikalen Massen wurde noch besonders durch die blutigen Berliner Ereignisse am 13. Januar 1920 gesteigert. Der Reichstag beschäftigte sich damals mit dem Betriebsrätegesetz, das die Regierung eingebracht hatte. Danach sollten die Betriebsräte im wesentlichen auf das Gebiet der Sozialpolitik beschränkt werden. Die oppositionelle Arbeiterschaft aber hielt das Gesetz für unzulänglich. Die USPD veranstaltete eine Massendemonstration vor dem Reichstag gegen den Regierungsentwurf und für größere Rechte der Räte. Die Kommunisten schlossen sich der Demonstration an. Die Kundgebung war durchaus friedlich. Kein Mensch dachte daran, den Reichstag zu stürmen oder einen Putsch zu versuchen. Die Führer der oppositionellen Arbeiterschaft hielten vor dem Reichstagsgebäude Ansprachen an die versammelten Massen. Man beging freilich den technischen Fehler, daß man die Massen zu lange vor dem Reichstag versammelt hielt. So kam es zu Plänkeleien zwischen den Arbeitern und der Polizeimannschaft, die zum Schutze des Reichstags versammelt war. Schließlich kam die Polizei zu der Meinung, daß ein Sturm auf den Reichstag zu befürchten wäre, und es wurde mit Maschinengewehren auf die unbewaffneten Demonstranten geschossen. Die Menge wurde zersprengt. Zweiundvierzig Arbeiter wurden dabei getötet. Die politische Verantwortung für das Verhalten der Polizei am 13. Januar trug der preußische Innenminister Wolfgang Heine.

Zur selben Zeit, in der die SPD einen großen Teil ihrer Anhänger verlor, wandte sich auch die Mehrheit des deutschen Bürgertums offen gegen die Republik. Die städtischen und ländlichen Mittelschichten waren nach dem 9. November durchaus bereit gewesen, die neue Ordnung der Dinge anzuerkennen und beim demokratischen Aufbau der Republik mitzuwirken. Die Regierung hatte geglaubt, sie müsse aus Rücksicht auf das Bürgertum möglichst vorsichtig auftreten, aber gerade durch das zaghafte Verhalten der republikanischen Führer entfremdete man sich die Mittelschichten. Wären große entscheidende Taten geschehen, wie die Enteignung des Großgrundbesitzes und der Bergwerke, hätte die Regierung dem Volke bewiesen, daß jetzt wirklich eine neue Zeit angebrochen sei, dann hätte sie auch die Mittelschichten mit sich fortgerissen. Als aber offenbar alles beim alten bleiben sollte, schwand die Begeisterung für die Revolution, und man schob der Republik und Demokratie die Schuld an allen Übelständen des Alltags zu.

Die Mittelschichten litten unter der trostlosen Wirtschaftslage und der fortschreitenden Geldentwertung. Man empfand die verheerenden Auswirkungen des Friedensvertrages. Vor allem aber schien die Republik unfähig, Ruhe und Ordnung im Lande zu sichern. Auch hier haben die mehrheitssozialistischen Führer gerade das Gegenteil von dem erreicht, was sie erstrebten. Sie schätzten Ruhe und Ordnung über alles und traten immer wieder der radikalen Arbeiterschaft im Namen der Ordnung entgegen. Aber gerade die Enttäuschung der Arbeiter über den Gang der Revolution und über die rücksichtslose Ordnungspolitik der Regierung führte zu immer neuen Streiks, Unruhen und Kämpfen. So kamen die Mittelschichten, die wieder eine wenn auch bescheidene, so doch ruhige Existenz haben wollten, zu der Überzeugung, daß die Republik an der Verwirrung schuld sei: Die Republik erzeuge die Verarmung, das Schiebertum, die Korruption und die Zwietracht. Sehnsüchtig dachte man an die alten Zeiten der Monarchie zurück, die zwar auch ihre Mängel hatten, in denen man aber ungestört und unter dem Schutz der Gesetze seinem Beruf nachgehen durfte.

Zu dem Mißerfolg der Republik in materieller Hinsicht kam ihr Versagen auf dem nationalen Gebiet. An den harten Bedingungen des Friedensvertrages und der Zertrümmerung der deutschen Weltmachtstellung waren die republikanischen Führer nicht schuld. Das war die Erbschaft des alten Systems, die von der Republik übernommen wurde. Aber die republikanischen Parteien, vor allem die offizielle SPD, fanden nicht die richtige Stellung zu den nationalen Problemen, die durch den Versailler Vertrag in Deutschland immer wichtiger wurden.

Marx, Engels und Lassalle hatten sich im Geiste der revolutionären Demokratie von 1848 stets für die ganze deutsche Nation verantwortlich gefühlt. Sie hatten sich in der entschlossenen Vertretung der Interessen des deutschen Volkes von keiner anderen Tendenz übertreffen lassen. Die Sozialdemokratie nach 1871 dagegen fühlte sich vor allem als die Trägerin der Arbeiteropposition gegen das herrschende System. Sie kritisierte die Außenpolitik, den »Militarismus« und die nationalen Forderungen der herrschenden Klassen, sie war aber nicht imstande, der offiziellen kaiserlichen Politik ein lebendiges nationales Programm der Sozialisten entgegenzustellen. Als 1914 der Krieg ausbrach, hat die deutsche Sozialdemokratie pflichtgemäß die Kriegskredite bewilligt und den Burgfrieden gehalten.

Gerade die Mehrheitssozialdemokratie hatte daher, wenn sie nur wollte, eine nationale Tradition. Sie hätte im Sinne ihrer Haltung von 1914 bis 1918 jetzt den Kampf für das bedrohte deutsche Volk und für die Revision des Friedensvertrages in den Mittelpunkt ihrer Agitation rücken können. Die Partei hat denn auch entschieden gegen den Gewaltfrieden protestiert. Aber sie war nicht imstande, die Führung der in Deutschland sich neubildenden nationalen Opposition gegen die Entente an sich zu reißen. Die SPD, und dasselbe gilt im gewissen Sinne auch für die Demokraten und für das Zentrum, wollte einerseits die nationalen Interessen Deutschlands vertreten, aber andererseits auch für Frieden und Völkerverständigung eintreten. Der Widerstreit der verschiedenen Tendenzen verhinderte die Herausarbeitung einer klaren Linie in der täglichen Agitation der republikanischen Parteien. So ging die Führung der nationalen Opposition an die Rechtsparteien über, eine Entwicklung, die verhängnisvolle Konsequenzen haben sollte.

Die Republikaner hätten mit einer entschlossenen nationalen Haltung die Aufdeckung der Fehler verbinden können, die das alte System beim Ausbruch des Krieges und während des Krieges begangen hat. Es ist zwar historisch falsch, bei Wilhelm II. und Bethmann-Hollweg, die beide im Grunde friedliche Naturen waren, einen bewußten Willen zum Weltkrieg anzunehmen. Die moralische Anklage der Schuld am Kriege, wie die Entente sie damals gegen die deutschen Machthaber von 1914 erhob, ist unberechtigt. Aber es bleibt die Tatsache bestehen, daß die entsetzlichen Fehler der regierenden deutschen Männer auf dem Gebiete der Außenpolitik entscheidend dazu beigetragen haben, daß Deutschland in den hoffnungslosen Krieg hineingeriet. Die Fehler des alten Systems haben dann ferner verhindert, daß das deutsche Volk einen erträglichen Ausweg aus dem Kriegselend finden konnte.

Der Selbsterhaltungstrieb hätte schon allein die republikanischen Parteien nötigen müssen, immer wieder in der Agitation nicht die moralische, aber doch die politische Kriegsschuld des alten Systems hervorzuheben. Auch wenn man die Fehler Bethmann-Hollwegs brandmarkte, konnte man zugleich das Lebensinteresse des deutschen Volkes aufs entschiedenste gegen die Entente verteidigen. Aber als die Männer wie Eisner, Bernstein und in gewissem Grad auch Erzberger versuchten, diese Frage der Kriegsschuld des alten Systems in der Öffentlichkeit aufzurollen, fanden sie entrüstete Ablehnung, und sie blieben auch in den republikanischen Reihen fast ohne Unterstützung.

Es ist leider nicht zu bestreiten, daß die deutsche republikanische Politik sich wesentlich davon leiten ließ, daß man nicht gegen den »guten Ton« verstoßen wollte. Es »gehörte sich in Deutschland nicht«, die Frage der Kriegsschuld der kaiserlichen Regierung aufzurollen, weil man damit angeblich der Entente Material in die Hand gab. Denn die Entente berufe sich ja bei ihren harten Friedensbedingungen auf die deutsche »Schuld am Kriege«. Es ist bezeichnend, mit welcher Entrüstung die Mehrheit des schon öfter erwähnten Weimarer Parteitages der SPD dem Redner Bernstein entgegentrat, als er kritische Bemerkungen zur Kriegsschuldfrage wagte. Aber wenn die Mehrheit des SPD-Parteitages in nationalen Dingen so empfindlich war und sich über den angeblich antinationalen Bernstein so empörte — warum sind diese selben Männer nach dem Parteitag nicht durchs Land gezogen und haben überall die Massen in leidenschaftlichen Worten zum Kampf gegen die Ententepolitik aufgerufen? Man tat eben nichts ganz und konsequent. Man war zwar so patriotisch, wie der Anstand es erforderte, und entrüstete sich durchaus ehrlich über den »antinationalen« Bernstein, aber gegen eine leidenschaftliche nationale Agitation im Lande hatte man auch Hemmungen. So haben die Republikaner die ungeheuer starken Waffen, die sie in der Kriegsschuldfrage gegen das alte System besaßen, ungenutzt gelassen. Zur selben Zeit haben sie die Führung der nationalen Bewegung den gegenrevolutionären Kräften überlassen.

Marx und Engels hatten über die Rolle, die Krieg und Gewalt im Völkerleben spielen, durchaus realistisch geurteilt. Im Gegensatz zu ihnen waren die Parteien der Zweiten Internationale, durch ihre Opposition gegen Militarismus und Imperialismus, zu einem unklaren, stimmungsmäßigen Pazifismus gelangt. Die deutsche Revolution im November 1918 war wesentlich aus der Friedenssehnsucht der Massen heraus geboren worden. So erhielt die republikanische Agitation von Anfang an die Tendenz, die Erhaltung des Friedens um jeden Preis zu betonen und die Abscheu vor dem Kriege zu pflegen. Diese pazifistische

Stimmung der deutschen Republikaner hat sie ebenfalls daran gehindert, eine entschieden nationale Front gegenüber der Entente einzunehmen, weil sie nur zu sehr fürchteten, daß eine scharfe Bekämpfung der ausländischen Politik dem Friedens- und Versöhnungsprinzip widersprechen würde.

Aus derselben Stimmung heraus gewannen die deutschen republikanischen Parteien nicht das richtige Verhältnis zu der Tradition des Weltkrieges. Es bleibt die Tatsache bestehen, daß trotz der ungeheuren Fehler der Führung das deutsche Volk in Waffen in den vier Kriegsjahren Ungeheures geleistet hat. Die unendliche und berechtigte Friedenssehnsucht, die im November 1918 das deutsche Volk erfüllte, konnte doch auf die Dauer die Erinnerung an die Taten der deutschen Truppen im Kriege nicht auslöschen. Als nun die Kriegsteilnehmer anfingen, ihre Tradition als Soldaten wieder zu pflegen, fanden die republikanischen Parteien dazu keine klare Parole. Die Republikaner hätten, da sie ja selbst Millionen von Kriegsteilnehmern in ihren Reihen zählten, die Erhaltung der wertvollen und ehrenhaften militärischen Traditionen durchaus zu ihrer Aufgabe machen können. Indessen überließ man, auch auf diesem stimmungsmäßig so wichtigen Gebiet, die Führung den Rechtsparteien.

Die republikanische Regierung hatte sich die bürgerlichen Mittelschichten entfremdet, die von der Republik Weimarer Stils, aus materiellen und ideellen Gründen gleichmäßig, nichts mehr wissen wollten. Die Massenabwanderung bürgerlicher Wähler nach rechts führte zu einer förmlichen Zertrümmerung der Demokratischen Partei und zu schweren Einbußen des Zentrums. Die bürgerliche und nationale Opposition sah den Hauptträger des verhaßten neuen Systems in der mehrheitssozialistischen Partei, die den Reichspräsidenten und den Reichskanzler stellte und die in der Nationalversammlung die Führung hatte. So erhob sich im Bürgertum die Forderung, die Sozialdemokraten müßten von der Regierung verschwinden, damit Deutschland wieder zu besseren Zuständen kommen könnte. Die Nationalversammlung hatte ihre Aufgabe, die Ausarbeitung der neuen Verfassung, schon im Sommer 1919 erledigt. Aber sie blieb immer noch beisammen, und in den bürgerlichen Kreisen war die Anschuldigung verbreitet, daß die Regierung absichtlich Neuwahlen verschleppe, um die Macht zu behalten. Immer lauter erhob sich der Ruf, daß die Nationalversammlung verschwinden und einem neuen Parlament Platz machen müsse. Man war im Bürgertum davon überzeugt, daß bei Neuwahlen das Weimarer System zusammenbrechen würde.

Wie schon oben erwähnt wurde, war Erzberger allmählich der führende Mann in der Regierung Bauer geworden. Als Reichsfinanzminister suchte er durch eine Reihe von neuen Gesetzen die Einnahmen des Reichs zu steigern. Sein entschiedenes Auftreten gegen das alte System machte ihn bei der bürgerlichen Opposition besonders verhaßt. Erzberger, eine impulsive und temperamentvolle Natur, war in einzelnen Handlungen seines öffentlichen wie privaten Lebens nicht immer so vorsichtig, wie es ein leitender Staatsmann sein muß. Er war im Grunde ein durchaus ehrenhafter Mann, aber er beging auch in geschäftlichen Dingen Mißgriffe, die von seinen Gegnern maßlos übertrieben wurden. Die Deutschnationalen, vor allem der frühere kaiserliche Minister Helfferich, begannen eine leidenschaftliche Agitation gegen Erzberger, der als das Symbol republikanischer Korruption hingestellt wurde. Die Erregung wurde so stark, daß Ende Januar 1920 ein ehemaliger Fähnrich von Hirschfeld in Berlin auf Erzberger einen Revolverschuß abgab. Der Minister wurde leicht verletzt. Die Beleidigungsprozesse, die Erzberger einleitete, nahmen für ihn keinen günstigen Verlauf. Am 12. März trat Erzberger offiziell zurück. Am nächsten Tag marschierten unter den schwarzweißroten Fahnen die Truppen der Gegenrevolution in Berlin ein.

Die bürgerliche Opposition von rechts war nicht nur zahlenmäßig ständig im Wachsen, sondern sie verfügte, unter den damaligen Verhältnissen der Republik, auch über die bewaffnete Macht. So lag der Gedanke gar nicht fern, wenn die Regierung und die Nationalversammlung nicht freiwillig weichen wollten, sie durch eine gewaltsame Aktion wegzufegen. Die entwaffnete und zersplitterte Arbeiterschaft glaubte man nicht mehr fürchten zu müssen.

Es bildete sich eine Verschwörung zum Sturze der republikanischen Regierung. Ihre Führer waren der deutschnationale Politiker Kapp, der schon im Weltkrieg als leidenschaftlicher Gegner Bethmann-Hollwegs hervorgetreten war, und der Reichswehrgeneral von Lüttwitz. Die Aktion sollte von den Freikorps aus dem Baltikum eingeleitet werden. Diese Truppenteile sollten damals von der Regierung aufgelöst werden. Sie leisteten aber Widerstand. Sie waren zu jedem Unternehmen bereit, um ihre Existenz zu verteidigen.

Am 13. März 1920 marschierte die Brigade Ehrhardt, eine der Freikorpsformationen, in Berlin ein. Es zeigte sich, daß Noske keine zuverlässigen Truppen zur Verfügung hatte, die bereit gewesen wären, Berlin gegen die Rebellen zu schützen. Die Reichsregierung und der Reichspräsident mußten Berlin verlassen, sie gingen erst nach Dresden und dann nach Stuttgart. Kapp proklamierte sich zum Reichskanzler und zog, gedeckt durch die Maschinengewehre Ehrhardts, in der Wilhelmstraße ein. Die Gegenrevolution hatte scheinbar auf der ganzen Linie gesiegt. Aber bald zeigte sich, daß dem Kapp-Unternehmen die richtige politische Vorbereitung fehlte. Der Kapp-Putsch hätte ohne weiteres siegen können, wenn er als Unternehmen der maßgebenden Teile des deutschen Bürgertums aufgetreten wäre. Hätten die entscheidenden Politiker des deutschen Bürgertums oder doch mindestens die Deutschnationale und die Deutsche Volkspartei an der Spitze des Unternehmens gestanden, so hätten die Arbeiter kaum einen nennenswerten Widerstand leisten können. Armee und Polizei, Einwohnerwehren und Zeitfreiwillige nebst dem Verwaltungsapparat hätten sich den neuen Machthabern zur Verfügung gestellt. Vielleicht hätte man sogar, mit Hilfe der bürgerlichen Mittelparteien in der Nationalversammlung, die Aktion parlamentarisch legalisieren und dann eine neue rein bürgerlich konservative Regierung einsetzen können.

Wiederum war es Bayern, das jetzt die konsequente und geschickte Gegenrevolution lieferte, genauso, wie es früher in der Revolution das maßgebende Beispiel gegeben hatte. Parallel mit dem Kapp-Putsch in Berlin wurde in München der sozialdemokratische Ministerpräsident Hoffmann durch eine Aktion der Offiziere zum Rücktritt gezwungen. Aber in München verstanden es die Träger der neuen Bewegung, sämtliche bürgerlichen Parteien des Landtages für sich zu gewinnen. So wurde im Anschluß an die militärische Aktion, durchaus legal, vom Landtag eine neue rein bürgerliche Regierung gewählt. Ministerpräsident wurde ein bekannter konservativer Beamter, von Kahr.

Im Reichsmaßstab dagegen zeigte sich bald, daß Kapp nur eine kleine Gruppe militärischer Verschwörer hinter sich hatte. Die breiten Schichten des deutschen Bürgertums und auch die bürgerlichen Parteien standen Kapp mißtrauisch oder doch mindestens abwartend gegenüber. Es war bezeichnend für die Situation, daß die Beamten der Berliner Ministerien die Kapp-Regierung nicht anerkannten, in passiven Widerstand traten und so die Zentrale der Regierung von Anfang an lähmten. In ganz Deutschland trat die Arbeiterschaft, als Antwort auf den Kapp-Putsch, in den Generalstreik, der mit einer ungewöhnlichen Einmütigkeit und Geschlossenheit durchgeführt wurde.

Kapp saß in Berlin, umgeben von ein paar tausend Baltikumsoldaten, wie auf einem Pulverfaß, inmitten einer feindseligen Millionenbevölkerung. Die Haltung der Armee gegenüber dem Kapp-Unternehmen war nicht einheitlich. Während ein Teil der Offiziere und Truppenteile, besonders östlich der Elbe, sich offen für Kapp erklärten, blieben andere Truppen neutral, wieder andere hielten der alten Regierung die Treue. In einigen Formationen, in denen noch Reste demokratischer Traditionen vorhanden waren, verhafteten sogar die Unteroffiziere und Mannschaften ihre Kapp-freundlichen Offiziere.

Im rheinisch-westfälischen Industriegebiet führte der Kapp-Putsch zu einem großen Arbeiteraufstand. Die Arbeiter erhoben sich ohne Unterschied der Parteien, verschafften sich Waffen, besiegten und verjagten die Kapp-freundlichen Freikorps. Auch in Mitteldeutschland, vor allem im Gebiet von Halle bis Leipzig und in Thüringen, kam es zu offenen Kämpfen zwischen bewaffneten Arbeitern und Kapp-freundlichen Truppen. Westlich der Elbe und in Süddeutschland hatte Kapp nirgends einen nennenswerten Erfolg zu verzeichnen. Denn auch die neue bayrische Regierung ging ihre eigenen Wege, hütete sich vor dem kompromittierenden Bündnis mit den Kappisten und versicherte ihre Loyalität gegenüber der Reichsverfassung.

Im ganzen zerfiel Deutschland in den Kapp-Tagen machtpolitisch in fünf Teile. Erstens die Länder östlich der Elbe, in denen meistens Kapp die Oberhand hatte, wobei freilich der Generalstreik der Arbeiter die neuen Machthaber in die schwerste Verlegenheit brachte. Zweitens die Gebiete, in denen die alte Regierung anerkannt wurde, das waren vor allem Württemberg, Baden, Hessen und die Landschaften an der Nordsee. Drittens das Gebiet des siegreichen Arbeiteraufstandes in Rheinland und Westfalen. Viertens Bayern mit seiner Sonderentwicklung. Fünftens die mitteldeutschen Länder, in denen keine der kämpfenden Richtungen ein klares Übergewicht hatte, sondern Kapp-freundliche Truppen, revolutionäre Arbeiter und Anhänger der legitimen republikanischen Regierung um die Macht rangen.

Das voreilige Unternehmen Kapps gefährdete aufs schwerste die Machtstellung, die sich die Armee und das Bürgertum allmählich in der deutschen Republik zurückgewonnen hatten. Denn das Bürgertum und die Truppen waren durch die Stellungnahme für oder gegen Kapp gespalten und zum Teil lahmgelegt. Auf der andern Seite ging durch die Arbeiterschaft eine mächtige Welle des Kampfwillens und des Wunsches zur Einigung. Die mehrheitssozialistischen Arbeiter wollten jetzt die Entfernung Noskes und Heines und das Bündnis mit der USPD. Ja, auch die christlichen Arbeiter waren bereit, sich einem Block für die Verteidigung der Demokratie und gegen die alten militärischen Machthaber anzuschließen. Die Kräfte, die sich dem Kapp-Putsch entgegenstellten, waren also zum größten Teil gar nicht die Anhänger der Weimarer Republik und der Politik Ebert-Noske, sondern es waren die Vertreter einer proletarischen Aktion, die das Ziel hatte, aus der Ebbe der Revolution wieder herauszukommen und das Werk des 9. November fortzusetzen.

Schon nach vier Tagen war die sogenannte Regierung Kapp in Berlin erledigt. Als die ungünstigen Botschaften aus den meisten Teilen des Reiches einliefen, verzweifelte Kapp am Erfolg seines Unternehmens, und am 17. März erklärte er seinen Rücktritt. Die Frage war, wer sein

Nachfolger werden sollte. Die Massen der Arbeiter wollten keine Wiederkehr des verfehlten Weimarer Systems, unter dessen Herrschaft ein Kapp-Putsch möglich werden konnte, sondern eine Neugestaltung der deutschen Politik, bei der die sozialistische Arbeiterschaft den entscheidenden Einfluß haben würde. Es waren vor allem die Führer der freien Gewerkschaften, an ihrer Spitze der Mehrheitssozialist Legien, die eine solche Konsequenz für notwendig hielten. Legien wollte an die Stelle der Weimarer Koalition eine deutsche Arbeiterregierung setzen, die von der SPD, der USPD, den freien und den christlichen Gewerkschaften gestützt werden sollte. Die Tendenz Noskes war durch die Ereignisse in der SPD so geschwächt, daß sie keinen Widerstand gegen eine solche Entwicklung hätte leisten können. Die Armee aber war durch den Putsch, zumal nach der Niederlage Kapps, so zersetzt, daß sie zu einer einheitlichen Aktion gegen die neue Arbeiterregierung nicht fähig gewesen wäre[1].

Eine solche Arbeiterregierung, die damals durchaus möglich war, hätte vielleicht die Armee und Verwaltung Deutschlands wirklich demokratisieren und so die rückläufige Entwicklung der Revolution aufhalten können. Gescheitert ist damals die Arbeiterregierung nicht so sehr an der SPD wie an dem doktrinären Starrsinn des linken Flügels der USPD, vor allem des in der Berliner Parteiorganisation maßgebenden Däumig. Da die USPD ihre Mitwirkung versagte, blieb der SPD nichts anderes übrig, als wieder eine Koalitionsregierung alten Stils zu bilden. Freilich mußten der Reichskanzler Bauer, der Reichswehrminister Noske und der preußische Innenminister Heine zurücktreten. Den Vorsitz im neuen Reichsministerium übernahm der Sozialdemokrat Hermann Müller, das Reichswehrministerium erhielt der Demokrat Geßler. Die Regierung machte den Gewerkschaften, dessenungeachtet, alle möglichen Versprechungen über strenge Bestrafung aller Schuldigen des Kapp-Putsches und eine entschlossene Demokratisierung der Armee und der Verwaltung. In langen Protokollen wurden die Forderungen der Gewerkschaften festgelegt. Aber da hinter der Koalitionsregierung alten Stils keine neue Kraft stand, blieb im wesentlichen alles beim alten. Die deutsche Arbeiterschaft hatte in diesen Märztagen noch einmal gezeigt, daß sie für ihre Ideale einheitlich streiken und die Waffen führen konnte. Aber Deutschland politisch neu aufzubauen, dazu war das sozialistische Proletariat nicht fähig, und so endete der Kapp-Putsch in Wirklichkeit nicht mit einer Niederlage des Militärs, sondern der Arbeiterschaft.

Die Regierung Hermann Müller wurde fast in ganz Deutschland sofort anerkannt. Der Militär- und Verwaltungsapparat wurde schnell rekonstruiert. Nur im Ruhrgebiet wollte eine utopistische Minderheit der Arbeiter sich in die veränderte Lage nicht fügen, sondern den Kampf fortsetzen. Ganz im alten Stil setzte die Reichsregierung ihre Freiwilligentruppen gegen die aufständische Minderheit der Bergarbeiter ein. Die jetzt wieder maßgebenden Generäle haben gerade einige bekannte Kapp-Formationen, die sich jetzt wieder »auf den Boden der Verfassung« gestellt hatten, im Ruhrgebiet eingesetzt. Mit besonderer Rücksichtslosigkeit wurden Anfang April die Reste des Aufstandes im Ruhrgebiet unterdrückt. Das war die Revanche des Militärs für die Niederlage der Freikorps im März. Dieser Ausgang der Kapp-feindlichen Aktion der Arbeiter im Ruhrgebiet zeigte am besten, wie sich das Kräfteverhältnis in Deutschland erneut gestaltet hatte.

Die Reichstagswahlen waren nun nicht länger aufzuschieben. Die Wahlen fanden am 6. Juni statt. Die Landschaften Ostpreußen, Oberschlesien und Schleswig-Holstein, in denen noch Volksabstimmungen auf Grund des Friedensvertrages zu erledigen waren, stimmten vorläufig nicht mit. Die Wahlen brachten eine vollständige Niederlage der Weimarer Parteien. Im sozialistischen Lager erhielt die SPD nur noch 5,6 Millionen Stimmen, sie hatte also in anderthalb Jahren ungefähr die Hälfte ihrer Anhänger verloren. Die USPD erhielt 4,9 Millionen Stimmen, die KPD, die sich diesmal an den Wahlen beteiligte, 400000.

Im Lager des Bürgertums erhielten die Deutschnationalen und die Deutsche Volkspartei diesmal zusammen 7,3 Millionen Stimmen und die Demokraten nur noch 2,2 Millionen Stimmen. Die Bayerische Volkspartei, in der jetzt die konservative gegenrevolutionäre Tendenz vorherrschte, erhielt 1,2 Millionen Stimmen und das Zentrum 3,5 Millionen. Auch innerhalb des Bürgertums hatten die Anhänger der demokratischen Republik, im Vergleich zu den Wahlen zur Nationalversammlung, die Hälfte ihrer Anhängerschaft eingebüßt.

Die Wahlen waren eine Katastrophe für die Weimarer Republik. Da es nicht gelungen war, in den Kapp-Tagen etwas Entscheidendes zu ändern, wirkten die Tatsachen des Jahres 1919 sich weiter aus. Die SPD war durch die Wahlniederlage so geschwächt, daß sie die Führung im Reich nicht länger behalten konnte. Die mehrheitssozialistischen Minister verließen die Reichsregierung. Der Reichspräsident Ebert blieb im Amt, paßte sich aber streng konstitutionell den kommenden bürgerlichen Regierungen an.

Darauf bildete der Zentrumsabgeordnete Fehrenbach eine neue rein bürgerliche Reichsregierung. Damit war die Herrschaft der Sozialdemokratie in Deutschland zunächst beseitigt. Soweit die Novemberrevolution eine Demokratie unter Führung der sozialistischen Arbeiterschaft hatte aufrichten wollen, war sie im Sommer 1920, und zwar endgültig, gescheitert.

VI. Kapitel

Die Zeit der katholischen Demokratie 1920-1922

Seit dem Sommer 1920 drängten sich in Deutschland die außenpolitischen Sorgen in den Vordergrund. Die Forderungen der Entente und die Belastungen Deutschlands wuchsen ständig. Vor allem war es die Reparationsfrage, die jede Gesundung der deutschen Republik verhinderte. Die politische Einsicht, mit der die Siegermächte in jenen Jahren das Geschick Europas und der Welt zu meistern suchten, war überaus gering. In Versailles fehlten 1919 die Staatsmänner, die tatsächlich ihrer Aufgabe gewachsen waren. Ungefähr hundert und ungefähr zweihundert Jahre zuvor waren ebenfalls europäische Kriege beendet worden, in denen siegreiche Mächtegruppen einen allzu anspruchsvollen Einzelstaat niedergerungen hatten. In den beiden älteren Fällen war Frankreich die besiegte Macht gewesen. Indessen fanden sich beide Male in den Reihen der Sieger wirkliche Staatsmänner, die fähig waren, die Situation zu meistern. Der Utrechter Vertrag von 1712 und die Wiener Beschlüsse von 1815 brachten tatsächlich Frieden. Sie schufen Bedingungen, unter denen auch der Besiegte weiterexistieren konnte. Daher folgten auf die beiden älteren Friedensschlüsse Perioden wirklicher Ruhe und eines wirklichen ökonomischen und kulturellen Aufstiegs.

1919 war ohne Zweifel die Aufgabe der Siegermächte viel schwieriger als in den beiden Fällen von 1712 und 1815. Vor zweihundert und vor hundert Jahren war die kapitalistische Gesellschaftsordnung Europas noch ungebrochen. 1919 dagegen lauerte hinter der politischen eine soziale Krise von ungeheurem Ausmaß. Die Schwierigkeiten, die dem neuen Aufbau Europas nach dem Weltkrieg entgegenstanden, waren viel, viel ernster als die Hindernisse am Ende des spanischen Erbfolgekrieges und der napoleonischen Kriege. Dennoch läßt sich die trostlose politische Unzulänglichkeit des Werks von Versailles und der darauffolgenden Jahre nicht entschuldigen. 1919 gab es im Rate der Sieger weder einen Bolingbroke noch einen Metternich.

Die Siegermächte des Jahres 1919 konnten Deutschland als selbständigen Staat ganz auflösen, aber ein solcher Versuch hätte nur grenzenloses Unheil über Europa gebracht. Auch die Teilungen Polens brachten den Inhabern der Beute keinen Segen, und das deutsche Volk, an Zahl und Energie dem polnischen Volk vielfach überlegen, hätte eine solche Teilung auf die Dauer noch weniger ertragen. Die Urheber des Friedens von Versailles entschieden sich verständigerweise, diesen Weg nicht zu gehen, sondern das Deutsche Reich bestehen zu lassen. Dann mußte man aber die Friedensbedingungen so gestalten, daß Deutschland unter ihnen leben konnte. Zu dieser so naheliegenden Einsicht konnten sich jedoch die Staatsmänner der Entente von 1919—1923 nicht aufraffen. Schon die territorialen Bedingungen und ihre Durchführung brachten für Deutschland unerträgliche Härten. Katastrophal wurden jedoch die finanziellen Forderungen der Entente. Man verlangte von Deutschland als Reparationen solche Summen, daß die zerrüttete deutsche Wirtschaft sie, auch beim besten Willen, niemals hätte aufbringen können. Deutschland wurde unter Drohungen gezwungen, immer wieder seine Bereitschaft zum Zahlen auszudrücken, und wenn dann die erpreßten Ultimaten nicht auszuführen waren, erfolgten die Strafmaßnahmen der Sieger. Unter diesem Druck konnte sich keine deutsche Regierung auf die Dauer halten. Jeder Versuch, die deutsche Wirtschaft zu sanieren, wurde im Keim erstickt. Die Verwirrung wurde immer größer, und kein Ausweg war zu sehen.

Bestimmte Kreise des französischen Großbürgertums wollten die Zahlungsunfähigkeit Deutschlands benutzen, um mit Hilfe der sogenannten Sanktionen das Rheinland ständig besetzt zu halten, das Ruhrgebiet noch dazuzugewinnen, diese ganzen westlichen Landschaften von Deutschland abzutrennen und in irgendeiner Form unter französischen Einfluß zu bringen. Man wollte also, mit Hilfe der Reparationen, die Eroberungen nachholen, die Frankreich 1919 in Versailles nicht hatte machen können. Die englische und italienische Regierung billigten diese Tendenz der französischen Politik nicht, aber sie hatten gar keine Neigung, im Interesse Deutschlands einen ernsten Konflikt mit Frankreich zu beginnen. Amerika hatte sich nach 1919 zunächst ganz von der europäischen Politik zurückgezogen. So blieb zunächst der französische Einfluß in den Reparationsangelegenheiten maßgebend. Gerade die aufrichtig republikanischen Regierungen Deutschlands waren nicht imstande, von der Entente irgendeine Milderung der Reparationsforderung zu erreichen. Wenn man im Lager der Entente es als hauptsächlichstes Kriegsziel hingestellt hatte, den deutschen Militarismus zu vernichten und damit der Demokratie in Deutschland den Weg zu bahnen, so hat die politische Praxis der Jahre 1919 bis 1923 wahrlich zu diesem Ziel nichts beigetragen. Bolingbroke bemühte sich 1712, der besiegten Regierung Ludwigs XIV. goldene Brücken zu bauen. Metternich und die andern führenden Männer des Wiener Kongresses wollten 1815 in Frankreich den Geist der Revolution austreiben und dafür wieder die monarchische, konservative Gesinnung beleben. Daher taten sie alles Menschenmögliche, um dem neu entstandenen französischen Königtum seine Aufgabe leichter zu machen. Hingegen hatten die Sieger von 1919 diese Einsicht nicht. Vor allem die französische Politik hat nach 1919 einer jeden republikanischen und demokratischen Regierung in Deutschland das Leben unmöglich gemacht. Die Kräfte der deutschen Demokratie wurden in einem hoffnungslosen Kampf nach innen und nach außen aufgerieben, und nachher wunderte man sich, daß in Deutschland die Gegenrevolution und der alte »militaristische« Geist wieder stärker wurden.

Die erste rein bürgerliche Reichsregierung der deutschen Republik, die sich im Juni 1920 infolge der entscheidenden Niederlage der Sozialdemokratie bei den Reichstagswahlen gebildet hatte, stand unter dem Vorsitz des Zentrumsführers Fehrenbach. Nach dem Ausscheiden der Sozialdemokratie waren die beiden anderen republikanischen Parteien, das Zentrum und die Demokraten, nicht stark genug, um die Verantwortung allein zu tragen. So nahmen sie eine der beiden Parteien der bisherigen monarchistischen Opposition ebenfalls in die Regierung auf. Die großkapitalistische Deutsche Volkspartei beteiligte sich mit drei Ministern an der Regierung Fehrenbach. Die Deutsche Volkspartei erkannte formell die Weimarer Verfassung an, wenigstens als die gegebene praktische Basis deutscher Politik. Indessen war der Einzug der drei volksparteilichen Minister in die Regierungsgebäude doch ein außerordentlich bedeutsames Symptom für die Niederlage des deutschen Proletariats. Die kapitalistische Gegenrevolution ergriff bereits Besitz von der Regierung. Die Schwächung des deutschen Sozialismus und damit der demokratischen Republik zeigte sich in den nächsten Jahren auf den beiden wichtigsten Gebieten der inneren Entwicklung: im Militärwesen und in der Wirtschaft.

Der Reichswehrminister Geßler, formell ein Mitglied der Demokratischen Partei, wurde aus der vorigen Regierung in das Ministerium Fehrenbach übernommen. Geßler blieb auch in allen folgenden Regierungen der Deutschen Republik der ruhende Pol, ganz gleich, welche Parteien in der Reichsregierung die Führung hatten, von den Deutschnationalen bis zu den Sozialdemokraten. Bis zum Jahre 1928 war Geßler niemals zu stürzen. Diese ungewöhnliche Dauerhaftigkeit seiner ministeriellen Existenz verdankte Geßler nicht etwa seinen eigenen überragenden Fähigkeiten, sondern das ewige Ministerium Geßler bedeutete in diesen Jahren, daß die Reichswehr ein Staat im Staate geworden war, der sich von der übrigen politischen Entwicklung Deutschlands nicht mehr beeinflussen ließ. Unter der politischen Verantwortung des Ministers Geßler hat General von Seeckt, als sogenannter Chef der Heeresleitung, den Prozeß durchgeführt, den man die Entpolitisierung der Reichswehr nannte.

Gemäß den Bedingungen des Vertrages von Versailles war es Deutschland nur erlaubt, ein Berufsheer von 100 000 Mann aufzustellen. Dieser Söldnerarmee fehlte die Verbindung mit den breiten Volksmassen, wie ein Heer der allgemeinen Wehrpflicht sie besitzt. Die Offiziere der Reichswehr vertraten durchaus die Tradition des alten kaiserlichen Heeres, und die sorgfältig ausgesuchten Mannschaften wurden im gleichen Geiste erzogen. Die Entpolitisierung der Reichswehr bedeutete, daß die Wehrmacht sich von der Tagespolitik der Parteien fernhielt. Der abenteuerliche Geist, der in den Freikorps von 1919 und 1920 seine Stätte gefunden hatte, verschwand aus der Reichswehr. Für kleine Putsche war sie nicht zu gewinnen. Dennoch war die deutsche Armee eine durchaus antidemokratische und antirepublikanische Gemeinschaft. Jede Spur von sozialistischen Gedanken wurde sorgfältig aus der Reichswehr ausgetilgt, jede Verbindung zwischen den Soldaten und der organisierten Arbeiterschaft abgeschnitten. Im großen politischen Zusammenhang wurde die Reichswehr, unter der Führung Geßlers und Seeckts, das unüberwindliche Hindernis für jeden sozialistischen oder demokratischen Fortschritt in Deutschland. Auf der anderen Seite konnten alle Bestrebungen zur Wiederherstellung der Monarchie oder zur Aufrichtung einer großkapitalistischen Diktatur auf die Unterstützung der Reichswehr rechnen, immer unter der Voraussetzung, daß es sich nicht um kleine abenteuerliche Verschwörungen, sondern um große ernsthafte Aktionen der deutschen Oberschicht handelte.

Die Reichswehrgeneräle wünschten nicht, daß die zivilen Politiker sich in die Angelegenheiten der Armee einmischten. Der Militäretat der deutschen Republik stand in Wirklichkeit außerhalb der Kontrolle des Reichstags. In den vielen geheimen Fonds des Reichswehrministeriums fand kein Abgeordneter sich zurecht. Der Reichstag konnte beschließen, was er wollte, die Generäle richteten doch die Armee so ein, wie es ihnen beliebte. Die Reichswehr ließ sich ferner keinen Minister gefallen, der ihr nicht genehm war. Da die Generäle mit Geßler einig waren, verhinderten sie acht Jahre lang, daß er in einer der zahlreichen Krisen der republikanischen Regierungen verdrängt wurde. In die Alltagsfragen der zivilen Politik mischten sich die Generäle nicht ein, aber in entscheidenden Dingen genügte das Veto der Reichswehr jederzeit, um eine Sache oder eine Person unmöglich zu machen. Seit 1920 hat die deutsche Republik eigentlich immer eine doppelte Regierung gehabt. Die eine war der Reichskanzler mit seinen Ministern, und die andere waren die führenden Reichswehrgeneräle. Bei einem Konflikt zwischen beiden Instanzen siegte in der Regel die Reichswehr. Das Ganze nannte man »deutsche Demokratie«.

Die großbürgerliche und aristokratische Gegenrevolution schuf sich zunächst in Deutschland seit 1920 ein unzerbrechliches Instrument in der Reichswehr. Parallel dazu vollzog sich der neue Aufbau der großkapitalistischen Wirtschaft, deren Existenz zunächst durch den 9. November und seine Folgen in Frage gestellt worden war. Der Hebel, mit dem die großen Kapitalisten ihre konzentrierte Macht erneuerten, den Mittelstand enteigneten und die Lebenshaltung der Arbeiter immer tiefer herabdrückten, wurde die Inflation. Wie schon oben betont wurde, wäre es auf keinen Fall möglich gewesen, den vollen Wert der deutschen Mark, wie er bis 1918 bestand, in die Friedenszeit herüberzuretten. Die Aufgabe der deutschen Regierung und Wirtschaft wäre es gewesen, nach einiger Zeit die Mark auf einem neuen Niveau wieder zu stabilisieren. Deutschland war durch den Ausgang des Krieges ein außerordentlich armes Land geworden. Aber es ist nicht notwendig, daß die Armut eines Landes zur Inflation führt. Man denke sich ein ganz armes Bauernland, dessen Bewohner vom kärglichen Ertrag ihrer Felder und Weiden leben müssen. Ein solches Land würde nur wenig Gold besitzen. Es würde sich im Austausch für die eigenen Produkte nur wenige Luxuswaren aus dem Ausland beschaffen können. Der Staat würde bei dem geringen Steuerertrag sich nur notdürftig aufrechterhalten lassen. Aber es bestände gar kein Zwang dazu, daß ein solches verarmtes Ländchen eine Inflation haben müßte. Auf der anderen Seite kann ein außerordentlich reiches Land zur Inflation schreiten, obwohl es über unermeßliche Mengen an Gold, Rohstoffen und Schuldforderungen verfügt. Den Beweis dafür liefert die Geschichte der Vereinigten Staaten im Jahre 1933. Eine Inflation ist an sich weder ein Zeichen von Armut noch von Reichtum eines Landes, sondern sie ist eine spekulative Begleiterscheinung einer Wirtschaftskrise.

Vorwände für die immer stärkere Zerrüttung der deutschen Währung gab es seit 1920 genug. Zunächst das Unvermögen Deutschlands, die notwendige Einfuhr von Rohstoffen und Lebensmitteln aus den Überschüssen des eigenen Arbeitsertrages zu bezahlen, ferner die ständigen Reparationsforderungen der Entente, die nur zu befriedigen waren, wenn man mit Papiermark Devisen kaufte, wobei der Kurs der Papiermark automatisch sinken mußte. Dazu kam die wachsende Zerrüttung der Reichsfinanzen. Das Reich konnte bald seine laufenden Verpflichtungen nur dadurch erfüllen, daß die Reichsbank seine Wechsel diskontierte. Je mehr Schatzwechsel des Reichs in die Kassen der Reichsbank flossen, um so mehr Banknoten mußten gedruckt werden. So wurde schließlich die immer lustig weiterarbeitende Presse der Notendruckerei die maßgebende Quelle, von der das Deutsche Reich lebte.

Die Situation wurde für die deutsche Währung immer schlimmer. Die genannten Übelstände waren im November 1923 um ein Vielfaches ärger als zum Beispiel im Juli 1920. Dennoch ist durch einen energischen Entschluß der Reichsregierung und eine entsprechende Umstellung der deutschen Wirtschaft im November 1923 die Stabilisierung der Mark gelungen. Daraus geht hervor, daß die Stabilisierung auch schon während der drei Jahre vorher möglich gewesen wäre, wenn man sie nur ernstlich gewollt hätte.

Wenn die Stabilisierung der Mark von 1920 bis Ende 1923 ausblieb, so war daran zunächst die Unsicherheit und Entschlußlosigkeit der Reichsregierungen schuld; vor allem der demokratischen Regierungen, die sich von den Argumenten der großkapitalistischen sogenannten Fachleute imponieren ließen. In erster Linie jedoch konnte sich die Inflation, dieser Fluch für das deutsche Volk, so ungehindert ausbreiten, weil entscheidende großkapitalistische Kreise aus ihr Nutzen zogen und weil diese Gruppen stark genug waren, eine Stabilisierung zu verhindern. Der durchschnittliche Wert der deutschen offiziellen Papiermark war im Jahr 1919 ungefähr ein Viertel der Goldmark, der Jahresdurchschnitt für 1920 war ein Dreizehntel, für 1921 ein Zweiundzwanzigstel. Im Januar 1922 war die Papiermark ungefähr ein Fünfzigstel der Goldmark wert, populär ausgedrückt, die Mark war gleich zwei Pfennig. Im Oktober desselben Jahres war der Wert der Papiermark nur noch wenig über ein Tausendstel Goldmark, am 11. Januar 1923 stand die Papiermark gleich vier Zehntausendstel Goldmark.

Die hauptsächlichsten Leidtragenden bei der Inflation waren die großen Massen der deutschen Lohn- und Gehaltsempfänger, denn die Papierscheine, die sie empfingen, wurden ihnen in ihren Händen entwertet. So sanken der Reallohn und die Lebenshaltung der breiten Volksmassen immer mehr. Ebenso waren die Steuern, die der Staat empfing, völlig entwertet, denn auf dem Wege von der Einschätzung bis zur Zahlung hatte sich der Wert der Mark wieder entsprechend vermindert. Der deutsche Mittelstand, soweit er Wertpapiere in Papiermark besaß, verarmte durch die Inflation vollständig. Denn allmählich wurde der Zustand erreicht, bei dem man mit den Kriegsanleihen, Hypothekenbriefen und Industrieobligationen höchstens die Wände tapezieren konnte.

Die Nutznießer der Inflation waren alle Schuldner und alle Besitzer von Sachwerten. Die Landwirte wurden tatsächlich entschuldet und konnten die Preise für ihre Produkte täglich, gemäß dem Markkurs, ändern. Goldene Zeiten hatte jedoch die Großindustrie. Auch sie war von den Schulden befreit und erhielt von der gutmütig borgenden Reichsbank immer neue Kredite, die praktisch niemals zurückgezahlt wurden. Dank der Inflation zahlten die Industriellen fast gar keine Steuern und produzierten bei minimalen Reallöhnen. Unternehmungslustige Großindustrielle konnten in diesen Unglücksjahren gewaltige Vermögen zusammenraffen und riesige Konzerne zusammenfügen. Allen voran ging der Schwerindustrielle Stinnes, der sich in der Inflationszeit zum Haupt der deutschen Wirtschaft entwickelte. Während das Deutsche Reich immer mehr verfiel, schien die Macht der Industrie-Herzöge von Monat zu Monat zu steigen. Die Großbanken wurden als die typischen Gläubiger zunächst durch die Inflation geschädigt, aber in dieser Periode der enormen Spekulationsgewinne an der Börse, wo zugleich mit dem Dollarkurs auch die Aktienkurse ununterbrochen stiegen, haben die Finanzleute ihre Verluste jederzeit reichlich wieder ausgeglichen. Objektiv wurde die Inflation eine Art von Revanche, vollzogen von den alten deutschen Oberschichten, den Großkapitalisten und Großgrundbesitzern, an den Massen des Volkes. Es war die Vergeltung für den Schrecken, den die Herren am 9. November und in den folgenden Monaten erlitten hatten.

Die Regierung Fehrenbach tat nichts, um den Fortgang der Inflation, die wachsende Machtstellung der Schwerindustrie oder die Sonderentwicklung der Reichswehr zu hindern. Im Frühjahr 1921 geriet sie in eine schwere außenpolitische Krise. Auf der Londoner Konferenz im März 1921 verlangte die Entente von Deutschland die Anerkennung einer Schuldsumme von astronomischer Höhe. Die deutsche Regierung lehnte durchaus mit Recht diese Forderung ab, daraufhin besetzten die Truppen der Entente als Sanktion die Städte Düsseldorf und Duisburg. Die Entente verlangte im Mai, in einem neuen Ultimatum, von Deutschland die Anerkennung einer Gesamtschuld von 132 Milliarden Goldmark. Innerhalb von 25 Tagen sollte die deutsche Regierung eine Milliarde in Gold oder Devisen abzahlen, die übrige Schuld sollte in jährlichen Raten von 2 Milliarden Goldmark nebst dem Wert von 26 Prozent der deutschen Ausfuhr getilgt werden. Falls Deutschland das Ultimatum nicht annehme, sollte das Ruhrgebiet von Ententetruppen besetzt werden.

Da die Regierung Fehrenbach keinen Ausweg wußte, trat sie zurück. Die Deutsche Volkspartei schied wieder aus der Reichsregierung aus. Die dornenvolle Aufgabe, die deutsche Republik unter diesen Umständen zu führen, fiel wieder den Parteien der alten Weimarer Koalition zu. Der Zentrumsabgeordnete Wirth bildete, gestützt auf seine eigene

Partei, auf die Demokraten und die SPD, die neue Regierung. Formell war das Resultat der Krise im Mai 1921 ein Erfolg der Linken. Es bestand nun wieder eine rein republikanische Reichsregierung, getragen von den Parteien, die in Weimar die Reichsverfassung beschlossen hatten. Die Vertreter des monarchistischen Großkapitals hatten ihre Ministerien wieder abgeben müssen. Aber dieser Erfolg der Linken war nur ein Schein. Die Mächte der Gegenrevolution waren in der Wirtschaft, in der Armee, in der Verwaltung und Justiz so stark, daß sie ohne Gefahr aus der Reichsregierung herausgehen konnten. Sie überließen der republikanischen Linken das peinliche und undankbare Geschäft, mit der Entente wegen der Reparationen zu kämpfen.

Die Regierung Wirth trat ihr Amt in einer geradezu hoffnungslosen Situation an. Die Sozialdemokraten wollten in dieser Notlage die Republik nicht im Stich lassen, und sie übernahmen wiederum einige Ministerien. Die taktische Stellung der SPD innerhalb der Arbeiterschaft hatte sich seit Ende 1920 etwas gebessert. Inzwischen hatte sich nämlich die USPD gespalten, und die heftige innere Krise, von der die radikale Arbeiterschaft zerrissen wurde, gab der gemäßigten Partei wieder mehr Gewicht. Der linke Flügel der USPD hatte sich mit den Kommunisten verschmolzen. Der rechte blieb zunächst als Rumpfpartei bestehen. Auf die Dauer konnte sich freilich die rechte USPD, eingeklammert zwischen der SPD und den Kommunisten, nicht behaupten. Unter dem Ansturm der KPD waren die rechten Unabhängigen genötigt, Anschluß bei der SPD zu suchen. Deshalb konnten die Mehrheits-Sozialisten das Risiko einer neuen Beteiligung an der Regierung im Mai 1921 wieder auf sich nehmen.

Der neue Reichskanzler Wirth war ein entschlossener Demokrat und ein Freund der Christlichen Gewerkschaften. Er hatte den besten Willen, die Errungenschaften der deutschen Revolution zu verteidigen. Wenn er die übermenschlich schweren Aufgaben, die auf ihm lagen, nicht lösen konnte, so ist dies in erster Linie der unglückseligen Gesamtsituation zuzuschreiben, in der sich 1921 und 1922 die deutschen Republikaner und Sozialisten befanden. Nur ein neuer Aufschwung von unten her, aus den Massen des Proletariats, hätte der Republik wieder die Kraft verliehen, im Innern mit den Generälen und Schwerindustriellen fertig zu werden und nach außen die Übergriffe der Entente abzuwehren. Indessen waren damals die Massen der deutschen Arbeitnehmer müde, enttäuscht und abgekämpft. Hier fand Wirth keine neuen Kraftquellen. Die neue Reichsregierung wollte sich darauf beschränken, von Deutschland wenigstens das Schlimmste abzuwenden. Sie griff weder die Generäle noch die Schwerindustrie an, und sie suchte durch äußerstes Entgegenkommen die Entente milder zu stimmen.

Auf Vorschlag der Regierung Wirth hat der Reichstag die Annahme des Londoner Ultimatums der Entente beschlossen. Es begann die sogenannte Erfüllungspolitik, deren wichtigste Träger der Reichskanzler Wirth selbst und der demokratische Minister Rathenau wurden. Die Anhänger der Erfüllungspolitik dachten sich die Entwicklung ungefähr so: Deutschland müsse vor der Welt den Beweis führen, daß es ehrlich entschlossen sei, seine Verpflichtungen zu erfüllen und Reparationen zu leisten. Deutschland müsse daher die Forderungen der Entente annehmen und alle seine Kräfte aufbieten, um Reparationen zu zahlen. Es werde sich dann im Laufe der Entwicklung herausstellen, daß Deutschland objektiv gar nicht in der Lage sei, das zu erfüllen, was man von ihm verlangt. Dann würden die Siegermächte von selbst zu der Einsicht kommen, daß man Deutschland Zugeständnisse machen müsse.

Der Erfolg der Erfüllungspolitik ist ausgeblieben. Es ist auf diesem Wege nicht gelungen, die Entente zu einer milderen Behandlung Deutschlands zu bringen. Im Gegenteil, der Druck auf Deutschland wurde immer stärker, und die Zersetzung der deutschen Wirtschaft nahm ständig zu. Zur selben Zeit wurden die Autorität und Volkstümlichkeit der republikanischen Parteien in erschreckendem Maße verbraucht. Welche andere Politik wäre anstelle dessen für Deutschland möglich gewesen?

Man kann die Unterzeichnung des Friedens von Versailles nicht mit den Erfüllungstaten von 1921 und den folgenden Jahren auf eine Linie stellen. Es war unbedingt notwendig, schon aus psychologischen Gründen, daß der Kriegszustand zu einem formellen Ende kam und Deutschland so zunächst eine Atempause erhielt. Bei den späteren Forderungen der Entente handelte es sich meistens um Dinge, die, mindestens in dieser Form, nicht im Vertrag von Versailles standen. Der Friedensvertrag setzte ganz allgemein die Verpflichtung Deutschlands zum Schadenersatz fest. Die phantastischen Zahlen, die man 1921 und in den folgenden Jahren von Deutschland verlangte, gingen über eine objektive Auslegung des Vertrags bei weitem hinaus. Deutschland hätte damals seinen ehrlichen Willen zur Verständigung mit Frankreich betonen, aber zugleich jede Leistung ablehnen müssen, die sich mit einer billigen Auslegung des Friedensvertrages nicht vertrug.

Wirth war zwar, ebenso wie die andern führenden Männer der deutschen Republik seit 1918, zu einer Verständigung mit Frankreich gern bereit, aber eine solche allgemeine Bereitschaft genügte nicht. Man hätte ein bestimmtes Programm einer deutsch-französischen Zusammenarbeit, auf dem politischen so gut wie dem wirtschaftlichen Gebiet, aufstellen und mit allen der deutschen Regierung zur Verfügung stehenden Mitteln propagandistisch vertreten müssen, auch durch entsprechende Bearbeitung der deutschen Öffentlichkeit mit Hilfe der Regierungsparteien und ihrer Presse. Es hätte jeder Mensch in Deutschland wie in Frankreich wissen müssen, daß die deutsche Regierung bereit war, ohne jeden Hintergedanken und ohne Rücksicht auf die Vergangenheit, mit Frankreich zusammenzugehen. Die Vorbedingung dafür wäre gewesen, daß Frankreich auf die phantastischen und gewalttätigen Forderungen an Deutschland Verzicht leistete. Wenn eine solche Verständigung zwischen den beiden Ländern nicht gelang, mußte Deutschland jede über den Vertrag von Versailles hinausgehende Forderung und jedes Ultimatum unbedingt ablehnen.

Eine erfolgreiche Verständigungspolitik zwischen Deutschland und Frankreich ist zum Teil auch durch den völlig blutleeren und abstrakten Pazifismus verhindert worden, der sich bei den deutschen republikanischen Parteien seit 1918 ausbreitete. Man hielt es tatsächlich für unerlaubt, irgendeiner einzelnen Macht Vorschläge zu einer speziellen politischen Zusammenarbeit zu machen. Denn das wäre eine Rückkehr zu der »Bündnispolitik« alten Stils: Deutschland müsse vielmehr seinen Verständigungswillen allen Mächten gleichmäßig beweisen. Mit solchen gutgemeinten Allgemeinheiten konnte die deutsche Politik nirgends Anschluß gewinnen. Wenn dann Frankreich bei seiner Reparationspolitik beharrte, wandte sich die deutsche Regierung anklagend an das »Weltgewissen«, an England, Amerika, den Papst usw., ohne dabei irgend etwas zu erreichen.

Bei einer Ablehnung der Ultimaten war die Besetzung weiterer deutscher Landschaften, vor allem des Ruhrgebietes, durch die Entente zu erwarten. Das würde weiteres Unglück und schwerstes Leiden über das deutsche Volk bringen. Aber durch diese Krise mußte man hindurch. Es mußte der Beweis erbracht werden, daß Frankreich auch durch immer erweiterte Sanktionen kein Geld aus dem verarmten Deutschland herausholen konnte. Als Dauerzustand ließ sich die militärische Besetzung eines Gebietes von 60 Millionen Einwohnern nicht aufrechterhalten. Wenn erst einmal die Politik der Ultimaten und Sanktionen sich verbraucht hatte, war der Weg für ein vernünftiges Kompromiß zwischen Deutschland und Frankreich offen. In diesem schweren, aber notwendigen Kampf hätten die republikanischen Parteien die Führung haben müssen. Sie hätten damit die Vertretung des nationalen Gedankens, im besten Sinne des Wortes, wieder an sich gerissen und der monarchistischen Opposition die schärfsten Waffen entwunden. Das deutsche Volk wäre der Regierung auf diesem schwierigen Weg gefolgt, wenn sie nur rücksichtslos dafür gesorgt hätte, daß keine Klasse aus der allgemeinen Not der Nation irgendwelchen Nutzen zog.

Die Regierung Wirth und mit ihr das Zentrum, die SPD und die Demokraten entschieden sich jedoch anders. In der ehrlichen Überzeugung, dem Volke so am besten zu dienen, empfahlen sie immer wieder die Erfüllung der feindlichen Bedingungen. Vergeblich erwarteten sie den Moment, in dem in Paris die bessere Einsicht durchbrechen würde. Die Folge war, daß die Erbitterung und Verzweiflung immer größerer deutscher Volksschichten sich gegen die deutsche republikanische Regierung selbst richteten. Während der Jahre 1921 und 1922 bestand die Reparationskrise, trotz der Annahme des Londoner Ultimatums durch Deutschland, unverändert fort. Die vielen internationalen Konferenzen, die in diesen Jahren aufeinander folgten (man zählte von Versailles bis Anfang 1923 nicht weniger als 27 solcher Tagungen!), brachten kein Resultat.

Die finanziellen Opfer, die Deutschland in diesen Jahren bringen mußte, schafften ihm auch keine bessere Behandlung in den territorialen Fragen. Die Volksabstimmung in Oberschlesien hatte eine Mehrheit für Deutschland gebracht. Dennoch wurde Oberschlesien im Oktober 1921 vom Völkerbundsrat zwischen Deutschland und Polen geteilt. Unter dem Eindruck dieser Entscheidung trat die Regierung Wirth zurück. Wirth bildete jedoch bald darauf ein neues Ministerium, das sich in seiner Zusammensetzung nur unwesentlich von dem früheren unterschied.

Der einzige positive Erfolg der deutschen Außenpolitik in diesen Jahren war 1922 der Rapallo-Vertrag zwischen Deutschland und Sowjetrußland. Auf der internationalen Konferenz in Genua, April-Mai 1922, war neben der deutschen auch eine sowjetrussische Delegation erschienen. Die Beziehungen zwischen beiden Mächten hatten sich seit 1920 entspannt, seitdem die deutschen Truppen das Baltikum geräumt hatten. Der gemeinsame Gegensatz zur Entente führte Deutschland und Rußland zusammen. Im Artikel 116 des Vertrages von Versailles hatten die Siegermächte ausdrücklich für Rußland das Recht vorbehalten, ebenfalls Reparationsforderungen an Deutschland zu stellen. Es bestand eine gewisse Gefahr, daß die Westmächte an Rußland mit der Anregung herantreten würden, sich an dem Reparationsfeldzug gegen Deutschland zu beteiligen. Dies wurde durch den Vertrag verhindert, den die Vertreter Deutschlands und Rußlands in dem Ort Rapallo bei Genua unterzeichneten. Rußland verzichtete hier auf jeden Reparationsanspruch gegen Deutschland, und beide Mächte versprachen, künftig in Frieden und Freundschaft miteinander zu leben.

Die erneute Freundschaft zwischen Deutschland und Rußland konnte zwar im Jahre 1922 keine Wunder wirken. An einen gemeinsamen militärischen Widerstand gegen die Entente konnte man weder in Berlin noch in Moskau denken. Dennoch hat dieser Vertrag der deutschen

Ostpolitik eine außerordentliche Entlastung gebracht. Die deutsch-russische Freundschaft hat damals mindestens viel Unheil verhindert, das sonst in kritischen Situationen vom Osten her über Deutschland hätte hereinbrechen können. Freilich steht das verhängnisvolle Zeichen des »Zu spät«, das für die ganze Geschichte der deutschen Republik charakteristisch ist, auch über dem Vertrag von Rapallo. Ein entsprechender Vertrag, im Dezember 1918 abgeschlossen, hätte der Innen- und Außenpolitik Deutschlands eine andere Wendung geben können.

Die Gründe für den Abfall der deutschen Mittelschichten vom Gedanken der demokratischen Republik sind schon oben angegeben worden. Die reale Macht der republikanischen Parteien war ja in der Periode Wirths in Wirklichkeit gering. Aber formal trug die Weimarer Koalition des Zentrums, der SPD und der Demokraten wieder die Verantwortung für die Geschicke Deutschlands und wurde so der Blitzableiter für jede Unzufriedenheit und Erbitterung, die in den Volksmassen entstand. Die deutschen Großkapitalisten und Großgrundbesitzer nebst ihrem Anhang hatten die taktisch überaus angenehme Situation, daß sie zwar die reale Macht im Staate besaßen, aber gleichzeitig die schärfste Opposition gegen das angeblich herrschende System machen konnten. So entwickelte sich die phantastische Situation, daß die Unzufriedenheit über die kapitalistische Mißwirtschaft, über die Inflation und ihre Begleiterscheinungen die Linksparteien schwächte und den Rechtsparteien neue Anhänger zuführte.

Es war in diesen Jahren nicht nur die offizielle, für Monarchie, Autorität und Privateigentum eintretende Politik der Deutschnationalen und der Deutschen Volkspartei, der die Mittelschichten in Stadt und Land, die Bauern und Handwerker, aber auch in wachsendem Maße die Intellektuellen, Angestellten und Beamten sich zuwandten. Neben den offiziellen politischen Parteien der Rechten entstand eine weitere Bewegung, die sich mit ihnen kreuzte, sie vielfach stärkte, aber manchmal auch von ihnen abwich. Es war dies die völkische Tendenz.

Bei der Gründung der offiziellen Reichswehr mit ihren hunderttausend Mann konnte ein erheblicher Teil der Freikorpsführer und Mannschaften nicht aufgenommen werden. Diese jetzt stellungslos gewordenen Offiziere und Soldaten konnten oder wollten sich den bürgerlichen Berufen nicht zuwenden, sondern sie suchten ihre militärpolitische Wirksamkeit fortzusetzen. Die aufgelösten Freikorps standen in der Form von Wehrverbänden aller Art wieder auf. Vor allem die Brigade Ehrhardt, die Trägerin des Kapp-Putsches von 1920, spottete aller Versuche, sie aufzulösen. Die ehemaligen Freikorps pflegten weiter die Verbindung mit all den andern offenen oder geheimen gegenrevolutionären Verbänden von Akademikern, Landwirten und so weiter, die in Deutschland seit 1919 existierten. So war das ganze Land, von Schleswig-Holstein bis nach Bayern und von Ostpreußen bis zum Rhein, mit einem Netz illegaler militärischer Organisationen überzogen, die von der Schwerindustrie finanziert wurden und auf den Augenblick warteten, in dem sie durch einen glücklichen Aufstand das Werk vollenden konnten, das Kapp und seine Getreuen begonnen hatten.

Außerordentlich bedeutsam wurde das Zusammenwirken zwischen den Freikorps und der nationalistischen Studentenschaft. Die große Mehrheit der deutschen Akademiker war über die Entwicklung nach dem 9. November aufs tiefste enttäuscht. Sie sahen das wirtschaftliche Elend und die nationale Demütigung und gaben die Schuld an den bestehenden Verhältnissen den regierenden republikanischen Parteien und dem 9. November. Da die Regierung nichts tat, um die Wahrheit über die Kriegsschuld und die Ursachen des deutschen Zusammenbruchs im Volke zu verbreiten, und da die Menschen gern das vergessen, was sie nicht im Gedächtnis haben wollen, fand die Dolchstoßlegende in weiten Kreisen des Volkes, ganz besonders bei den nationalistischen Akademikern, immer stärkere Verbreitung.

Danach sah die Geschichte der letzten Jahre ungefähr so aus: Das völlig friedliche und unschuldige Deutschland sei 1914 von der Entente überfallen worden. Das deutsche Heer habe vier Jahre heldenmütig und erfolgreich Widerstand geleistet. Aber dann sei durch die Agitation der Sozialdemokraten und des Zentrums der Wille zum Widerstand im deutschen Volke gelähmt worden. Erzberger habe zuerst, im Bunde mit den Sozialdemokraten, die Losung des Friedens um jeden Preis ausgegeben. Dann hätten die sozialistischen »Hetzer« die Flotte zersetzt und schließlich die Novemberrevolution hervorgerufen. So hätten vaterlandslose Agitatoren der tapfer kämpfenden deutschen Front den Dolch in den Rücken gestoßen. Als Deutschland kapitulieren mußte, habe wieder derselbe Erzberger den schmählichen Waffenstillstand unterzeichnet. Die Republik und die Weimarer Verfassung seien nur die Instrumente, mit denen die Roten und die Schwarzen ihre für das deutsche Volk verderbliche Herrschaft aufrechterhielten. Gebunden werde das deutsche Volk den Machthabern der Entente preisgegeben. Inmitten von all dem Elend und der Not der Volksmassen verständen es die regierenden Männer, sich kräftig zu bereichern; allen voran wieder Erzberger, wie es durch seine Prozesse vom Jahre 1920 gerichtsnotorisch geworden sei. Es sei die Aufgabe aller nationalempfindenden Deutschen, mit diesen Verrätern abzurechnen, die Republik und das Weimarer System zu vernichten und an seine Stelle eine starke, die alten deutschen Traditionen wieder belebende Regierung zu setzen.

So malte sich in den Köpfen der Freikorpsleute und der nationalen Studentenschaft die Welt. Zwei hauptsächliche Objekte ihres Hasses waren die Sozialdemokratie aller Richtungen und das Zentrum, als die Träger der deutschen Republik und der Verfassung von Weimar. Dazu kam dann als dritter Feind, den man mit besonderer Erbitterung verfolgte, das Judentum. In den schwarzrotgoldenen Farben der Republik erblickte man das Symbol für das Zusammenwirken des Zentrums, der Sozialdemokratie und der »goldenen« jüdischen Internationale. Als die deutschen Akademiker sich seit 1919 eine neue gegenrevolutionäre Weltanschauung ausarbeiteten, griffen sie auf die völkischen und antisemitischen Traditionen zurück, die an den deutschen Hochschulen schon seit den Tagen Treitschkes und Stoeckers lebendig waren. Der akademischen Jugend genügte die allgemeine nationale Gesinnung nicht mehr, sondern sie verlangte darüber hinaus das Bekenntnis zur Rasse und zum Volkstum. Man wollte die Ausscheidung aller artfremden Elemente aus dem deutschen Volkskörper und verstand darunter vor allem die Juden. Der Kampf gegen das jüdische Kapital gab der völkischen Bewegung eine agitatorisch besonders wirksame Note. Breite Schichten des Mittelstandes haßten den Kapitalismus und besonders das Spekulanten- und Schiebertum. Zur selben Zeit hatte sie aber die demokratische Republik durch die gesamte Entwicklung seit 1919 abgestoßen. Diese Volksschichten begeisterten sich jetzt für die völkische Idee, denn als Völkische konnten sie zugleich die Novemberrepublik und das jüdische Börsenkapital bekämpfen und sich dabei unklaren Hoffnungen auf eine Erneuerung Deutschlands hingeben.

Die völkische Bewegung war ursprünglich an keine bestimmte politische Partei gebunden. Sie durchdrang mehr oder minder alle Parteien der Rechten. Besonders die Deutschnationale Volkspartei wurde immer mehr von völkischen Gedanken erfüllt. Ebenso standen die ehemaligen Freikorps, die Hochschulringe deutscher Art und die Wehrverbände im allgemeinen auf völkischem Boden. Als die Soldaten Ehrhardts beim Kapp-Putsch in Berlin einrückten, trugen sie das völkische Symbol, das Hakenkreuz, auf ihren Stahlhelmen. Die völkische Hauptstadt Deutschlands war seit 1920 München, wo die gegenrevolutionäre bayrische Regierung allen Geheimverbänden und von der norddeutschen Justiz verfolgten Verschwörern bereitwillig Unterkunft gewährte.

Die Wehrverbände und überhaupt die völkische Agitation wurden bereitwillig vom Großkapital finanziert. Denn das Unternehmertum erblickte in der völkischen Bewegung ein willkommenes Gegenmittel gegen den Sozialismus und Kommunismus. Auch die Großgrundbesitzer nahmen gern ehemalige Freikorpsleute auf ihren Gütern auf. Dennoch war die Politik der offiziellen Deutschnationalen und Volksparteiler nicht ganz dasselbe wie die Taktik der Freikorpsführer mit ihrem militärisch-studentischen Anhang. Die offiziellen Rechtsparteien wollten den bestehenden Besitz und die bestehenden Autoritäten befestigen. Die völkischen Führer hatten im großen und ganzen dasselbe Ziel. Aber sie selbst waren doch meistens von gesichertem Besitz und gefestigter Autorität ausgeschlossen. Typisch ist dafür der Gegensatz zwischen den im Staatsdienst gesicherten Offizieren der Reichswehr und den stellungslosen Freikorpshäuptlingen, die draußen geblieben waren, oder der entsprechende Gegensatz zwischen den Fabrikdirektoren und Geheimräten auf der einen Seite und den völkischen Akademikern auf der anderen Seite, die sich notdürftig als Werkstudenten ihr Brot verdienten. Die völkischen Führer hatten persönlich kein Interesse daran, daß die alten Autoritäten gefestigt wurden. Sie wollten selbst zur Macht und wollten darum den offenen gewaltsamen Kampf gegen das republikanische System, während die parlamentarischen Rechtsparteien sich unter Umständen auch mit der allmählichen Aushöhlung der Republik unter Anwendung legaler Methoden zufriedengaben. Eine gesonderte völkische Partei bildete sich zuerst 1920 in München. Es war die von Hitler geführte Nationalsozialistische Deutsche Arbeiterpartei. Wie schon ihr Name zeigt, wollte die Partei in erster Linie die deutschen Arbeiter dem Sozialismus entreißen. Die NSDAP hatte jedoch in den ersten Jahren ihres Bestehens nur eine lokale bayrische Bedeutung.

Die völkischen Geheimverbände waren die schlimmsten Feinde der deutschen Republik. Der Kampf der republikanischen Behörden wurde jedoch dadurch gelähmt, daß die Reichswehr zu den Geheimbünden intime Beziehungen hatte. Der Vertrag von Versailles gestattete Deutschland nur den Besitz einer Armee von 100 000 Mann, zusammengesetzt aus Berufssoldaten, ohne jede militärische Ausbildung weiterer Volksschichten. So hätte die Reichswehr gemäß den Buchstaben des Friedensvertrages für den Ernstfall keine Reserven gehabt. Deshalb pflegte sie die Beziehungen zu den Wehrverbänden und erblickte in diesen die möglichen Reserveformationen für einen Krieg zum Beispiel gegen Polen. Bei den Kämpfen in Oberschlesien, verursacht durch den örtlichen Gegensatz zwischen Deutschen und Polen, kam es 1921 zu einer regulären Mobilmachung der Freikorps und ihrem Aufmarsch gegen die polnischen Aufständischen.

Die Freikorps übten ihre Tätigkeit in einem merkwürdigen Zwielicht aus. Amtlich wollte die Regierung von ihrer Existenz nichts wissen, und nach dem Buchstaben des Friedensvertrags durften bewaffnete Wehrverbände in Deutschland nicht existieren. Zur selben Zeit benutzte die Regierung und ganz besonders die Reichswehrleitung die Wehrverbände für den Grenzschutz gegen Polen und so weiter. So waren die Freikorps und Wehrverbände gegenüber der Möglichkeit von Verrat besonders nervös. Die Freikorpsleute waren davon überzeugt, daß sie berechtigt wären, Verräter, vor allem Mitglieder der eigenen Verbände, die über Existenz und Bewaffnung solcher Truppen etwas ausplauderten, ohne weiteres zu töten. Diese sogenannten Fememorde bilden ein dunkles Kapitel in der Geschichte der deutschen Republik. Wie weit die maßgebenden Männer der Reichswehr, einschließlich Geßler und Seeckt, von der Praxis der Fememorde gewußt oder sie gar gebilligt haben, ließ sich mit Sicherheit nicht feststellen.

In den republikanischen Kreisen wurde seit 1920 die Entwicklung der geheimen Wehrverbände mit wachsender Besorgnis verfolgt. Man erklärte, daß die Freikorps und so weiter gegen einen ernsten äußeren Feind unbrauchbar seien und daß ihr wirklicher Zweck auf dem Gebiet der Innenpolitik liege. Die Freikorps könnten zwar gegen Franzosen und Polen nichts ausrichten, aber dafür könnten sie erfolgreich einen zweiten Kapp-Putsch vorbereiten. Jedes ernsthafte Einschreiten der deutschen Regierungsbehörden gegen die Freikorps wurde jedoch von der Reichswehr verhindert, und wenn Republikaner und Sozialisten in der Öffentlichkeit von den geheimen deutschen Rüstungen sprachen, wurden sie vom Reichsgericht als Landesverräter ins Gefängnis oder ins Zuchthaus geschickt. Die politischen Senate des Reichsgerichts hielten es für ihre Pflicht, in ihrer Rechtsprechung dem Staatsinteresse zu dienen. Als wahres Staatsinteresse galt aber für das Reichsgericht jedesmal das Gutachten des Sachverständigen des Reichswehrministeriums.

So hat der verderbliche Einfluß der militärischen Nebenregierung die republikanische Justiz und die republikanische Verwaltung lahmgelegt. Die politischen Urteile des Reichsgerichts und ebenso die entsprechenden Anträge der Reichsanwaltschaft sahen wie die bewußte Vorbereitung der Gegenrevolution aus. Unter dem Schutz von Armee und Justiz breiteten sich die Wehrverbände ungestört aus, und es schien nur eine Frage der Zeit und der geeigneten Situation, wann sie der Weimarer Republik den Todesstoß versetzen würden. Indessen hatten die großen offiziellen Organisationen der deutschen Rechten, wie schon oben betont wurde, in den Jahren 1921 und 1922 keine Neigung zu Putschen. Man überließ die undankbare Arbeit im Kampf gegen Reparation und Inflation der Regierung Wirth. Die Freikorpsführer wollten jedoch nicht so lange warten.

Zunächst sollte eine Serie politischer Morde die Republikaner demoralisieren und die feindliche Festung sturmreif machen. Im Juni 1921 wurde der als entschiedener Gegner der Wehrverbände bekannte sozialistische Abgeordnete Gareis in München ermordet. Im August desselben Jahres ermordeten zwei Ehrhardtleute den bestgehaßten Mann im Lager der Republik, Erzberger. Die Täter entkamen. Der Tod Erzbergers war wiederum ein überaus schwerer Verlust für die republikanische Sache in Deutschland. Trotz seiner persönlichen Schwächen war Erzberger ein ganzer Mann und ein wirklicher Kämpfer gewesen. Die Gegenrevolution hat in Deutschland mit erschreckender Folgerichtigkeit den Republikanern und Sozialisten alle wirklich bedeutenden Führer durch Mord entrissen. Im Juni 1922 wurde der Minister Rathenau, wiederum von Ehrhardtleuten, ermordet. Rathenau hatte als Vertreter der Erfüllungspolitik und dazu noch als Jude den Haß der »Völkischen« auf sich gezogen.

Die Ermordung Rathenaus löste eine außerordentliche Erregung der republikanischen Volksmassen aus. Der Reichskanzler Wirth tat, was in seinen Kräften stand, um die Abwehrfront gegen den völkischen Terror zu organisieren. Der Reichstag nahm ein sehr scharfes Ausnahmegesetz zum Schutz der Republik an, und ein eigener Staatsgerichtshof wurde geschaffen, um künftig die Verschwörer gegen die Republik abzuurteilen. Die Flucht der Mörder Rathenaus wurde von der Polizei verhindert, sie begingen Selbstmord, um der Verhaftung zuvorzukommen. Das Gesetz zum Schutz der Republik erwies sich jedoch als ein Fehlschlag. Denn im Staatsgerichtshof hatten bald wieder die politischen Reichsgerichtsräte die Führung. Sie schickten zwar mit Vorliebe Kommunisten ins Zuchthaus, schonten aber die vom Reichswehrministerium gedeckten völkischen Verschwörer.

In der deutschen Arbeiterschaft vollzogen sich in jenen Jahren bedeutsame Umgruppierungen. Schon im Jahre 1919 war es zur Spaltung der Kommunistischen Partei gekommen. Paul Levi und seine engeren Freunde hatten aus dem Gang der deutschen Revolution die Lehre gezogen, daß das utopische Abenteurertum jeden Erfolg des revolutionären Sozialismus verhindere. Die Kommunisten konnten nur dann unter den breiten Arbeiterschichten Deutschlands Einfluß gewinnen, wenn sie rücksichtslos das Abenteurertum ausschalteten. So provozierte der Kreis um Levi auf dem Heidelberger Parteitag die Spaltung. Die Zentrale legte dem Parteitag Thesen, besonders über die parlamentarische und Gewerkschaftsarbeit, vor, die kein Utopist annehmen konnte. Gleichzeitig wurde erklärt, daß jeder Gegner dieser Thesen sich außerhalb der Partei stelle.

Durch die Heidelberger Spaltung verlor der schon an sich zahlenmäßig schwache Spartakusbund die Mehrheit seiner Mitglieder. Die hinausgedrängten radikalen Utopisten gründeten zusammen mit einigen syndikalistischen Theoretikern die Kommunistische Arbeiterpartei, die aber nie einen nennenswerten Einfluß auf die deutsche Politik ausgeübt hat. Nun war der Weg frei für die Verschmelzung zwischen dem Spartakusbund und den Millionen von Arbeitern, die bisher sich zur USPD bekannten, aber in Wirklichkeit mit dem Kommunismus sympathisierten. 1920 kam es auf dem Parteitag in Halle zu der längst fälligen Spaltung der USPD. Die beiden Richtungen, die von Anfang an innerhalb der Unabhängigen Partei gestanden hatten, schieden sich nun in der Frage, ob man sich mit den Kommunisten verschmelzen solle oder nicht. Der linke Flügel, geführt von dem alten Kreis der Berliner revolutionären Obleute, war für die Verschmelzung, der rechte Flügel, die Gruppe des alten Parteivorstandes, war dagegen.

Die Richtung des alten Parteivorstandes hatte einen schweren Verlust durch den Tod Haases erlitten, den ein Irrsinniger, offenbar ohne politische Anstiftung, ermordet hatte. Die wichtigsten Vertreter dieser Richtung waren in den Parteikämpfen von 1920 Dittmann und Hilferding. An der Spitze des linken Flügels standen immer noch Däumig und seine engeren Freunde. Aber ihre Autorität in der Arbeiterschaft hatte sehr darunter gelitten, daß sie sich im Kapp-Putsch völlig hilflos und aktionsunfähig gezeigt hatten. Die Mehrheit des Halleschen Parteitages erklärte sich zwar für den Anschluß an die Dritte Internationale und für die Verschmelzung mit dem Spartakusbund, aber das bedeutete durchaus nicht, daß sie ein besonderes Vertrauen zu Däumigs Führung hatte. Ledebour lehnte den Anschluß an die Dritte Internationale ab und ging diesmal mit dem rechten Flügel.

Die Auseinandersetzungen innerhalb der USPD waren 1920 überaus heftig und leidenschaftlich. Im Grunde ging der Streit um die verschiedene Beurteilung der Aussichten der deutschen Revolution. Die entscheidende Streitfrage war: Wird die deutsche Arbeiterschaft imstande sein, nach dem offenkundigen Mißerfolg der Novemberrevolution in einer zweiten Revolution die Macht zurückzugewinnen, die sie im Laufe des Jahres 1919 verloren hatte? Der rechte Flügel der Partei, die alte Gruppe des Parteivorstandes, glaubte nicht an die Aussichten einer solchen zweiten Revolution: Nach den schweren Niederlagen, die sie erlitten habe, müsse die deutsche Arbeiterschaft zunächst in der Defensive bleiben. Unter Vermeidung putschistischer Abenteuer solle das deutsche Proletariat sich zunächst auf die legalen Kampfmittel beschränken. Es sei daran erinnert, daß diese Gruppe in der Partei von Anfang an daran gezweifelt hatte, ob eine schnelle Umwandlung Deutschlands in einen konsequent sozialistischen Staat möglich sei. Diese Richtung hätte sich zunächst mit einer entschiedenen Demokratisierung Deutschlands, verbunden mit vorsichtigen Schritten auf dem Wege zum Sozialismus, zufriedengegeben. Die Entrüstung über die Noske-Politik hatte im Jahre 1919 auch den rechten Flügel der USPD in eine scharfe

Opposition gegen die SPD gedrängt. Aber der Streit um Noske und seine Methoden war inzwischen durch die einfache Tatsache gegenstandslos geworden, daß die deutsche Arbeiterschaft die politische und militärische Macht verloren hatte. Die Entrüstung über das Jahr 1919 konnte nicht für ewige Zeiten die inneren Gegensätze in der USPD überbrücken.

Der linke Flügel der USPD hatte demgegenüber die Aufrichtung eines eindeutig sozialistischen Staates in Deutschland in der Form der Räterepublik verlangt. Er hatte die Verschmelzung mit dem Spartakusbund bisher nur vermieden, weil er mit dem abenteuerlichen lumpenproletarischen Anhängsel des Spartakismus nichts zu tun haben wollte. Seit dem Heidelberger Parteitag war dieses Hindernis beseitigt. Levi und seine Freunde waren ernsthafte Marxisten und keine Abenteurer. Die russischen Bolschewisten waren unbedingt für die Taktik Levis und gegen das ultralinke Abenteurertum. So konnten die Arbeitermassen der USPD, die eine Weitertreibung der deutschen Revolution wollten, sich ohne Bedenken der Dritten Internationale anschließen.

Auf dem Parteitag in Halle erklärte sich die Mehrheit der Delegierten, formell geführt von Däumig, für die Dritte Internationale. Die Vereinigung zwischen der linken USPD und dem Spartakusbund folgte bald darauf. Die Führung der neuen Partei, die sich erst Vereinigte Kommunistische Partei, danach einfach Kommunistische Partei Deutschlands nannte, übernahmen zunächst Levi und Däumig gemeinsam. Indessen hatte doch eine erhebliche Minderheit in Halle den Weg zu den Kommunisten nicht mitgemacht. Diese Gruppe, geführt von Hilferding, Dittmann und Ledebour, versuchte zunächst, die USPD als selbständige Partei fortzuführen. Ihre praktische Politik näherte sich jedoch immer mehr der Haltung der SPD. Die schwere Krise der deutschen Republik, wie die Ermordung Rathenaus sie besonders deutlich offenbarte, forderte eine Zusammenfassung der republikanischen und sozialistischen Kräfte. Im September 1922 kam es in Nürnberg zur Verschmelzung zwischen den alten Mehrheitssozialisten und dem größten Teil der rechten USPD. Nur ein kleiner Splitter unter Führung Ledebours wollte den Schritt zur SPD nicht mitmachen und blieb abseits.

Auf diese Weise war endlich die unnatürliche, aus den Kriegsverhältnissen stammende Dreiteilung der deutschen sozialistischen Arbeiterschaft überwunden worden. Jetzt standen sich zwei Massenparteien der sozialistischen Proletarier gegenüber, die den wirklichen Meinungsverschiedenheiten innerhalb des Proletariats entsprachen: die größere Partei, die zunächst auf dem Boden der Weimarer Verfassung und mit den Mitteln der Demokratie kämpfen wollte, und die kleinere, die eine zweite, rein sozialistische Revolution in Deutschland anstrebte. Wieder muß das traurige »Zu spät« über ein Kapitel der deutschen Republik gesetzt werden. Die richtigen Spaltungen, im Dezember 1918 vollzogen, hätten vielleicht die deutsche Revolution gerettet. Die neuen Parteien, die 1920 und 1922 entstanden, vermochten den Boden nicht zurückzugewinnen, den die deutsche Arbeiterschaft inzwischen verloren hatte.

Die alte mehrheitssozialistische Partei war zur Zeit der Verschmelzung mit der rechten USPD nicht mehr die Partei von 1919. Die Männer, die den Kurs von 1919 recht eigentlich präsentiert hatten, Scheidemann, Noske und Wolfgang Heine, hatten den führenden Einfluß in der Partei verloren. Ebert war durch sein Amt als Reichspräsident tatsächlich aus dem Bereich der Parteipolitik entrückt. Die Verschmelzung zwischen der SPD und der rechten USPD vollzog sich glatt und ohne Reibungen, trotz der schweren Vorwürfe, die sich beide Richtungen noch verhältnismäßig kurze Zeit vorher gemacht hatten. Auf beiden Seiten bestand der ehrliche Wille, den Parteistreit der Vergangenheit zu überwinden und gemeinsam im Interesse des sozialistischen Proletariats neu aufzubauen. Die erneuerte Sozialdemokratie hatte 1922 die erhebliche Mehrheit der deutschen Arbeiterschaft hinter sich. Vor allem beherrschte sie fast uneingeschränkt die freien Gewerkschaften.

Dennoch hat die erneuerte SPD die Stoßkraft des deutschen Proletariats nicht gesteigert. Die Schicht der führenden Funktionäre, sowohl die von der alten SPD als auch die von der USPD gekommenen, blickte durchaus pessimistisch auf die Lage der deutschen Arbeiterschaft. Man war so sehr von den Mißerfolgen des Proletariats erfüllt, daß man sich einen neuen revolutionären Vorstoß der deutschen Arbeiter nicht denken konnte. Die Partei hielt an den legalen Methoden der parlamentarischen Demokratie und des gewerkschaftlichen Kampfes fest, obgleich die fortschreitende Inflation sämtliche Grundlagen der bürgerlichen Gesellschaft erschütterte. Die Partei wollte tun, was sie konnte, um die schwere Situation des deutschen Proletariats zu erleichtern, um die Inflation zu bekämpfen, die Reparationsfrage zu einer erträglichen Lösung zu bringen und das völkische Verschwörertum unschädlich zu machen. Um diese Zwecke zu erreichen, war die SPD bereit, im Bunde mit anderen republikanischen Parteien in die Regierung zu gehen, aber sie glaubte nicht daran, daß die Arbeiterschaft in nächster Zeit imstande sein würde, gewaltsam und ausschließlich die Macht in Deutschland an sich zu reißen.

Ganz anders war die Stimmung in der neugebildeten kommunistischen Massenpartei. Die Arbeiter der KPD waren davon überzeugt, daß der unerfreuliche Gang der deutschen Revolution durch die schwächliche und schwankende Führung des Proletariats zu erklären sei. Die SPD habe genauso versagt wie die USPD. Aber nun werde die KPD mit Hilfe und unter Leitung der großen russischen Revolutionäre eine neue Wendung bringen. Die leitenden Männer der Partei hatten den Willen, sich zwar nicht gerade in jedes Abenteuer zu stürzen, aber doch keiner Gelegenheit zum Kampf auszuweichen, die sich aus der Situation der deutschen Arbeiterschaft ergeben würde. Das entsprach völlig der Linie der kommunistischen Internationale, wie sie auf dem 2. Kommunistischen Weltkongreß in Moskau 1920 unter entscheidendem Einfluß Lenins festgelegt worden war. Die Kommissare der Dritten Internationale, die aus Moskau nach Deutschland geschickt worden waren, arbeiteten im gleichen Sinn und suchten eifrig, die Bewegung vorwärtszutreiben.

Im März 1921 schien sich eine Gelegenheit zum Kampf zu bieten. Im mitteldeutschen Bergwerksgebiet von Mansfeld saß damals eine besonders radikale und entschlossene Arbeiterschaft. Infolge von kleinen örtlichen Konflikten schickte die preußische Regierung Polizeiverstärkung nach Mansfeld. Die Bergarbeiter betrachteten den Einmarsch der Staatspolizei als Provokation und griffen zu den Waffen. Max Hölz, ein proletarischer Freikorpsführer, der sich bei den Kapp-Kämpfen in Sachsen einen Namen gemacht hatte, wurde herbeigeholt und übernahm die Führung des Aufstandes. Die Zentrale der KPD hatte den Mansfelder Aufstand nicht veranlaßt. Sie hatte auch damals keinen Einfluß auf Hölz, der sich eher zur KAPD rechnete. Dennoch glaubte die Parteileitung, den Aufstand der Mansfelder Arbeiter unterstützen zu müssen. Kurz vorher waren Paul Levi und Däumig infolge eines Konflikts mit der russischen Führung aus der Leitung der KPD ausgeschieden. Der leitende Mann in der Partei wurde jetzt das frühere Mitglied des Spartakusbundes, Brandler, damals ein unbedingt ergebener Anhänger der Bolschewisten. Die Zentrale der KPD rief die gesamte deutsche Arbeiterschaft zum Generalstreik auf und hoffte, daß sich auch die sozialdemokratischen Arbeiter mitreißen lassen würden.

Die große Massenerhebung der deutschen Arbeiterschaft, die man erwartet hatte, blieb jedoch aus. Die organisierten Mitglieder der KPD gaben sich alle Mühe, die Losungen ihrer Parteileitung auszuführen. Die Masse der deutschen Arbeiterschaft blieb von den Mansfelder Vorgängen unberührt. Sie erblickte in diesem lokalen Konflikt nicht den Anlaß, sich zu erheben und den Entscheidungskampf mit dem Kapitalismus zu beginnen. So mißglückte der Generalstreik vollständig. Der bewaffnete Aufstand breitete sich über einige Nachbarbezirke von Mansfeld aus, brach dann aber an seiner völligen Aussichtslosigkeit zusammen. Dennoch hat der mitteldeutsche Märzaufstand von 1921 seine historische Bedeutung. Es war das letztemal, daß eine größere Zahl deutscher Arbeiter selbständig zu den Waffen griff. Nach dem März 1921 war die spontane revolutionäre Energie der deutschen Arbeiter, wie sie sich seit dem 9. November 1918 entwickelt hatte, zunächst abgekämpft. Es war die tragische Konsequenz der vielen bewaffneten Einzelkämpfe vom Januar 1919 bis März 1921, daß sie gerade die aktive Vorhut der deutschen Arbeiterschaft, vor allem in Mitteldeutschland und im Ruhrgebiet, aber auch in Sachsen und Bayern und in geringerem Umfange in den übrigen Landesteilen, lahmlegten. Ein Teil der entschlossenen Kämpfer war gefallen, ein anderer saß in Haft, der Rest war entmutigt.

Ein weiteres, ebenfalls für die Geschichte der deutschen Republik wichtiges Nachspiel hatte die Märzaktion innerhalb der KPD und der Dritten Internationale. Als die deutsche Delegation 1921 auf dem 3. Kommunistischen Weltkongreß in Moskau erschien, empfing Lenin sie mit den schärfsten Vorwürfen. Die russische Führung hatte nämlich inzwischen ihre Auffassung vom Gang der Weltrevolution völlig gewandelt. Lenin und sein Kreis glaubten nicht mehr, daß in nächster Zeit siegreiche Revolutionen der Arbeiter in Deutschland, Italien oder gar den übrigen Ländern Westeuropas möglich sein würden. Sowjetrußland könne keine Hilfe mehr von auswärtigen Revolutionen erwarten und müsse versuchen, durch eine vorsichtige Taktik, nur gestützt auf seine eigene Kraft, sich innerhalb der kapitalistischen Welt zu behaupten.

Die Sowjetregierung begann seit 1921 die Neue Wirtschaftspolitik. Sie machte wichtige Zugeständnisse an die russischen Bauern und an das private Kapital. Rußland bemühte sich um die Anerkennung durch die kapitalistischen Großmächte. Seit dem Vertrag von Rapallo lebte Sowjetrußland im Frieden mit der deutschen bürgerlichen Republik, und die Moskauer Staatsmänner sahen keinen Anlaß, der befreundeten bürgerlichen Regierung in Berlin Schwierigkeiten zu machen. Den kommunistischen Parteien außerhalb Rußlands wurde empfohlen, aussichtslose revolutionäre Aktionen zu vermeiden und sich statt dessen in den friedlichen Alltagskämpfen des Proletariats zu betätigen. Wenn Lenins Beurteilung der Lage richtig war, dann hatten eigentlich seit dem 3. Weltkongreß die kommunistischen Parteien ihre Existenzberechtigung verloren, und es war eine Entwicklung eingeleitet, die mit der Verschmelzung der Kommunisten und Sozialdemokraten auf der Grundlage des sozialdemokratischen Programmes enden mußte.

Tatsächlich wurde den deutschen Kommunisten von Moskau empfohlen, ein taktisches Bündnis mit den Sozialdemokraten, eine sogenannte »Einheitsfront« aller Arbeiter, zu schließen. Die deutschen Kommunisten sollten jetzt keine Propaganda mehr für eine revolutionäre Diktatur des Proletariats machen, sondern nur noch eine parlamentarische Arbeiterregierung anstreben. Das wäre ungefähr eine Regierung Wirth, vermehrt durch koalitionsbereite Kommunisten, gewesen. Das letzte Ziel der russischen Machthaber war offenbar, die Rapallo-Idee auch auf die deutsche Innenpolitik zu übertragen und die Kommunisten für die SPD und die christlichen Gewerkschaften bündnisfähig zu machen.

Die Schwenkung der kommunistischen Taktik war freilich in der zweiten Hälfte des Jahres 1921 so überraschend, daß die deutsche Öffentlichkeit sie nicht für ernst hielt, und die sozialdemokratischen Führer blieben zunächst gegenüber dem kommunistischen Liebeswerben skeptisch. Ein besonderes Mißgeschick wollte es, daß die kommunistische Internationale zur selben Zeit in Deutschland gerade den Führer verlor, der am besten die neue Taktik hätte durchführen können, nämlich Paul Levi. Die Märzaktion war von Levi und seinen engeren Freunden aufs schärfste mißbilligt worden. In einer Broschüre, die Levi sofort nach der Aktion veröffentlichte, schrieb er sachlich ungefähr dasselbe, was Lenin von der Tribüne des Moskauer Kongresses herab den deutschen Kommunisten vorhielt. Aber Levi verband mit seiner Kritik der Märzaktion scharfe Angriffe gegen die russische Führung, der er die Mitschuld an den deutschen Ereignissen gab. Lenin und die anderen führenden Bolschewisten wollten jedoch um jeden Preis ihre Autorität innerhalb der kommunistischen Internationale wahren: Wenn die kommunistischen Parteien des Auslandes in Deutschland usw. keine Revolution machen konnten, dann sollten sie wenigstens die Propaganda für Sowjetrußland fortsetzen. So mißbrauchten die Moskauer Führer, Lenin selbst und in noch viel stärkerem Grade später Sinowjew und Stalin, den naiven Glauben der radikalen europäischen Arbeiterschaft an die russische Revolution.

Man erzählte den gutgläubigen Kommunisten Deutschlands usw., daß die neue Einheitsfront-Taktik nur ein schlaues Manöver sei, um am Ende doch noch den Sieg der Revolution herbeizuführen. Rußland sei immer noch so revolutionär wie früher, auch wenn es jetzt neue Methoden anwende. Jeder gute kommunistische Arbeiter müsse an Rußland glauben, und wer gegen die Autorität der Bolschewisten auftrete, sei ein Gegenrevolutionär und Verräter. Im Interesse der Moskauer Autorität wurde die Kritik Paul Levis mit dem Ausschluß aus der Partei bestraft. Levi, der an keine unmittelbare revolutionäre Situation in Deutschland glaubte, ging mit einer kleinen Gruppe seiner persönlichen Anhänger zur Sozialdemokratie.

Die neue Moskauer Taktik hat in kurzer Zeit die Stoßkraft und das selbständige politische Leben in der KPD getötet. Der russische Einfluß verschaffte einer ergebenen Bürokratie die Führung in der Partei. Das waren Männer, die jedem Wink aus Moskau gehorchten, von der Revolution nichts mehr wissen wollten, die Einheitsfront-Taktik propagierten und die besorgten Fragen der radikalen Mitglieder mit geheimnisvollen Andeutungen beschwichtigten. Es wäre die historische Aufgabe der KPD gewesen, in kritischen Zeiten, wenn die vorsichtige legale Taktik der SPD nicht ausreichte, die Führung des deutschen Proletariats an sich zu reißen. Ungefähr seit Sommer 1921 war indessen die KPD genauso aktionsunfähig wie die SPD. Der Unterschied war nur der, daß die Sozialdemokraten ihre pessimistische und vorsichtige Auffassung der Dinge offen und ehrlich vor den deutschen Arbeitern vertraten. Die offizielle KPD mit ihrer scheinradikalen Doppelzüngigkeit glaubte ebensowenig an eine zweite deutsche Revolution, verband aber ihre friedliche Praxis mit dem Gerede von der russischen Revolution und täuschte so ihre eigene Mitgliedschaft. Es bildete sich in diesen Jahren eine linke Opposition in der KPD, die sich vor allem auf die Organisationen in Berlin und Hamburg stützte. Die Linke wollte die Manöver der Einheitsfront-Taktik nicht mitmachen und verlangte die Fortsetzung des konsequent revolutionären Kurses. Sie hatte jedoch auf die Parteiführung keinen Einfluß.

Trotz der neuen Parteigründung ging die deutsche Arbeiterbewegung in den Jahren 1921 und 1922 weiter abwärts. In der SPD herrschte tiefer Pessimismus, und die KPD wurde durch die Manöver der russischen Staatspolitik lahmgelegt. Es gelang nicht, eine neue Kräfteverschiebung zugunsten des deutschen Proletariats herbeizuführen, sondern in Wirklichkeit hatte sich die Gegenrevolution bis Ende 1922 immer mehr verstärkt. Die Regierung Wirth, die mit den beiden Gespenstern, der Reparation und der Inflation, nicht fertigwerden konnte, verlor im November 1922 die Mehrheit im Reichstag. Wirth glaubte, auf der alten Grundlage nicht weiterregieren zu können, und wollte das Großkapital, vertreten durch die Deutsche Volkspartei, wieder in die Reichsregierung aufnehmen. Die Sozialdemokraten wollten bei einer solchen Koalition nicht mitwirken. Wirth wurde gestürzt, und nun war der Weg für eine rein großkapitalistische Regierung frei.

Die vergeblichen Kämpfe der Jahre 1920 bis 1922 haben den demokratischen Flügel des Zentrums genauso verbraucht, wie die Sozialdemokratie in den Jahren 1919/20 abgenutzt worden war. Die katholischen Bauern West- und Süddeutschlands verloren das Interesse an der demokratischen Republik und waren bereit, zusammen mit ihren evangelischen Berufsgenossen an einer Umgestaltung Deutschlands im konservativen und autoritativen Sinn mitzuwirken. In der Zentrumspartei gewann seit 1923 der rechte konservative Flügel, der sich vor allem auf die Landwirte und Beamten stützte, die Oberhand. Die demokratische Periode des deutschen Katholizismus, die Erzberger im Jahre 1917 eingeleitet hatte, war zu Ende. Nicht nur unter den katholischen Mittelklassen hatte der demokratische Gedanke seine Zugkraft verloren. Unter dem Eindruck der ständigen Mißerfolge der Weimarer Republik und der Sozialdemokratie vollzogen auch die Führer der christlichen Gewerkschaften eine folgenschwere Schwenkung. Männer wie der christliche Gewerkschaftler Stegerwald wollten zwar auch künftig die Berufsinteressen der katholischen Arbeiter eifrig verteidigen. Aber sie glaubten nicht, daß das Interesse der katholischen Arbeiter unbedingt ein Bündnis mit der Sozialdemokratie und die Verteidigung der demokratischen Republik verlange: Auch innerhalb eines konservativen Deutschlands mit einer gewissen ständischen Gliederung könnten die christlichen Gewerkschaften ihre Machtstellung behaupten. Innerhalb einer Rechtsregierung würden die katholischen Arbeiter die Brücke zu den breiten Volksmassen darstellen und erst recht unentbehrlich sein. Eine solche Taktik war scheinbar sehr klug, und sie empfing offenbar durch die späteren Bürgerblockregierungen bis 1928 eine gewisse Rechtfertigung. In Wirklichkeit bedeutete diese Methode, trotz aller Entschuldigungen und Rechtfertigungen, den Übergang der christlichen Gewerkschaften Deutschlands ins Lager des Klassenfeindes. Die Katastrophe der deutschen Republik unter Brüning ist durch solche Gedankengänge Stegerwalds und seiner Freunde wesentlich mitverschuldet worden.

Seit 1923 war innerhalb der Zentrumspartei die entschieden demokratische Gruppe, unter Wirth, eingeklemmt zwischen dem offenen konservativen Flügel auf der einen Seite und dem zu allen möglichen Diktaturexperimenten bereiten Gewerkschaftsflügel auf der anderen Seite. So war die demokratische Tendenz im Zentrum seit 1923 machtlos. In die kommenden schweren Krisen der deutschen Republik ging die sozialistische Arbeiterschaft parteipolitisch vollständig isoliert hinein.

VII. Kapitel

Ruhrbesetzung und Inflation 1923

Nach dem Sturz der Regierung Wirth im November 1922 wurde eine Regierung des Großkapitals gebildet. Reichskanzler wurde der Generaldirektor der Hamburg-Amerika-Linie, Cuno. Er bildete sein Kabinett aus sogenannten unpolitischen Fachleuten, Vertretern der Deutschen Volkspartei und des konservativen Zentrumsflügels. Dazu kamen Geßler und der Demokrat Oeser als Reichsinnenminister. Die Deutschnationalen waren formell in der neuen Regierung nicht vertreten, aber sie unterstützten Cunos Kurs. Cunos Aufgabe war, den nationalen Widerstand gegen die Forderungen der Entente zu organisieren.

Man konnte von Cuno billigerweise nicht erwarten, daß er eine Arbeiterpolitik machen würde. Im Rahmen der Klasse, zu der er gehörte, war er ein durchaus verständiger Mann. Er hat die wesentlichen Probleme der damaligen deutschen Politik richtig gesehen. Cuno ist nicht daran gescheitert, daß seine politischen Grundgedanken falsch waren, sondern daran, daß sich eine wirklich nationale Politik im Bunde mit der engherzigen und egoistischen deutschen Kapitalistenklasse gar nicht durchführen ließ. Cuno war nicht stark genug, um seine nationale Linie im Kampf gegen das deutsche Kapital durchzusetzen. Er wollte zugleich national sein und der Mann der besitzenden Klasse, und diese beiden Eigenschaften ließen sich, wie der Verlauf des Jahres 1923 beweist, nicht miteinander vereinen.

Cuno hatte keineswegs die Absicht, die Franzosen zu provozieren und die Reparationszahlung zu verweigern. Im Gegenteil, er machte der Entente außerordentlich weitgehende, durchaus positive Vorschläge über die Art, wie Deutschland seine Reparationsverpflichtungen erfüllen würde. Aber Cuno verlangte eine Gesamtlösung, die der wirklichen Zahlungsfähigkeit Deutschlands Rechnung trug. Er wollte nicht die unglückselige Methode seiner Vorgänger fortsetzen, die jedes Ultimatum der Entente annahmen, dann sofort um Aufschub bitten mußten und so Deutschland von einem Zahlungstermin zum andern weiterschleppten, ohne daß irgendeine Lösung zu sehen war. Wenn aber die

Entente auf die ehrlichen und weitgehenden Angebote Deutschlands nicht eingehen wollte, dann mußte den Siegermächten überlassen werden, zu tun, was sie wollten. Deutschland konnte keinen Krieg führen, aber es konnte der Ruhrbesetzung und andern Zwangsmaßregeln einen entschlossenen passiven Widerstand entgegensetzen.

Ein solcher nationaler Widerstand war jedoch nur denkbar, wenn die Inflation, das heißt die Ausplünderung der deutschen Volksmassen durch eine kleine Schicht von Spekulanten, sofort aufhörte. Cuno wollte, parallel zu seiner aktiven Außenpolitik, die nötigen Maßregeln ergreifen, um die Inflation zu beenden. All dies war durchaus richtig und der Situation entsprechend. So fand die Regierung Cuno in den ersten Monaten ihrer Tätigkeit eine so weitgehende Unterstützung im deutschen Volke, wie sie keiner andern Regierung seit 1918 zuteil geworden war. Im Reichstag wurde Cunos Taktik gegenüber der Entente von allen bürgerlichen Parteien und von den Sozialdemokraten unterstützt. Die Kommunisten lehnten zwar einen formellen Burgfrieden mit der Regierung ab, aber sie billigten durchaus den nationalen Widerstand gegen Frankreich. So schien die Zeit vom August 1914 zurückzukehren und nach all den furchtbaren Erschütterungen der deutschen Gesellschaft, wie durch ein Wunder, die nationale Eintracht neu geschmiedet zu sein. Es sollte sich jedoch nur zu bald zeigen, daß die entgegengesetzten Interessen der einzelnen Klassen sich mit der nationalen Einheit nicht vertrugen.

Die französische Regierung unter Poincaré lehnte die Vorschläge Cunos ab, sie bestand darauf, daß Deutschland alle die Zahlungen und Leistungen aufbrachte, die von der Entente in den beiden letzten Jahren verlangt worden waren. Wenn Deutschland nicht zahlte, sollten Zwangsmaßregeln ergriffen werden. Es war nicht schwer, eine Verfehlung Deutschlands festzustellen, da ja Deutschland tatsächlich die vorgeschriebenen Leistungen nicht getan hatte. Die französische Regierung stellte zunächst fest, daß Deutschland die vorgeschriebenen Mengen an Holz und Kohle nicht geliefert habe. Frankreich würde deshalb das Ruhrgebiet besetzen, um dort die nötigen Kohlenmengen zu beschlagnahmen. Am 11. Januar marschierte eine französisch-belgische Armee im Ruhrgebiet ein. England und Italien beteiligten sich an der französischen Aktion nicht, taten aber auch nichts, um die Pläne Poincarés zu verhindern.

Die deutsche Regierung nahm den Kampf auf. Sie verbot jede weitere Zahlung oder Lieferung an die Mächte, die ihre Truppen ins Ruhrgebiet geschickt hatten. Die deutschen Beamten im Ruhrgebiet sollten jede Unterstützung der eingedrungenen fremden Armee verweigern. Diese Anordnungen wurden befolgt. Die französischen Generäle antworteten mit der Entfernung der deutschen staatlichen Beamten aus dem Ruhrgebiet und mit der Wegnahme der deutschen Eisenbahnen. Das Verhältnis zwischen den französischen Truppen und der deutschen Bevölkerung im besetzten Gebiet wurde immer schlechter. Es kam zu Zusammenstößen. Die französischen Soldaten schossen auf deutsche Demonstranten. Man nahm Massenverhaftungen und Massenausweisungen vor allem von deutschen Beamten aus dem Ruhrgebiet vor.

Es war nicht zu verhindern, daß die französische Armee sich im Ruhrgebiet niederließ und dort die Verwaltung übernahm. Ein wirklich erfolgreicher deutscher Widerstand war nur auf dem Gebiet der Wirtschaft möglich. Die französische Regierung hatte ihre Soldaten ins Ruhrgebiet geschickt, um dort Kohlen zu holen. Darauf gab es von deutscher Seite nur eine mögliche Antwort, daß nämlich sämtliche Zechen sofort ihre Tätigkeit einstellten. Frankreichs Reiter und Artilleristen konnten aus der Erde keine Kohle herausholen. Wie sollte man so schnell eine halbe Million geschulte und ortskundige Arbeiter ersetzen?

Der nationale Generalstreik, mit dem die Arbeiter des Ruhrgebiets den Einmarsch der Franzosen und Belgier beantworten wollten, ist jedoch nicht zustande gekommen, und zwar wurde er durch die Unternehmer verhindert. Die Zechenbesitzer hielten ihre Betriebe offen, denn sie hatten gar keine Lust, den Verlust zu tragen, den die Stillegung der Produktion trotz aller Reichsentschädigungen gebracht hätte. Die Franzosen verboten gleich nach der Besetzung des Ruhrgebiets jede Ausfuhr von Kohlen ins unbesetzte Deutschland. Die deutschen Unternehmer redeten sich damit aus, daß sie Kohlen für die Einwohner und für die Industrien des besetzten Gebiets fördern müßten. Ferner müsse man Kohlenreserven vorrätig haben, damit man für den Fall eines Kompromisses zwischen Frankreich und Deutschland sofort das unbesetzte Gebiet wieder beliefern könne. Dieser Standpunkt der »patriotischen« Unternehmer setzte sich durch. So ist zwar die Kohlenförderung im Ruhrgebiet durch die abnormen Verhältnisse vielfach eingeschränkt und gestört worden, aber sie stand niemals still.

Der sogenannte passive deutsche Widerstand des Jahres 1923 ist daher eigentlich eine Legende[1]. So traurig auch im allgemeinen die Situation für die deutschen Volksmassen an Rhein und Ruhr war, der wirklich entscheidende Wirtschaftskampf um die Kohle trug die Züge einer Tragikomödie. Man denke sich eine durchschnittliche Zeche des Ruhrgebiets. Die Arbeiter fördern friedlich die Kohle und häufen sie auf Halden auf. Eines Tages erscheint auf der Zeche französisches Militär. Die deutschen Arbeiter und Grubenbeamten verlassen entrüstet die Zeche. Die Franzosen bleiben allein und räumen mühsam mit Hilfe von mitgebrachten fremden Arbeitern die Halden ab. Nachdem die

Franzosen die vorhandenen Kohlen weggebracht hatten, verließen sie die Zeche. Sofort tauchten die deutschen Arbeiter und Beamten wieder auf und setzten die Arbeit fort, bis neue Kohlenberge auf den Halden aufgespeichert waren, die Franzosen zurückkehrten usw. Das Ganze nannte sich »nationaler passiver Widerstand«.

Cuno hätte dieses Treiben der deutschen Zechenbesitzer nicht dulden dürfen. Die Reichsregierung hätte die Stillegung der gesamten Industrie im besetzten Gebiet befehlen und jeden Zechenbesitzer, der eine Grube weiter bearbeiten ließ, als Landesverräter betrachten müssen. Ohne Zweifel hätte sich damit das Elend im besetzten Gebiet außerordentlich gesteigert, aber wenn man schon Krieg führte, durfte man vor keiner Konsequenz zurückschrecken. Die deutschen Arbeiter waren damals zu jedem Opfer bereit, aber die Großindustriellen wollten auf ihre Profite nicht verzichten. Um die sabotierenden Kapitalisten mit eiserner Hand unter die nationalen Notwendigkeiten zu beugen, wäre eine Regierung im Geiste von 1793 nötig gewesen, aber Cuno war kein Robespierre. Er fühlte sich trotz allem als der Kollege der westdeutschen Kapitalisten und konnte gegen sie nicht durchgreifen. So war der passive Widerstand von Anfang an eine traurige Halbheit, und die französischen Behörden konnten triumphierend feststellen, daß die Menge der von ihnen im Ruhrgebiet erfaßten Kohle ständig zunahm.

Im Januar 1923 hatte die Regierung Cuno der Inflation durch geeignete Maßregeln Halt geboten und einen stabilen Kurs geschaffen, bei dem der Dollar ungefähr den Wert von 20 000 Mark hatte. Bis April hielt sich diese Währung stabil, dann war die Geduld der spekulierenden deutschen Finanzleute und Industriellen erschöpft. Die Dämme brachen, und in den nächsten Monaten versank die Papiermark buchstäblich ins Nichts. Wiederum hatte die Kapitalistenklasse die Front des nationalen Widerstandes durchbrochen. Sie hatte nicht Deutschland, sondern ihren Profit über alles gestellt. Und auch hier konnte Cuno die nötigen diktatorischen Maßregeln nicht ergreifen, weil er der Gefangene seiner eigenen Klasse war. Als der Dollarkurs in die Region der Milliarden emporkletterte, war damit der passive Widerstand tatsächlich erledigt und Cunos Plan gescheitert.

Es kamen in Deutschland die wahnwitzigen Monate, in denen man für ein Brot Papierscheine hingeben mußte, auf denen Milliarden oder gar Billionen aufgedruckt waren. Tatsächlich hatte das deutsche Reichsgeld jeden Wert verloren. Die schon oben skizzierten Nutznießer der Inflation, die Finanzspekulanten, Großindustriellen und Großgrundbesitzer, hatten goldene Zeiten. Da die deutschen Unternehmer mit lächerlich geringen Unkosten produzieren konnten, waren auf dem Weltmarkt die deutschen Preise niedriger als die Angebote jeder Konkurrenz. Darum wurde in Deutschland im Jahre 1923 ziemlich viel produziert, und die Waren gingen als Schleuderexport ins Ausland. Die Opfer der Inflation waren die deutschen Mittelschichten, die Lohn- und Gehaltsempfänger. Die deutschen Sparer verloren nun das Letzte.

Die systematische Enteignung des deutschen Mittelstandes, nicht etwa durch eine sozialistische Regierung, sondern in einem bürgerlichen Staat, der den Schutz des Privateigentums auf seine Banner geschrieben hatte, ist ein beispielloses Ereignis. Es war eine der größten Räubereien der Weltgeschichte. 1927 hielt Stresemann als Träger des Nobelfriedenspreises in Oslo ein Rede, in der er unter anderem erklärte:

> »Der Geschichtsforscher sieht heute noch den Ausgang des Krieges für Deutschland vielfach nur in verlorenen Gebietsteilen, verlorener praktischer Kolonialbetätigung, verlorenem Staats- und Volksvermögen. Er übersieht vielfach den schwersten Verlust, den Deutschland miterlitten hat. Dieser schwerste Verlust bestand meiner Auffassung nach darin, daß jene geistige und gewerbliche Mittelschicht, die traditionsgemäß Trägerin des Staatsgedankens war, ihre völlige Hingabe an den Staat im Kriege mit der völligen Aufgabe ihres Vermögens bezahlte und proletarisiert wurde. Wie weit die Staatsräson dazu befugt war, dieses Opfer von einer ganzen Generation zu fordern, dieses Opfer, das darin bestand, daß das vom Staat ausgegebene Geld wertlos und nicht wieder ersetzt wurde, darüber ist der Streit der Geister und vielleicht auch die Praxis der Gesetzgebung bis heute nicht zum Abschluß gekommen.«

Stresemann sah die Tatsache durchaus richtig, aber als der Repräsentant einer deutschen kapitalistischen Regierung setzte er vorsichtig an Stelle des Wortes »Raub« den eleganten Ausdruck »Staatsräson«. Die deutsche Arbeiterschaft hatte nur wenige Ersparnisse zu verlieren, aber sie litt in anderer Art genauso schwer wie der Mittelstand. Zwar war die Zahl der Arbeitslosen in Deutschland 1923 verhältnismäßig gering. Jedoch schrumpfte vom April bis Oktober der Reallohn immer mehr zusammen, da die riesigen Papiermarkbeträge, die der Arbeiter ausgezahlt erhielt, fast gar keine Kaufkraft mehr hatten. Die Folge war eine ungeheuerliche Notlage der breiten Volksmassen. Ein kundiger Beobachter hat für den Oktober dieses Schreckensjahres berechnet, daß der Lohn eines qualifizierten Facharbeiters für eine volle Arbeitswoche gerade ausreichte, um einen Zentner Kartoffeln zu kaufen. Der Lohn für neun bis zehn Arbeitsstunden war nötig, um ein Pfund Margarine zu bezahlen. Für ein Pfund Butter hätte der Arbeiter zwei volle Tage schaffen müssen. Ein Zentner Briketts kostete den Lohn von zwölf Arbeitsstunden. Ein Paar einfache Stiefel erforderten den Verdienst von sechs Wochen und ein Anzug den Lohn von zwanzig Wochen.

Die Folge solcher Zustände war ein beispielloses Massenelend[2]. Der

Oberbürgermeister von Berlin veröffentlichte zu Anfang des Jahres 1923 eine amtliche Broschüre über die Not in Berlin. Sein Material berücksichtigt im allgemeinen nur das Jahr 1922, alo gar nicht die schlimmste Zeit der Inflation. Dennoch sind seine Zahlen und Notizen eindringlich genug. So waren im Berliner Bezirk Pankow 1922 unter den schulentlassenen Kindern 22 Prozent der Knaben und 25 Prozent der Mädchen nach Größe und Gewicht unter normal. Aus gesundheitlichen Gründen waren 31 Prozent der Knaben und 30 Prozent der Mädchen nicht berufsfähig. Im Bezirk Schöneberg waren im Jahr 1913 von den schulentlassenen Kindern tuberkulös oder tuberkuloseverdächtig 8 Prozent; im Jahre 1922 waren es 15 Prozent, und 1923 ist ohne Zweifel die Ziffer weiter gestiegen[3].

In der amtlichen Broschüre heißt es weiter:

> »Erschütternde Berichte des Jugendamtes und der Hauptfürsorgestelle für Kriegsbeschädigte und Hinterbliebene beleuchten das herrschende Elend der Kinder. Zahlreiche Kinder, auch im zartesten Alter, erhalten nie einen Tropfen Milch, kommen ohne warmes Frühstück zur Schule. Als Schulfrühstück erhalten sie trockenes Brot oder als Aufstrich gequetschte Kartoffeln. Die Kinder gehen vielfach ohne Hemd und warme Kleidungsstücke zur Schule oder werden aus Mangel an Leib- und Unterwäsche ganz vom Schulbesuch zurückgehalten. Die Not erstickt allmählich jedes Gefühl für Ordnung, Sauberkeit und Sitte und läßt nur noch dem Gedanken an Kampf gegen Hunger und Kälte Raum.«

So lebte das deutsche Proletariat im Zeichen der Inflation.

Als die Franzosen das Ruhrgebiet besetzten, traf auch die Reichswehr ihre Vorbereitungen für die veränderte Situation. Deutschland verfügte zwar damals über Millionen von militärisch ausgebildeten Männern, die den Weltkrieg mitgemacht hatten, nebst der nötigen Anzahl von Offizieren. Es fehlten jedoch entscheidende Waffen des modernen Krieges, wie Kampfflugzeuge, schwere Artillerie und Tanks. So konnte die Reichswehrleitung dem französischen Einmarsch ins Ruhrgebiet keinen bewaffneten Widerstand entgegensetzen. Aber es konnten sich doch neue Situationen ergeben, denen Deutschland nach Meinung der Generäle mit einem rein passiven Widerstand nicht zusehen würde. Vielleicht benutzten die Polen die Schwierigkeiten Deutschlands im Westen, um die deutsche Ostgrenze anzugreifen. Oder die Franzosen rückten östlich des Ruhrgebiets in Richtung auf Berlin weiter vor. Für solche Fälle wollte man gerüstet sein.

Die Reichswehrleitung beschloß, die Armee über die 100 000 Mann hinaus zu verstärken, die der Friedensvertrag erlaubte. Die lockere Bindung, die bisher zwischen der Reichswehr und den Wehrverbänden bestanden hatte, genügte nicht. Es wurden jetzt regelrechte neue Truppenteile aufgestellt, die man unter einer leichten Verkleidung, zum Beispiel unter dem Namen »Arbeitskommandos«, der Reichswehr angliederte. Die neuen Formationen, die offiziell nach dem Wortlaut des Friedensvertrages nicht existieren durften, nannte man allgemein die »Schwarze Reichswehr«. Psychologisch war der Moment für eine Verstärkung des deutschen Heeres so günstig wie niemals zuvor seit dem 9. November. Das deutsche Volk billigte einheitlich, ohne Unterschied der Partei, den Widerstand gegen Frankreich und war zu großen Opfern bereit. Dennoch war das Resultat der Heeresverstärkung kümmerlich. Ein Gewährsmann, der das Richtige wissen mußte, schätzt die gesamte Verstärkung der Reichswehr durch alle möglichen Formationen auf 50000 Mann. Dabei waren die neuen Soldaten durchaus nicht immer die besten Elemente. Es waren vielfach durchaus unzuverlässige und abenteuerliche Naturen, an denen die Heeresleitung nur wenig Freude hatte[4].

In den Jahren 1807—1813 hatte Preußen unter den schwersten Umständen, unter schärfster Kontrolle des französischen Siegers, erfolgreich eine illegale Heeresverstärkung durchgeführt. Als 1813 der Krieg ausbrach, stand plötzlich das preußische Volksheer bereit, und es hat bewunderungswürdig und im besten Geist gekämpft. Warum waren Geßler und Seeckt nicht imstande, das Werk von Scharnhorst und Gneisenau zu wiederholen? Warum sind auch alle anderen Versuche so kläglich gescheitert, nach 1918 in Deutschland Scharnhorst zu spielen? Gneisenau und Scharnhorst waren politisch die radikalsten Männer des damaligen Preußen. Sie kämpften für die bürgerliche Demokratie und gegen den überlebten Adelsstaat. Sie waren mit den Massen des armen Volkes verwachsen, und darum konnten sie ohne Fememorde und Verschwörertum ein illegales Volksheer aufstellen.

Nach 1918 sollte aber die nationale Befreiung im Namen des Großkapitals und des Großgrundbesitzes gemacht werden. Die Nachkommen gerade der Schichten, die 1813 den Reformern das Leben so sauer gemacht hatten, spielten sich jetzt als die alleinigen Träger der nationalen Idee auf. General von Seeckt war ein hervorragender militärischer Fachmann, als Stabschef des Oberkommandos Mackensen hatte er im Weltkrieg viele Schlachten siegreich geleitet, aber als Politiker war Seeckt durchaus konservativ, ein Mann der Tradition und ohne jedes Verständnis für die handarbeitenden Massen. Der Geist des Reichswehrministeriums war von Anfang an der Geist der Gegenrevolution. Die deutschen Arbeiter und überhaupt die Republikaner fürchteten gar nicht so mit Unrecht, daß verstärkte deutsche Rüstungen sich nicht gegen den äußeren Feind, sondern vor allem gegen die demokratische Republik richten würden. Es war gerade die umgekehrte Lage gegenüber dem Jahre 1813: Damals zitterten König Friedrich Wilhelm III. und sein Hof vor der eigenen radikalen Landwehr.

So waren eine wirkliche Volksbewaffnung und die Aufstellung eines geheimen Volksheeres im Deutschland von 1923 unmöglich. Die Reichswehr mußte, wenn sie neue Rekruten suchte, sich auf die völkischen Kreise, die alten Freikorpsleute und Berufsverschwörer verlassen. In ihrem Bestreben, die Schwarze Reichswehr[5] aufzubauen, gerieten die Generäle sehr bald in einen scharfen Konflikt mit den völkischen Führern, die gar keine Lust hatten, blind und aus reinem Idealismus der Reichswehr zu dienen. Kurz vorher war es auch schon zu einem offenen Bruch zwischen den Freikorpsleuten und den großen politischen Parteien der deutschen Gegenrevolution gekommen. Die aktiven Elemente unter den ehemaligen Freikorpsoffizieren und Mannschaften wollten die langsamen legalen Methoden der Deutschen Volkspartei und der Deutschnationalen nicht mehr ertragen. So kam es gegen Ende 1922 zur offenen Abspaltung der Freikorpsführer und ihrer Freunde von der Deutschnationalen Partei. Es entstand die neue deutschvölkische Freiheitspartei. Drei deutschnationale Abgeordnete, die den Freikorps besonders nahestanden, von Graefe, Wulle und Henning, machten die Spaltung mit. Die schon etwas ältere Nationalsozialistische Partei in München blieb selbständig, arbeitete aber politisch mit der völkischen Partei in Norddeutschland zusammen.

Als die Reichswehr daranging, ihre schwarzen Formationen aufzustellen, wollte sie die einzelnen Freikorpsleute gern dafür gewinnen, aber nur als Einzelpersonen, nicht als geschlossene Verbände unter ihren alten Führern. Darauf wollten die alten Freikorpsführer nicht eingehen, denn das wäre das Ende ihrer Verbände und ihr eigener politischer Tod gewesen. Die deutschvölkische Partei war sofort darangegangen, ihren eigenen großen Wehrverband zu gründen, der den harmlosen Namen der völkischen Turnerschaften trug. Der Führer der Turnerschaften wurde ein bekannter Freikorpsführer aus dem Baltikum, Oberleutnant Roßbach.

Roßbach und Graefe wandten sich, sobald sie die Absichten der Reichswehrleitung erkannten, direkt an den Reichskanzler Cuno. Sie suchten ihm klarzumachen, daß seine Politik über kurz oder lang neben dem außenpolitischen Kampf gegen Frankreich auch noch zu einem innerpolitischen Konflikt mit den Sozialdemokraten und Kommunisten führen müsse. Die Reichsregierung brauche starke Kampfverbände, auf die sie sich gegen den inneren wie gegen den äußeren Feind fest verlassen könne. Man müsse alle Wehrverbände zusammenfassen unter Führung des Generals Ludendorff, und diese ganze vereinte Macht werde zur Verfügung Cunos stehen. General Ludendorff, ohne Zweifel der bedeutendste Feldherr seiner Zeit, sympathisierte mit den völkischen Bestrebungen. Er hatte 1920 den Kapp-Putsch unterstützt und war jetzt wieder bereit, den völkischen Wehrverbänden zu helfen.

Wäre Cuno auf diese Vorschläge eingegangen, so hätte sich in Deutschland nicht nur eine völkische Nebenregierung, sondern auch eine völkische Gegen-Reichswehr gebildet. Die Reichswehrgeneräle wollten sich auf keinen Fall eine solche, von ihnen tatsächlich unabhängige, mit ihnen konkurrierende Leitung gefallen lassen. Cuno vertröstete die völkischen Führer mit unverbindlichen Worten, und inzwischen handelte die Reichswehr. Im März wurde Oberleutnant Roßbach verhaftet und auf Anordnung des Oberreichsanwalts bis zum Oktober in Haft gehalten. Die Anschuldigung gegen Roßbach und seine Freunde gründete sich auf das Republikschutzgesetz. Man sieht aus diesem Fall, daß der Oberreichsanwalt und das Reichsgericht plötzlich eine eiserne Energie zum Schutz der Republik und gegen Verschwörer von rechts entfalteten, sobald das Reichswehrministerium es befahl. Für den Augenblick hatte die Reichswehrleitung auf der ganzen Linie gesiegt. Bei den politischen Aktionen des Reichswehrministeriums spielte in diesem Jahre bereits der dort arbeitende Oberst Schleicher eine wichtige Rolle.

Es ist begreiflich, daß dieser Streit zwischen Reichswehr und Freikorps für die Entwicklung der »Schwarzen Reichswehr« nicht gerade förderlich war. Unter den Rekruten und auch den neu eingestellten Offizieren der »Schwarzen Reichswehr« waren nicht wenige, die viel lieber den Parolen der völkischen Freikorpsführer folgten als den Weisungen der Reichswehrbehörden. Seit März 1923 war der Bruch zwischen Reichsregierung und Reichswehrleitung auf der einen Seite und den Völkischen und den Freikorps auf der andern Seite in ganz Deutschland außer Bayern offenkundig. Man darf dies jedoch keineswegs als eine reinliche Scheidung für oder gegen den völkischen Gedanken auffassen. Nach wie vor blieb die große Masse der Wähler der Deutschnationalen und der Deutschen Volkspartei, ganz besonders aus akademischen und militärischen Kreisen, für die völkischen Ideen empfänglich. Keineswegs war ein wirklicher ideologischer Bruch innerhalb der deutschen Rechten eingetreten. Nur die extremen aktiven Wortführer der völkischen Bewegung und der Freikorps hatten sich von der Reichswehr bzw. der Deutschnationalen Partei getrennt.

In Bayern ist ein entsprechender Bruch zwischen Konservativen und Völkischen nicht erfolgt. Im großen und ganzen blieb auch nach dem März 1923 in Bayern die gegenrevolutionäre Einheitsfront erhalten, wie sie sich seit dem siegreichen Ausgang des Kapp-Putsches in München gebildet hatte. Den führenden Einfluß in der Landesregierung hatte die Bayrische Volkspartei, die sich vor allem auf die katholische

Bauernschaft stützte. Dazu kamen die Deutschnationalen als die Partei des besitzenden Bürgertums und der evangelischen Landwirte in Franken, die Nationalsozialisten als die völkische Freikorpspartei bayrischer Prägung, ferner die bayrische Reichswehr und all die großen und kleinen Wehrverbände und nationalen Organisationen, wie sie gerade auf dem günstigen bayrischen Boden sich so zahlreich entwickelt hatten. Innerhalb dieser Kräfte der regierenden Rechten gab es viele persönliche und Gruppengegensätze, manchmal auch ernstere Konflikte. Dennoch empfand man sich im großen als eine Einheit, und so ist es bis zum November 1923 geblieben.

Die bayrische Gegenrevolution verfügte über die bürgerliche Mehrheit des Landtags und konnte sich daher ein legales Mäntelchen umhängen. Die bayrische Sonderentwicklung zeigte sich in rücksichtsloser Unterdrückung der Arbeiterbewegung, in ungesühnten Fememorden, in Terrorurteilen der Gerichte gegen sogenannte Landesverräter, in völlig freier Entwicklung aller legalen und illegalen Wehrverbände. Die bayrische Reichswehr unterhielt die engsten Beziehungen zu den Wehrverbänden und den Nationalsozialisten. Hauptmann Röhm war im Generalstab der Bayrischen Reichswehrdivision der Verbindungsmann zu den Nationalsozialisten. In München folgten die militärischen und nationalen Demonstrationen ständig aufeinander. Die bayrische Gegenrevolution konnte zwar der nationalen Reichsregierung Cuno mitten im Ruhrkrieg keine Opposition machen, aber sie war entschlossen, falls in Berlin irgendeine Linksschwenkung kommen sollte, ihre eigenen Wege zu gehen.

Die Freikorps und Wehrverbände aus dem unbesetzten Deutschland suchten den Kampf an der Ruhr in ihrem Sinne zu beeinflussen. Sie schickten kleine Stoßtrupps ins besetzte Gebiet, die durch Sprengungen an den Eisenbahnstrecken die Transporte französischer Truppen und erbeuteter Reparationskohle zu hindern suchten. Die positiven Erfolge dieses aktiven Widerstandes an der Ruhr blieben gering. Jede Sprengung wurde von den Franzosen mit den schärfsten Vergeltungsmaßregeln gegen die deutsche Zivilbevölkerung beantwortet. Die völkischen Stoßtrupps waren derartig mit Spitzeln und Verrätern durchsetzt, daß ihre Pläne gewöhnlich schon vorzeitig in den Besitz der französischen Behörden kamen. Bei einer solchen Aktion im Ruhrgebiet wurde der Freikorpsführer und Baltikumkämpfer Schlageter von den Franzosen gefangen und standrechtlich erschossen.

Je mehr der passive und auch der aktive Widerstand an Rhein und Ruhr sich als zwecklos erwiesen und je mehr die Inflation die Lebenskräfte der deutschen Volksmassen verzehrte, um so heftiger wurden im Lande die Verzweiflung und die Verbitterung und schließlich der Wunsch zur Revolution. Es hat nie in der neueren deutschen Geschichte einen Zeitabschnitt gegeben, der für eine sozialistische Revolution so günstig gewesen wäre wie der Sommer 1923. Im Wirbel der Geldentwertung hatten sich alle hergebrachten Begriffe von Ordnung, Eigentum und Gesetzlichkeit aufgelöst. Dabei konnte niemand die Verantwortung für die schauerlichen Verhältnisse, die sich seit der Ruhrbesetzung entwickelt hatten, den Sozialisten oder Republikanern aufbürden. Die Regierung Cuno war aus den sogenannten nationalen Kreisen hervorgegangen. Sie war sozialistenrein. Sie trug die Verantwortung für den Konflikt mit Frankreich und für die Orgien der Inflation. Nicht allein die gesamte Arbeitnehmerschaft empfand von Tag zu Tag deutlicher, daß die Zustände untragbar waren und daß dieses ganze System ein Ende mit Schrecken nehmen müsse, auch der durch die Inflation ausgeraubte Mittelstand war von revolutionärer Gärung erfüllt und wünschte eine Abrechnung mit dem kapitalistischen Schiebertum. Bei einer wirklichen großen Volksbewegung gegen das herrschende System hätten die Beamten, die doch selbst Opfer der Inflation waren, einschließlich der Polizei, schwerlich viel Energie entfaltet, und ob die Reichswehrsoldaten zum Schutz der Valutaschieber auf ihre hungernden Volksgenossen geschossen hätten, ist sehr zweifelhaft.

Die revolutionäre Stimmung des deutschen Volkes fand jedoch bei den politischen Parteien keinen Widerhall. Weder die SPD noch die KPD zeigten den ernsten Willen, an der Spitze der Massen die Macht zu übernehmen und das verhaßte kapitalistische System durch eine sozialistische Neuordnung zu ersetzen. Man wird fragen, warum denn die Massen auf die Losung der Parteien gewartet und nicht spontan allein losgeschlagen haben, wenn alles zur Revolution so reif war. Indessen hatte, wie oben betont wurde, die spontane Energie der deutschen Arbeiter unter dem unglücklichen Ausgang der Kämpfe von 1919 bis 1921 schwer gelitten. Die Massen brauchten jetzt die bewußte Führung durch eine Partei, wenn sie erneut vorwärtsgehen sollten.

Die Sozialdemokratie blieb bei ihrer pessimistischen Auffassung der Gesamtlage. Sie glaubte an keine wirklichen revolutionären Möglichkeiten und wollte nichts tun, was die vorhandene Verwirrung in Deutschland noch weiter steigern konnte. Die SPD war bereit, wenn man sie rief, wiederum die Verantwortung für die Regierung des Reichs zu übernehmen. Sie wollte dann die nötigen Maßregeln ergreifen, um den Ruhrkrieg und die Inflation zu beenden und den deutschen Arbeitern wieder eine menschenwürdige Existenz zu verschaffen. Auf Wegen vorwärtsgehen, die aus der Legalität herausgeführt hätten, wollte die SPD nicht. Der Vorstand der Partei glaubte auch nicht an die Möglichkeit einer Zusammenarbeit mit den Kommunisten und blieb gegenüber den Lockungen zur Bildung einer proletarischen Einheitsfront äußerst mißtrauisch.

Im Verlaufe des Jahres 1923 nahm die Kraft der SPD ständig ab. Die Partei durchlebte eine Krise, die an das Jahr 1919 erinnerte. Vor allem die freien Gewerkschaften, die stets die Hauptstütze des sozialdemokratischen Einflusses gewesen waren, befanden sich in voller Auflösung. Die Inflation vernichtete den Wert der Verbandsbeiträge. Die Gewerkschaften konnten ihre Angestellten nicht mehr besolden und den Mitgliedern keine Unterstützungen mehr leisten. Die Tarifverträge, wie die Gewerkschaften sie mit den Unternehmern abzuschließen pflegten, wurden gegenstandslos, wenn die Geldentwertung schon acht Tage später die ausgehandelten Löhne über den Haufen warf. So wurde die gewerkschaftliche Arbeit alten Stils zwecklos. Millionen von deutschen Arbeitern wollten von der alten Gewerkschaftstaktik nichts mehr wissen und verließen die Verbände. Die Zersetzung der Gewerkschaften war zugleich eine Lahmlegung der SPD.

Da die SPD keinen Weg zeigte, wie man aus den bestehenden Zuständen herauskommen konnte, übertrug sich die Erbitterung der Arbeiter wegen des Cuno-Systems im gewissen Sinne auch auf die Sozialdemokraten. Die SPD mußte 1923 für die Fehler einer Politik büßen, an der sie völlig unschuldig war, nur weil ihre legale Taktik eine Bejahung der Gesetze und damit des bestehenden Staates zu enthalten schien. Die KPD hatte zwar auch keine revolutionäre Politik, aber kritisierte wenigstens laut und heftig die Regierung Cuno und verwies auf das russische Vorbild. So strömten ihr die Massen zu. Noch gegen Ende 1922 hatte die neu vereinigte Sozialdemokratische Partei die große Mehrheit der deutschen Arbeiter umfaßt. Im nächsten Halbjahr verschob sich das Verhältnis vollkommen. Ohne Zweifel hatte im Sommer 1923 die KPD die Majorität des deutschen Proletariats hinter sich.

Es ist freilich schwierig, diese Wandlung in der Stimmung des deutschen Proletariats mit Hilfe von Wahlziffern zu belegen. Die bürgerlichen Mehrheiten der Parlamente zusammen mit der Verwaltungsbürokratie sorgten dafür, daß keine Wahlen stattfanden, denn radikale Wahlsiege hätten auf die Massen weiter anfeuernd gewirkt. Der Reichstag, der 1920 gewählt worden war, blieb aber ungestört bis 1924 zusammen, über alle Krisen der deutschen Politik hinweg, obwohl er längst nicht mehr der Volksstimmung entsprach. Es liegt aus dem Sommer 1923 nur eine einzige Landtagswahl aus dem unbedeutenden agrarischen Ländchen Mecklenburg-Strelitz vor. Wie anders war der Gang der deutschen Politik nach 1930, als es sich darum handelte, durch eine Folge nationalsozialistischer Siege die deutsche Republik sturmreif zu machen. Da sorgten die maßgebenden Stellen dafür, daß ununterbrochen gewählt wurde, damit die Republikaner gar nicht zur Besinnung kamen. Auch dies ist ein Beitrag zum Verständnis der sogenannten deutschen Demokratie.

Bei den Landtagswahlen in Strelitz hatten 1920 die Sozialdemokraten 25 000, die USPD hatte 2000 Stimmen erhalten. Die Kommunisten hatten sich gar nicht beteiligt. Im Juli 1923 erhielten die vereinigten Sozialdemokraten nur noch 12 000 Stimmen und die Kommunisten 11 000. Bei einer Abstimmung unter den Mitgliedern des Berliner Metallarbeiter-Verbandes erhielten ebenfalls im Juli die Kommunisten 54 000 und die Sozialdemokraten nur noch 22 000 Stimmen. Noch bei den Reichstagswahlen im Mai 1924, als die revolutionäre Welle längst vorüber war und die KPD sich wieder im Abstieg befand, war im Reichsmaßstab das Verhältnis der kommunistischen zu den sozialdemokratischen Stimmen wie vier zu sechs. Demnach kann kein Zweifel darüber bestehen, daß im Sommer 1923 die KPD im deutschen Proletariat stärker war als die SPD.

Um so größer war die Verantwortung, die auf den Führern der KPD und auf den leitenden Männern der Dritten Internationale lag. Die Zentrale der KPD wollte jedoch in der ersten Hälfte des Jahres 1923 von der kommenden deutschen Revolution nichts sehen, und die Moskauer Regierung, die den Rapallo-Vertrag mit der deutschen bürgerlichen Regierung geschlossen hatte, teilte diese Auffassung. Gemäß der Auffassung der Moskauer Exekutive verbot die Zentrale der KPD ihren Agitatoren, für die Diktatur des Proletariats und für die sozialistische Revolution Propaganda zu machen. Als aktuelle Kampflosung wurde nur eine parlamentarische Arbeiterregierung, geschaffen durch ein Bündnis der KPD und der SPD, zugelassen. Der Parteivorsitzende Brandler führte diese von Moskau empfohlene Politik eifrig durch. Er dachte eigentlich über alle Grundfragen der deutschen Politik genauso wie der Vorstand der Sozialdemokratie. Den Kreis um Brandler trennte von der SPD nur die Vergangenheit, aber nicht die Gegenwart. Brandler dachte sich die Entwicklung so, daß nach einiger Zeit die Regierung Cuno abwirtschaften würde, dann werde die Sozialdemokratie wieder ans Ruder kommen und genötigt sein, eine Koalition mit den Kommunisten und vielleicht auch mit den christlichen Gewerkschaften abzuschließen. Eine solche Situation müsse die KPD vorbereiten, aber nicht ihre Kräfte in putschistischen Abenteuern verschwenden.

Es war sicher kein politisches Verbrechen, wenn jemand im Jahre 1923 die Einigung des deutschen Proletariats anstrebte. Eine deutsche Arbeiterregierung, so wie Brandler und seine Freunde sie sich dachten, wäre ein außerordentlicher Fortschritt gewesen. Der große Irrtum der

KPD-Zentrale lag nur darin, daß sie den Weg zu diesem Ziel verkannte. In friedlichen, geordneten Zuständen kann eine Arbeiterregierung durch Parlamentswahlen zur Macht kommen und im Rahmen der bürgerlichen Verfassung für das Proletariat wirken, wie die Beispiele in England, Australien, Schweden usw. zeigen. In einem Lande jedoch, das von einer furchtbaren revolutionären Krise erschüttert ist, wie Deutschland 1923, kann sich der Übergang der Macht von einer Klasse zur andern nicht in dieser gemütlichen Art vollziehen. Auch eine Arbeiterregierung, in der gemeinsam die Vertreter der SPD, der KPD und der christlichen Gewerkschaften gesessen hätten, konnte 1923 nur das Resultat einer gewaltigen Massenbewegung, aber niemals das Ergebnis einer parlamentarischen Kombination sein. Die Großindustriellen und die Reichswehrgeneräle hätten niemals einen Mehrheitsbeschluß respektiert, der ihnen die Macht fortnahm. Das Schicksal, das die legalen und parlamentarischen Arbeiterregierungen in Sachsen und Thüringen im Oktober 1923 erleiden sollten, zeigte deutlich, wieviel ein parlamentarischer Mehrheitsbeschluß damals wert war.

Die linke Opposition der KPD protestierte heftig gegen die Taktik Brandlers und verlangte die bewußte Vorbereitung der deutschen Revolution. Aber die Parteizentrale und die führenden Männer in Rußland ließen sich von ihrer Linie nicht abbringen. Die Energie der kommunistischen Internationale wurde im Jahre 1923 in viel stärkerem Maße gegen die kommunistische Opposition als gegen den deutschen regierenden Kapitalismus eingesetzt. So kam es, daß die KPD nichts unternahm, um die Massen für eine revolutionäre Bewegung vorzubereiten, und die beispiellos günstige Situation für die deutsche Arbeiterschaft im Jahre 1923 blieb ungenutzt.

Innerhalb der SPD bildete sich damals ebenfalls ein neuer linker Flügel, der sich jedoch nicht aus den früheren Führern der USPD zusammensetzte. Es waren vor allem die Funktionäre in Sachsen und Thüringen, die mit der Taktik ihres Parteivorstandes unzufrieden waren. Sie verlangten eine proletarische Machtpolitik und zu diesem Zweck ein Bündnis mit der KPD. Der wichtigste Wortführer der neuen linken SPD wurde der sächsische Ministerpräsident Zeigner. Es wurde das Unglück der linken SPD, daß sie, bei ihrem Bestreben nach stärkerer proletarischer Aktivität, gerade der kommunistischen Brandler-Zentrale in die Arme lief. Den linken Sozialdemokraten war die Taktik des eigenen Parteivorstandes zu opportunistisch, aber bei Brandler kamen sie vom Regen in die Traufe. In Sachsen und Thüringen hatten in den Landtagen die SPD und die KPD zusammen gegenüber den bürgerlichen Parteien die Mehrheit. In beiden Ländern bildeten sich sozialdemokratische Regierungen, die durch die Unterstützung der kommunistischen Stimmen im Landtag am Leben blieben. In Moskau war man über die Entwicklung Sachsens und Thüringens hocherfreut. Hier waren zum ersten Male die Arbeiterregierungen entstanden, wie man sie sich gedacht hatte, und man hoffte, daß das Beispiel Sachsens bald im übrigen Deutschland eine Nachfolge finden werde.

Im August verbreitete sich im deutschen Volke immer weiter die Überzeugung, daß die Regierung Cuno sich nicht länger halten könne. Am 11. August kam es in Berlin zu einem von den kommunistischen Betriebsräten geführten Generalstreik. Die Arbeiter verlangten neben der Sicherung ihrer Lebensmittelversorgung vor allem den Rücktritt Cunos. Von Berlin breitete sich die Bewegung auf andere Teile des Reiches aus. Die SPD erkannte, daß Cuno nicht länger gegenüber der Erbitterung der Volksmassen zu halten war, und erklärte sich jetzt ebenfalls gegen die Reichsregierung. Am 12. August trat die Regierung Cuno zurück. Der passive Widerstand gegen die französische Invasion war vollständig gescheitert, und zugleich schien die Vernichtung der deutschen Währung auch die Auflösung der Wirtschaft und darüber hinaus der Staatsordnung nach sich zu ziehen. Der Generalstreik flaute bald ab, nachdem er sein hauptsächliches politisches Ziel erreicht hatte. Aber im Lande blieb die »Novemberstimmung«, wie man in Erinnerung an 1918 sagte. Die deutschen Großkapitalisten hielten sich nicht mehr für fähig, die Staatsmacht allein zu behalten. Sie waren ungefähr wie 1918 zu weitgehenden Opfern bereit, um wenigstens das Schlimmste, die Enteignung, abzuwenden. Der Führer der großkapitalistischen Deutschen Volkspartei, Stresemann, bildete die neue Reichsregierung, unter maßgebender Beteiligung der Sozialdemokratie.

Die Sozialdemokraten übernahmen das Reichsinnenministerium (Sollmann), das Finanzministerium (Hilferding), das Justizministerium (Radbruch) und stellten auch den Vizekanzler (Schmidt). Der Reichskanzler Stresemann übernahm selbst das Außenministerium. Ferner stellte seine Partei den Wirtschaftsminister (von Raumer) und den Ernährungsminister (Luther). Die übrigen Minister kamen vom Zentrum und den Demokraten, und dazu trat Geßler. Der Einfluß der Sozialdemokratie im Kabinett war sehr stark, da die Partei die Finanzen, die Verwaltung und die Justiz des Reichs unter ihrer direkten Kontrolle hatte. Wenn die SPD eine revolutionäre Übernahme der Macht für unmöglich hielt, dann blieb tatsächlich nur eine solche Teilung der Gewalt mit dem Bürgertum übrig. Die sozialdemokratischen Minister wollten so schnell wie möglich den Ruhrkrieg beenden und eine Verständigung mit der Entente herbeiführen. Sie wollten die Währung stabilisieren und so den Arbeitnehmern wieder wertbeständige Löhne verschaffen. Eine scharfe Besteuerung der Besitzenden auf der

Goldbasis sollte die Weiterführung der Sozialpolitik sichern und die Staatsfinanzen wieder gesund machen. Für den Augenblick war die Kapitalistenklasse so eingeschüchtert, daß sie sich mit einem erheblichen Einfluß der Arbeiterschaft auf die Reichsregierung abfand. Wie sich die Dinge weiterentwickeln würden, wenn der Druck der Massen nachließ, blieb abzuwarten.

Vom August 1923 bis zu seinem Tode, der sechs Jahre später erfolgte, war Gustav Stresemann die führende Persönlichkeit der deutschen Politik: erst einige Monate als Reichskanzler und Außenminister zugleich, danach sechs Jahre als Außenminister der deutschen Republik. Auch nachdem Stresemann den Posten als Reichskanzler aufgegeben hatte, übte er vom Außenministerium her den stärksten Einfluß auf die deutsche Innenpolitik aus. Stresemann war schon vor dem Kriege ein Reichstagsabgeordneter der Nationalliberalen gewesen. Während des Krieges wuchs seine Autorität im Parlament. In einem Grade, der bei deutschen Politikern ungewöhnlich ist, war Stresemann von den hergebrachten Symbolen, Schlagworten und Parteigewohnheiten frei. Das hat ihm manchmal harte Schwierigkeiten bereitet, ihm aber unter andern Umständen eine außerordentliche Überlegenheit verschafft. Während des Weltkrieges gehörte es sich, daß die Männer, die an den deutschen Sieg glaubten, in der Innenpolitik die konservative Autorität verteidigten. Umgekehrt forderten die Freunde einer Demokratisierung im Innern den sogenannten Verständigungsfrieden. Stresemann kümmerte sich fast als einziger um diese Scheidung nicht. Er war zugleich für den Siegfrieden und für die liberale Reform im Innern. Nach der Revolution war zunächst Stresemanns Stellung sehr schwierig; denn jeder Politiker, der entschlossen für den deutschen Sieg eingetreten war, galt nun als finsterer Reaktionär. So schloß sich Stresemann der gegenrevolutionären Deutschen Volkspartei an, der Partei der Industrie und des Finanzkapitals. Stresemanns wirtschaftliche und soziale Grundanschauung paßte durchaus in diesen Rahmen hinein, denn er wollte vom Sozialismus nichts wissen und hielt als echter Nationalliberaler der Vorkriegszeit unbedingt am kapitalistischen Privateigentum fest.

Im Laufe der Entwicklung lehnte sich Stresemann wieder gegen die bequemen schematischen Grenzen der deutschen Politik auf. Der durchschnittliche, christliche, deutsche Kapitalist war für die schwarzweißrote Vergangenheit, gegen die Weimarer Republik, für die Wiederkehr der Monarchie oder doch für irgendeine Diktatur. Stresemann sah die Notwendigkeit dieses Zusammenhangs nicht ein. Warum sollte das besitzende nationale Bürgertum nicht auch im Rahmen der Republik und mit der demokratischen Verfassung seinen Einfluß im Staat behaupten?

Konnte nicht Deutschland eine stabile bürgerliche Republik schaffen, in der Art von Frankreich und von den Vereinigten Staaten? Wenn das besitzende Bürgertum durch eine solche Schwenkung zur Republik und Demokratie die Mitarbeit mindestens der gemäßigten Arbeiterschichten gewann, so war dies um so besser. In der Außenpolitik hatte Stresemann aus dem Verlauf des Ruhrkampfes den Schluß gezogen, daß Deutschland mit Gewalt, Obstruktion und nationalem Pathos nicht weiterkomme. Man müsse eine Verständigung erstreben und könne sie erreichen, wenn man sich in geschickter Weise der englischen und amerikanischen Vermittlung zwischen Deutschland und Frankreich bediene.

Die spätere Entwicklung zeigte, daß Stresemann mit seiner politischen Weltanschauung in Deutschland eigentlich allein stand. Von den proletarischen und demokratischen Volksmassen unterschied er sich durch sein entschiedenes Bekenntnis zum Kapitalismus. Auf der andern Seite wollten sich die deutschen Kapitalisten nicht zur demokratischen Republik bekehren. Man hat gesagt, daß die einzige Brücke vom schwarzweißroten zum schwarzrotgoldenen Deutschland nur die Person Stresemann gewesen ist. Selbst in seiner eigenen Partei war Stresemann so gut wie isoliert. Als der beste Redner und großzügigste Staatsmann des deutschen Kapitalismus hatte Stresemann zwar die Führung der Deutschen Volkspartei an sich gerissen, aber die maßgebenden Männer der Partei zeigten das stärkste Widerstreben, ihm zu folgen, sobald sie seine neuen Ziele und Methoden erkannten. Es ist ein wunderliches geschichtliches Schauspiel, daß dieser einsame Mann, der weder die bewaffnete Macht noch eine zuverlässige Massenorganisation hinter sich hatte, dennoch der Entwicklung Deutschlands seinen Stempel aufdrücken konnte und im wesentlichen unerschüttert bis zu seinem Tode die Macht behauptete. Darüber hinaus war er imstande, auch in der Außenpolitik für das besiegte Deutschland ungefähr das durchzusetzen, was er für nötig hielt. Eine solche Leistung spricht sicher nicht gegen die Persönlichkeit Stresemanns, aber sie ist nur dadurch möglich geworden, daß die internationale wirtschaftliche und politische Situation in jenen Jahren auf eine solche Lösung drängte, wie sie Stresemann vorschwebte.

Im August 1923 war es bereits in den politischen Kreisen bekannt, daß Stresemann sich aufrichtig zur Weimarer Verfassung bekannte, das völkische Verschwörertum und jeden Diktaturgedanken ablehnte. Das erleichterte den Sozialdemokraten die Zusammenarbeit mit Stresemann. Man konnte hoffen, daß Stresemann als Kanzler Seitensprünge seiner eigenen Partei und überhaupt der deutschen Kapitalistenklasse verhindern würde. Mindestens in den beiden Hauptzielen waren Stresemann und die SPD sich einig: Frieden nach außen und Stabilisierung der Währung im Innern. Auch in der besonders heiklen Militärfrage schien eine Verständigung möglich, nachdem die Reichswehrgeneräle in einen offenen Konflikt mit den völkischen Freikorpsführern geraten waren. Es war zu einer Art von Verständigung zwischen dem Reichswehrministerium und dem sozialdemokratischen preußischen Innenminister Severing gekommen. Danach sollte die preußische Verwaltung die Rüstungsarbeit der Reichswehr nicht stören, unter der Voraussetzung, daß die Reichswehr alle militärischen Dinge allein erledigte und illegalen Verbänden keinen Einfluß darauf gestattete.

Die Reichsregierung tat zunächst das Unvermeidliche, indem sie den unhaltbar gewordenen sogenannten passiven Widerstand an der Ruhr aufgab. Die formelle deutsche Erklärung darüber erfolgte am 26. September. Damit wurde die Tatsache der französischen Besetzung des Ruhrgebiets von der Reichsregierung anerkannt. Die deutschen Behörden konnten von jetzt an mit den französischen Besatzungstruppen zusammenarbeiten, und die französischen Anordnungen wurden befolgt. Eine Besserung der Situation für Deutschland war nur noch auf dem Wege von Verhandlungen möglich, die sich freilich noch sehr lange hinzogen, ehe sie zu einem Resultat führten.

Zur selben Zeit begann die Reichsregierung ihre Arbeiten für die Stabilisierung der Währung. Die deutsche Kapitalistenklasse hatte sich seit dem Sommer 1923 damit abgefunden, daß die Inflation nicht mehr weitergehen konnte. Man hatte genug verdient und mußte jetzt wieder zu einer stabilen Währung zurückkehren, ehe es zu spät wurde und die sozialistische Revolution die Reste der bestehenden Gesellschaftsordnung wegfegte. Der erste Entwurf für eine Stabilisierung der Währung, der eine erhebliche Beachtung fand, stammte von dem deutschnationalen Abgeordneten und Bankfachmann Helfferich. Er schlug eine sogenannte »Roggenmark« vor, wobei der Geldwert vom Getreidewert abhängig sein sollte. Ein ähnliches Projekt war schon in der großen Französischen Revolution zur Zeit der damaligen Inflation aufgetaucht. Einem solchen Roggengeld hätte von vornherein jede Stabilität gefehlt, da es an einen völlig unstabilen Wertfaktor gebunden gewesen wäre. Ein Ausgleich zwischen der neuen deutschen Währung und den stabilen ausländischen Währungen wäre nicht möglich gewesen, und die Deckung für Helfferichs Geld war ebenfalls sehr zweifelhaft. Das zweifelhafte Helfferich-Projekt hatte dennoch seine Bedeutung: Es zeigte, daß die deutschen Großkapitalisten die Unvermeidlichkeit der Stabilisierung erkannt hatten.

Der Reichsfinanzminister Hilferding lehnte mit Recht eine solche spekulative Lösung ab. Er verlangte ein wirklich stabiles Geld, das nur auf der Goldgrundlage möglich war. Am 10. September beschloß das

Reichskabinett die Schaffung einer Goldnotenbank, die, bei voller rechtlicher Selbständigkeit und unbedingter Unabhängigkeit von den Reichsfinanzen, in organischer Verbindung mit der Reichsbank ihre Tätigkeit ausüben sollte. Der Ernährungsminister Luther schlug seinerseits eine sogenannte »Bodenmark« vor, als deren Deckung der deutsche Grundbesitz gedacht war. Als Kompromiß aus den verschiedenen miteinander kämpfenden Ideen entstand dann schließlich der Entwurf einer »Neumark«, den Minister Hilferding den gesetzgebenden Körperschaften des Reichs vorlegte. Alle wesentlichen Vorarbeiten zur Stabilisierung der deutschen Währung sind in der kurzen Zeit geleistet worden, in der Hilferding das Reichsfinanzministerium leitete. Nur sein plötzlicher Sturz hat ihm den Ruhm entzogen, die Inflation in Deutschland beendigt zu haben.

Die Massen des Volkes wußten freilich von den fortschreitenden Währungsplänen der Regierung so gut wie nichts, und wenn sie etwas davon erfuhren, verstanden sie es nicht und schenkten den Verheißungen der amtlichen Stellen keinen Glauben. Das Volk sah nur, wie von August bis Oktober die Inflation ununterbrochen weiterging, wie die Not stieg und wie offenbar niemand einen Ausweg wußte. Die revolutionäre Fieberstimmung im Lande hielt an, aber es war keine Partei da, die sie ausgenutzt hätte. Die SPD war durch ihre Mitarbeit in der Reichsregierung gebunden, und die KPD änderte ihre vorsichtige Taktik nicht. Es hatte sich zwar inzwischen die Auffassung der maßgebenden russischen Persönlichkeiten über Deutschland geändert, aber davon erfuhren die deutschen Arbeiter nichts. Da die proletarische Bewegung stockte, der Generalstreik vom 11. August sich nicht wiederholte, also der Druck von links offenkundig nachließ, riß die Gegenrevolution die Initiative an sich.

Den Anfang machte, wie es sich gehörte, Bayern. Die konservativvölkische Einheitsfront, die in Bayern regierte, betrachtete mit wachsender Erbitterung die Berliner Entwicklung seit dem 11. August. Die Rückkehr der Sozialdemokraten in die Reichsregierung schien zu bedeuten, daß das verhaßte Weimarer System fortgesetzt werden solle. In München wollte man eine Befestigung der demokratischen Republik auf keinen Fall ertragen. Am 26. September verhängte die bayerische Regierung über ihr Land den Ausnahmezustand und bestellte den früheren Ministerpräsidenten v. Kahr zum Staatskommissar mit diktatorischen Vollmachten. Kahr galt als die stärkste Persönlichkeit in den Reihen der bayrischen Gegenrevolution. Die Aufrichtung einer offenen Diktatur der Rechtsparteien in Bayern war ein deutliches Warnungssignal an das Reich.

Stresemann entschloß sich, unter dem Druck der Reichswehrgeneräle, zu einer Gegenmaßregel von sehr zweifelhaftem Wert. Die vollziehende Gewalt im ganzen Reich wurde dem Reichswehrminister übertragen, der ihre Durchführung dem General von Seeckt überließ. Auf diese Weise waren überall im Reich die zivilen Behörden der Militärgewalt unterstellt. Auch Kahr war damit in Bayern, wenigstens formell, ein Untergebener der Reichswehr geworden, und wenn er sich der Reichsbehörde nicht fügte, konnte die Reichswehr gegen ihn vorgehen. Die Frage war nur, ob bei einem offenen Konflikt zwischen Berlin und München die bayrische Reichswehr wirklich für Stresemann und Seeckt und gegen Kahr Gewalt anwenden würde. Im Interesse dieser zweifelhaften Zukunftsaussicht war jetzt im ganzen Deutschen Reich eine Art von Militärdiktatur aufgerichtet worden. Stresemann hielt sich für stark genug, um die Generäle in ihre Schranken zu verweisen und die Zügel der Regierung selbst zu behalten. Indessen hatte doch die Erklärung des militärischen Ausnahmezustandes im Reich das Schwergewicht bedenklich verschoben, und zwar zuungunsten der sozialistischen und demokratischen Elemente.

Anfang Oktober kam es zu einer Rebellion der in Küstrin liegenden Formationen der »Schwarzen Reichswehr« unter Führung eines völkischen Majors Buchrucker. Alle Vorsicht der Reichswehrleitung hatte nicht verhindern können, daß ihre sogenannten Arbeitskommandos von abenteuerlichen Leuten aller Art und von fanatischen Völkischen erfüllt wurden. Die »schwarzen Formationen« lebten in ständiger Furcht vor wirklichen oder eingebildeten Verrätern, so daß die Fememorde sich in erschreckender Zahl häuften. Die Arbeitskommandos warteten auf Krieg oder Staatsstreich, und schließlich riß den erregtesten Formationen die Geduld, und sie schlugen selbständig los. Da die reguläre Reichswehr das Unternehmen nicht unterstützte, wurde der Küstriner Aufstand ohne Mühe überwältigt. Aber was heute in Küstrin geschehen war, konnte sich morgen an allen möglichen anderen Orten des Reiches wiederholen.

Seit September hatte in Deutschland nur die Gegenrevolution gehandelt: die bayerische Regierung, die reguläre Reichswehr, die Schwarze Reichswehr. Nun schlossen sich die Großkapitalisten der Aktion an, und es kam gleichfalls Anfang Oktober zu einem Vorstoß der Deutschen Volkspartei mit dem Ziel, den Einfluß der SPD in der Reichsregierung zu brechen. Man verlangte den Rücktritt Hilferdings und den Verzicht der SPD auf den Achtstundentag und damit auf die wichtigste sozialpolitische Errungenschaft der Revolution. Die Großindustriellen bereiteten sich auf die Zeit der stabilen Währung vor. Das bequeme Geldverdienen der Inflationszeit konnte nicht mehr lange dauern. Nun handelte es sich darum, die Produktion auch unter der stabilen Währung möglichst billig zu halten. Die Opfer, die zu der Umstellung der deutschen Währung gehörten, sollten die Arbeiter tragen, in Gestalt von niedrigen Löhnen und verlängerter Arbeitszeit. Außerdem sollte die Steuerpolitik des Reiches den Wünschen der Industrie angepaßt werden.

Der Konflikt zwischen der SPD und der Deutschen Volkspartei führte am 3. Oktober zum Rücktritt der Regierung Stresemann. Aber schon drei Tage später bildete Stresemann sein Kabinett neu. Nach langen Verhandlungen war es zu einem Kompromiß gekommen. Die Sozialdemokraten verzichteten auf das Finanzministerium, das jetzt von Luther, dem Vertrauensmann der Deutschen Volkspartei, übernommen wurde. Ferner erklärten sich die Sozialdemokraten mit einer Art von wirtschaftlicher Diktatur einverstanden: Der Reichstag erteilte am 13. Oktober durch ein Ermächtigungsgesetz der Reichsregierung die Vollmacht, Verordnungen mit Gesetzeskraft auf dem Gebiet der Wirtschaft, der Finanzen und der Sozialpolitik zu erlassen. Freilich sollte diese Ermächtigung nur gelten, solange die damalige Reichsregierung in unveränderter parteipolitischer Zusammensetzung bestand. Bei einem Rücktritt der Regierung Stresemann oder auch nur bei einem Ausscheiden der sozialdemokratischen Minister hörte die Ermächtigung auf.

Diese Klausel des Ermächtigungsgesetzes gab der Arbeiterschaft eine gewisse Sicherung, aber im ganzen war doch der Ausgang der Regierungskrise ein voller Sieg für das Großkapital. Die Sozialdemokraten hatten weder das Reichsfinanzministerium noch das Prinzip des Achtstundentages behaupten können. Neben der militärischen hatte Deutschland jetzt noch eine wirtschaftliche Diktatur. Von der demokratischen Verfassung war nicht mehr viel übrig, seitdem der Reichstag zugunsten der Regierung abgedankt hatte und die Generäle die ausführende Gewalt ausübten. Es wäre richtiger gewesen, wenn die Sozialdemokraten sich auf ein solches Kompromiß gar nicht eingelassen und statt dessen die Reichsregierung verlassen hätten. Denn die Großkapitalisten und ihre politischen Vertrauensleute nahmen seit dem Ausgang der Regierungskrise auf die SPD-Minister keine Rücksicht mehr. Stresemann selbst hatte sich unter dem Druck der Verhältnisse von dem Grundsatz verfassungsmäßiger Regierung bedenklich weit abdrängen lassen.

Die SPD fühlte sich zu einer Aktion außerhalb des Parlamentes nicht stark genug. Dagegen sah es im Laufe des Oktober so aus, als ob die KPD handeln würde. Seit dem großen Streik im August und dem Sturz Cunos erkannten die führenden Männer in Rußland endlich, daß sich Deutschland in einer revolutionären Situation befand. Die bürgerliche Republik schien zum Untergang verurteilt. Die Russen fürchteten offenbar, daß in Deutschland eine Arbeiterrevolution ohne sie kommen würde, und so entschlossen sie sich, ihre deutsche Taktik zu ändern. In den geheimen Sitzungen der Dritten Internationale und der KPD wurde jetzt davon geredet, daß in Deutschland der Aufstand der Arbeiter bevorstehe und daß die KPD dafür die nötigen Maßregeln ergreifen müsse.

Eine Partei, die nicht der Ausdruck der lebendigen Volkskräfte ist, sondern die nach ausländischer Weisung von einer Bürokratie gelenkt wird, kann jedoch keine Revolution machen. Die Parteibeamten der KPD setzten ihre gewöhnliche Tätigkeit fort, ihre Agitation blieb so friedfertig wie zuvor. Nach wie vor erzählte man den Arbeitern von Einheitsfront und Arbeiterregierung. Die Massen merkten von der veränderten Haltung der Partei überhaupt nichts. Nur im geheimen begann man, kleine Stoßtrupps von erprobten Arbeitern aufzustellen, die sich für den Aufstand vorbereiteten. Der Kreis um Brandler wollte sich offenbar beide Wege offenhalten: Wenn die Massen den Aufstand allein machten, mit dabeisein, und wenn die Revolution sich vermeiden ließ, weiter im Parlament die Arbeiterregierung anstreben. Das Resultat war dieser traurigen Schaukelpolitik würdig.

Mitte Oktober erfuhr die überraschte deutsche Arbeiterschaft, daß die KPD in Sachsen und Thüringen in die Regierung gegangen war. In beiden Ländern bestanden jetzt durchaus friedliche und verfassungsmäßige Koalitionsregierungen der Kommunisten und linken Sozialdemokraten. Brandler und die Russen haben später versichert, die Kommunisten wären in beide Regierungen nur hineingegangen, um den Arbeitern Waffen zu verschaffen. In Wirklichkeit geschah nichts dergleichen. Dennoch waren die Industriellen und die Reichswehrgeneräle entschlossen, schon aus moralischen Gründen, sich diese Arbeiterregierungen nicht gefallen zu lassen.

In den Tagen, in denen ein gewaltsames Vorgehen der Reichswehr gegen die sächsische und thüringische Regierung unmittelbar zu erwarten war, fand in Chemnitz eine Tagung der sächsischen Betriebsräte statt. Auf dieser Konferenz legte Brandler den sächsischen sozialdemokratischen Ministern die Frage vor, ob sie sich an einem gewaltsamen Widerstand gegen die Reichswehr beteiligen würden. Die Zentrale der KPD schob den linken Sozialdemokraten die Verantwortung zu, ob in Deutschland der Arbeiteraufstand losbrechen solle oder nicht. Dieses Manöver der KPD-Zentrale war überaus wunderlich, denn die KPD war damals die führende Massenbewegung des deutschen Proletariats. Dagegen waren die Kräfte, auf die sich die linke SPD verlassen konnte, überaus gering. Wirkliche Stützpunkte hatte die linke SPD nur in Sachsen und Thüringen. Wenn die große KPD losschlagen wollte, mußte sie es schon auf eigene Verantwortung tun, aber sie konnte nicht die Entscheidung den sächsischen SPD-Ministern zuschieben.

Als die linkssozialistischen Minister Sachsens die Verantwortung für den Aufstand in Deutschland nicht übernehmen wollten, erklärte die Zentrale der KPD, daß jetzt kein Widerstand gegen die Reichsregierung und die deutschen Kapitalisten mehr möglich sei. Die Arbeiterregierungen in Sachsen und Thüringen brachen zusammen, ohne daß sich eine Hand für sie regte. Durch ein Mißverständnis, das aus der Verwirrung der letzten Oktoberwoche zu erklären ist, glaubte die Hamburger KPD, daß das Signal zum Losschlagen für ganz Deutschland gegeben sei. Die vorbereiteten Stoßtrupps, nur ein paar hundert Mann stark, griffen daraufhin in Hamburg zu den Waffen. Der Hamburger Aufstand war ein phantastisches Ereignis: Die KPD hatte dort in keiner Weise die Arbeiter auf einen Entscheidungskampf vorbereitet. Es gab keine lokale politische Krise und keinen Generalstreik. Als eines Morgens die Hamburger Bevölkerung ruhig zur Arbeit ging, merkte sie, daß kommunistische Gruppen die Polizeiwache stürmten. Nach tapferem Widerstand wurde die kleine Schar der kommunistischen Kämpfer von der Polizei überwältigt, ohne daß die Masse der Hamburger Arbeiter irgendwie in den Kampf eingriff. Als die KPD-Zentrale Ende Oktober ihre Niederlage vor den Massen eingestand und den Rückzug proklamierte, war damit die Widerstandskraft des deutschen Proletariats zu Ende. Die Gegenrevolution beherrschte jetzt allein das Feld.

Es war freilich im Laufe des Oktober noch nicht klar, in welcher Form die deutschen Kapitalisten und Generäle die Macht ausüben würden, ob nach dem Berliner oder nach dem Münchener Typus. In Berlin gab es im Oktober immer noch sozialdemokratische Minister und einen Reichskanzler, der trotz aller Schachzüge des Augenblicks die Verfassung retten wollte. Mit der völkischen Partei stand die Berliner Regierung im offenen Kampf. In München dagegen regierte die konservativ-völkische Einheitsfront ohne jede Rücksicht auf Arbeiterschaft und Verfassung. Die verschiedene Zusammensetzung der regierenden Kräfte in Berlin und in München und die demgemäß verschiedene Taktik beider Regierungen trieben zum offenen Bruch.

Aus verhältnismäßig geringen Anlässen entwickelte sich Mitte Oktober der entscheidende Konflikt zwischen München und Berlin. Es kam zunächst darauf an, wie sich die Reichswehr in Bayern verhalten würde. Der Führer der bayrischen Reichswehr, General von Lossow, entschloß sich, dem Reichswehrminister und dem Chef der Heeresleitung in Berlin den Gehorsam zu verweigern. Er stellte sich der bayrischen Regierung zur Verfügung. Am 22. Oktober übernahm formell die bayrische Regierung die Verfügung über die in Bayern stehende Reichswehr, und zwar, wie Kahr in einer geschickten Wendung betonte, als »Treuhänderin des deutschen Volkes«. Damit hatte die offene Gegenrevolution in Bayern begonnen. Was Lossow und die bayrischen Truppen getan hatten, war nach den bestehenden Gesetzen Meuterei und Hochverrat. Deutschland hatte jetzt zwei Regierungen, die sich gegenseitig nicht mehr anerkannten, die Regierung Stresemann-Seeckt in Berlin und die Regierung Kahr-Lossow in München. Denn die Machthaber Bayerns sprachen nicht von einem Abfall vom Reich und von irgendeinem Separatismus, sondern nur davon, daß die wahren Interessen des deutschen Volkes jetzt von ihnen und nicht mehr von den Berlinern vertreten würden.

Nach dem 22. Oktober schien nur noch der Bürgerkrieg zwischen Berlin und München möglich. An der Nordgrenze Bayerns marschierten völkische Verbände unter Führung des Kapitäns Ehrhardt auf, um demnächst den Marsch gegen Berlin anzutreten. Wenn die Bayern in Mitteldeutschland vormarschierten, kamen sie in den Bereich der sozialistisch-kommunistischen Regierungen von Thüringen und Sachsen. Wenn es Kahr gelang, zunächst in diesen beiden Ländern »Ordnung zu machen«, dann war seine Autorität so gestärkt, daß die Berliner Regierung ihm keinen Widerstand hätte leisten können.

Stresemann beschloß, durch einen Gewaltstreich dieser Gefahr zuvorzukommen. Am 29. Oktober setzte die Reichswehr, im Auftrag der Reichsregierung, das Ministerium Zeigner in Dresden ab. Die Thüringer Regierung hatte dasselbe Schicksal. Die Reichsexekution gegen Sachsen und Thüringen war ein brutaler Gewaltstreich und reiner Rechtsbruch. Beide Länderregierungen waren verfassungsmäßig zustande gekommen und stützten sich auf die Mehrheit ihrer Landtage. Beide Regierungen hatten ihre Verpflichtungen gegen das Reich durchaus erfüllt. Aber ihre politische Richtung paßte den Machthabern in Berlin nicht, und darum wurden sie von der Reichswehr fortgejagt. Man sieht daraus, daß die parlamentarische Legalität im damaligen Deutschland nichts bedeutete.

Die sozialdemokratischen Reichsminister konnten die Verantwortung für einen solchen Gewaltstreich gegen ihre eigenen Parteigenossen nicht übernehmen und traten am 2. November zurück. Dagegen ist der Reichspräsident Ebert weiter im Amt geblieben. Eberts reale Macht war in dieser Zeit gering. Bei einem Konflikt mit der Reichsregierung konnte er sich weder auf die Volksmehrheit noch auf die Reichswehr stützen. Er fühlte sich als streng konstitutionelles Staatsoberhaupt verpflichtet, die jeweilige Reichsregierung, die das Vertrauen des Reichstags genoß, zu decken. Ebert hat wohl auch gedacht, daß eine Reichspräsidentenkrise in diesem Augenblick das formelle Ende der Republik gebracht hätte. So blieb er auf seinem Posten, entfremdete sich aber dadurch der Arbeiterschaft.

Für Stresemann kam es in diesem Augenblick darauf an, Autorität und konservative Energie zu zeigen. Die Absetzung der beiden Arbeiterregierungen und der Austritt der sozialdemokratischen Reichsminister stärkten zunächst die Stellung Berlins gegenüber München. Nachdem die Berliner Regierung ebenfalls mit den Sozialdemokraten gebrochen und eine militärische Diktatur in Mitteldeutschland aufgerichtet hatte, trennte sie eigentlich von München nicht mehr viel. Der reale Unterschied war eigentlich nur noch der, daß Kahr und Lossow mit den Völkischen befreundet, dagegen Stresemann und Seeckt mit ihnen verfeindet waren. Lohnte sich für die bayrischen Konservativen überhaupt noch das Risiko des Bürgerkrieges gegen Norddeutschland, wo in der Sache mit den Berliner Machthabern kaum noch Meinungsverschiedenheiten vorhanden waren?

Kahr hatte die Entwicklung in Sachsen und Thüringen zunächst ruhig angesehen und sich in die dortige Aktion der Reichsregierung nicht eingemischt. Anfang November mußte jedoch die Entscheidung fallen. Entweder die Münchener Regierung machte wieder ihren Frieden mit Berlin, oder sie begann die militärische Offensive. Kahr schien zu schwanken, deshalb wollten die völkischen Führer ihn vorwärtsdrängen, um jedes Kompromiß mit Berlin unmöglich zu machen. Die völkischen Führer aus Norddeutschland, von Graefe und Roßbach, waren in München eingetroffen und hatten dort die Verbindung mit Ludendorff und Hitler aufgenommen.

Es war immer noch durchaus möglich, ja sogar wahrscheinlich, daß Kahr und Lossow den Kampf gegen Berlin bis zum Ende durchfechten würden. Nach der Meuterei der bayrischen Reichswehr waren eigentlich die Brücken nach Berlin abgebrochen. Wenn Kahr erst einmal so weit gegangen war, konnte er auch den Befehl zum Einmarsch in Thüringen geben. Vom Standpunkt einer konsequenten Gegenrevolution aus konnte man sagen, daß Stresemann kein Vertrauen verdiene und nur Halbheiten machen würde. Es müsse unbedingt in Berlin gewaltsam eine völlig zuverlässige Reichsregierung eingesetzt werden. Freilich war die Aktion gegen Berlin nur denkbar, wenn die Konservativen und die Völkischen in Bayern einig blieben. Ein gesondertes Losschlagen der Völkischen war völlig sinnlos, weil sie niemals die bayrische Reichswehr und Polizei und die mit Kahr verbundenen Organisationen hätten niederringen können; ganz abgesehen von den Widerständen in Norddeutschland.

Demgemäß wurde eine Aktion der Völkischen in München am 8. November vorbereitet. Es handelte sich durchaus nicht um einen Aufstand gegen Kahr und die bayrische Regierung, sondern Kahr sollte durch sanfte Gewalt, die ihm vielleicht gar nicht unangenehm war, dahin gebracht werden, daß er den Beginn der Offensive gegen Berlin proklamierte. Zugleich sollte formell eine neue deutsche Reichsregierung gebildet werden. Am Abend des 8. November hielt Kahr einen Vortrag im Bürgerbräu-Saal in München. Da drangen nationalsozialistische Scharen unter Führung Hitlers in die Versammlung ein, proklamierten die »nationale Revolution« und forderten die anwesenden Kahr und Lossow auf, mitzuwirken. Nach einer dramatischen Szene kam es zur Einigung. Es wurde proklamiert, daß in der neuen nationalen Reichsregierung Hitler die politische Führung haben werde. General Lossow würde Reichswehrminister sein, der zum Kreise Kahr gehörende Chef der bayrischen Polizei, Oberst Seisser, würde Reichsinnenminister werden. General Ludendorff werde das Oberkommando über die gegen Berlin marschierenden Truppen übernehmen, während Kahr sich auch weiter mit der Regierung Bayerns begnügen wollte. Wäre es bei diesen Vereinbarungen vom 8. November geblieben, dann hätte sich eine konservativ-völkische Koalitionsregierung mit starkem Einfluß der Reichswehr gebildet, und der Marsch nach Berlin wäre sofort angetreten worden.

Wäre ein solches Unternehmen bei der damaligen Lage in Deutschland aussichtslos gewesen? So bestimmt, wie es gewöhnlich geschieht, läßt sich diese Frage nicht bejahen. Wäre die bayrische Reichswehr zusammen mit den Truppen Ehrhardts usw., geführt von Ludendorff, in Thüringen eingerückt, so ist es doch sehr zweifelhaft, ob die dortige Reichswehr geschossen hätte. War aber erst der Durchbruch durch Thüringen gelungen, dann hatte Ludendorff freie Bahn nach Berlin. Die deutsche Arbeiterschaft war damals so demoralisiert, daß sie auf keinen Fall den Generalstreik der Kapp-Tage wiederholt hätte. In Berlin selbst stand die Deutschnationale Partei außerhalb der Regierung und hätte sich sofort der Armee Ludendorffs zur Verfügung gestellt. Stresemann wurde Anfang November sogar in der Reichstagsfraktion seiner eigenen Partei heftig angegriffen. Zugleich hatte General von Seeckt den Rücktritt des Reichskanzlers und die Bildung eines Kabinetts auf anderer Basis empfohlen, damit man den Rechtsradikalismus »abfangen« könne. Wie man sieht, war die Bereitschaft zu einem Kompromiß mit Kahr und Ludendorff in den Rechtskreisen Norddeutschlands weit verbreitet. Stresemann selbst sagte am 5. November in einer Fraktionssitzung der Deutschen Volkspartei:

> »In dieser Woche wird sich entscheiden, ob die nationalen Verbände den Kampf wagen. Die Regierung hat genügend Reichswehr bei Co-

burg. Versagt die Reichswehr, so werden diese Gruppen siegen. Dann kommt vielleicht eine deutschnationale Diktatur. Ich bin das Hundeleben satt. Wenn die Banden in Berlin eindringen sollten, ich gehe nicht nach Stuttgart (wie die Reichsregierung beim Kapp-Putsch 1920). Dann sollen sie mich niederschießen an dem Platze, an dem zu sitzen ich ein Recht habe.«

Demnach hat Stresemann selbst sehr ernsthaft mit einem Sieg der Münchener Gegenrevolution gerechnet. Die Entschlossenheit, mit der Stresemann damals jedes Kompromiß ablehnte und sein Leben einsetzte, beweist, daß für ihn die verschiedenen diktatorischen Gewaltmaßnahmen – wie Exekution gegen Sachsen und das Ermächtigungsgesetz – doch nur ein Mittel zum Zweck sein sollten. Er wollte durch die Verwirrung des Augenblicks hindurch wieder zur verfassungsmäßigen Republik zurücksteuern. Er stand indessen mit diesem Ziele im November 1923 unter den Führern der Rechtsparteien und den deutschen Generälen ziemlich allein.

Die Münchener Gegenrevolution ist indessen in der Nacht vom 8. zum 9. November völlig zusammengebrochen. Als Kahr jene Versammlung in München abhielt, war er bereits zusammen mit seinem engsten Freundeskreis entschlossen, mit Berlin Frieden zu machen. Kahr und Lossow hielten die bestehenden Differenzen nicht mehr für groß genug, um deshalb den Marsch nach Berlin anzutreten. Die völkischen Führer wußten jedoch von dieser Schwenkung noch nichts, und so unternahmen sie das Experiment vom 8. November.

Kahr und Lossow hielten sich persönlich für gefährdet, wenn sie nicht wenigstens scheinbar auf die Vorschläge der in den Saal eindringenden bewaffneten Gruppen eingingen. Als sie jedoch den Saal verlassen hatten, widerriefen sie ihre Erklärungen und mobilisierten noch in der Nacht die Reichswehr und die Polizei gegen die Völkischen. Am Morgen des 9. November erkannten Hitler und Ludendorff, daß die bayrischen Konservativen von ihnen abgefallen waren. Auch jetzt entschlossen sich die Völkischen nicht zum Aufstand, dessen Aussichten, wenn sie allein blieben, nicht besser gewesen wären als am Tage zuvor. Sie unternahmen eine große Straßendemonstration ihrer Anhänger in München, wohl in der Hoffnung, daß Kahr und Lossow ihren Entschluß noch einmal revidieren könnten, wenn sie die für die nationale Revolution begeisterten Massen in München sehen würden. Das war freilich eine Illusion. Die Polizei schoß auf die demonstrierenden Nationalsozialisten und sprengte sie auseinander.

Als die bayrische Regierung gezeigt hatte, daß sie mit Waffengewalt gegen die völkischen Führer vorging, war damit tatsächlich der Frieden zwischen München und Berlin geschlossen. Eine stillschweigende Amnestie deckte die Meuterei des Generals von Lossow und den Hochverrat des Herrn von Kahr zu. Die bayrische Justiz verurteilte Hitler und mehrere andere Führer der Aktion vom 9. November zu milden Festungsstrafen. Der Prozeß war eine juristische Kuriosität, da ja die Hauptschuldigen Kahr und Lossow ohne Anklage und in Amt und Würden herumgingen.

Am 16. November erfolgte die Ausgabe des neuen stabilen Reichsgeldes, der Rentenmark. Deutschland hatte damals nicht genug Goldvorräte, um sofort den Schritt zur regulären Goldwährung zu tun. So kam es zu einem merkwürdigen Übergangsgebilde. Eine neue sogenannte Rentenbank brachte die Rentenmark heraus, die in einer möglichst geringen Menge in Umlauf gesetzt wurde. Zugleich wurde die Papiermark-Notenpresse stillgelegt, und es wurde für das noch umlaufende Papiergeld alten Stils ein festes Verhältnis zur Rentenmark geschaffen: eine Rentenmark = eine Billion (!) Papiermark. Die ganze Operation wurde von dem Reichsfinanzminister Luther und dem Währungskommissar der Reichsregierung, Schacht, geleitet. Eigentlich war die Rentenmark nur ein Bluff. Als ihre Deckung sollte der deutsche Grund und Boden aufgefaßt werden; eine scherzhafte Angelegenheit, die an die Experimente des Narren im zweiten Teil des Faust erinnert. Dennoch wirkte der Bluff zunächst, weil die Reichsregierung zu rücksichtslosen Sparmaßregeln griff und tatsächlich ihre Bedürfnisse mit der geringen Menge der vorhandenen Rentenmark befriedigte und weil die Wirtschaft sich denselben Zwang auferlegte. Dennoch hätte die Rentenmark, vor allem dem Ausland gegenüber, ihre Stabilität auf die Dauer nicht behaupten können. Erst der Übergang zur echten Goldwährung im Jahre 1924, mit Hilfe der Dawes-Anleihe, hat die deutsche Währung wirklich gesichert.

Der politische Erfolg der Rentenmark kam auf das Konto der Regierung Stresemann. Dennoch konnte die Reichsregierung sich nicht behaupten. Die Sozialdemokraten hatten begreiflicherweise seit den sächsischen Vorgängen kein Vertrauen mehr zur Führung Stresemanns, und die Deutschnationalen sahen in dem Reichskanzler das Hindernis auf dem Wege zu einer wirklichen Diktatur von rechts. Am 23. November wurde ein Vertrauensvotum für Stresemann im Reichstag abgelehnt. Für den Kanzler stimmten das Zentrum, die Demokraten und die Deutsche Volkspartei. Die meisten Abgeordneten der eigenen Partei gaben den Stimmzettel für Stresemann wohl nur ab, weil sein Sturz auch ohne ihre Mitwirkung gesichert war.

Die neue Reichsregierung trug den damaligen Umständen gemäß einen durchaus konservativen Charakter. Reichskanzler wurde der konservative Zentrumsführer Wilhelm Marx, der schon in der Kaiserzeit ein hoher preußischer Richter gewesen war. Luther blieb Reichsfinanzminister. Stresemann trat als Reichsaußenminister ebenfalls in die neue Regierung ein. Man wollte die wichtigen Verhandlungen nicht stören, die er in den letzten Monaten in der Reparationsfrage eingeleitet hatte. Wieweit Stresemann in der Lage sein würde, auch auf die Innenpolitik des Reichs einen Einfluß auszuüben, war noch sehr zweifelhaft. Das alte Ermächtigungsgesetz war mit der Auflösung der Regierung Stresemann gegenstandslos geworden. Nun verlangte die Regierung Marx ein neues. Solche Gesetze, die einen verfassungsändernden Charakter trugen, verlangten eine Zweidrittelmehrheit des Reichstags. Es zeigt die außerordentliche Schwäche der deutschen Arbeiterbewegung am Ende dieses ereignisvollen Jahres, daß die Sozialdemokraten am 8. Dezember dem Ermächtigungsgesetz, das heißt der großkapitalistischen Wirtschafts- und Finanzdiktatur, ihre Zustimmung gaben.

Die Umstellung der deutschen Wirtschaft, von den spekulativen und abenteuerlichen Methoden der Inflation zu den soliden Grundsätzen der Stabilisierung, vollzog sich durchaus zu Lasten der Arbeiterschaft. Eine mächtige Arbeitslosigkeit setzte ein, seitdem die bequemen Export- und Verkaufsbedingungen der Inflation den deutschen Unternehmern nicht mehr zur Verfügung standen. Im Juli 1923 betrug die Zahl der unterstützten Erwerbslosen in Deutschland nur 180 000, im Dezember waren es eineinhalb Millionen. Der Prozentsatz der voll arbeitslosen Gewerkschaftsmitglieder war im Juli 1923: $3^1/_2$, im Dezember waren es 28 Prozent. Dazu kamen im Dezember noch 42 Prozent Kurzarbeiter, so daß von 100 gewerkschaftlich organisierten Arbeitern nur noch 30 reguläre Arbeit hatten.

Der Verlust des Achtstundentages für die Mehrheit der deutschen Arbeiter ergibt sich aus der folgenden gewerkschaftlichen Statistik: Sie erfaßte zwar nur eine Minderheit der deutschen Arbeitnehmer, gibt aber doch im ganzen die Situation richtig wieder. Von den in dieser Statistik erfaßten Arbeitnehmern arbeiteten im Mai 1924: 45 Prozent wöchentlich bis zu 48 Stunden, 42 Prozent von 48 bis 54 Stunden und 13 Prozent über 54 Stunden in der Woche. Dabei war die Arbeitszeit in den Großbetrieben in der Regel am längsten. Die Löhne waren ebenfalls in den ersten Monaten der Stabilisierung außerordentlich gering. Es gibt eine gewisse Anschauung, wenn man die Löhne des Winters 1923/24 mit dem Einkommen der Arbeiter in der späteren, günstigeren Zeit der deutschen Republik vergleicht. Im Jahre 1928 war das Einkommen des deutschen Arbeiters zwar auch nicht überwältigend hoch, aber doch wenigstens erträglich. Der gelernte Textilarbeiter verdiente wöchentlich im Juli 1928 nicht ganz 37 Mark, im Januar 1924 nur 20 Mark. Der gelernte Metallarbeiter hatte im Juli 1928 ein Wocheneinkommen von über 50 Mark, im Januar 1924 nur von 28 Mark. Die Indexzahl der deutschen Lebenshaltung war nach der amtlichen Statistik im Dezember 1923: 142,2 und im Juli 1928: 152,6. Man sieht daraus, daß Ende 1923 die deutsche Lebenshaltung schon fast ebenso teuer war wie im Sommer 1928. Dennoch waren die Löhne zu Beginn der Stabilisierung nur etwa die Hälfte von den Löhnen des Jahres 1928.

Wenn man diese Tatsachen über die Erwerbslosigkeit, die Arbeitszeit und die Lohnhöhe zusammennimmt, erkennt man ungefähr die Situation der deutschen Arbeitnehmerschaft am Ende der Inflation. Das Proletariat hatte eine entscheidende Niederlage erlitten und mußte deshalb die Kriegskosten zahlen. Es war die dritte große Niederlage der deutschen Arbeiterschaft seit dem 9. November, wenn man die Kämpfe vom Januar bis Mai 1919 als die erste rechnet, den Ausgang des Kapp-Putsches als die zweite und den Oktober 1923 als die dritte Niederlage. Die politische Verantwortung trägt jedesmal die Partei, die in der betreffenden Zeit den maßgebenden Einfluß in der deutschen Arbeiterschaft hatte, 1919 die SPD, 1920 die USPD, speziell ihr linker Flügel, und 1923 die KPD. Wenn sich die politische Schuld in dieser wunderlichen Gleichmäßigkeit auf alle Richtungen der deutschen Arbeiterbewegung verteilt, so zeigt dies, daß es sich hier nicht nur um die Unzulänglichkeit einzelner Führer handeln kann, sondern daß die deutsche sozialistische Arbeiterschaft als Ganzes den riesigen Aufgaben nicht gewachsen war, vor die sie der 9. November 1918, eigentlich ganz unvorbereitet, gestellt hat.

Am Ende des Jahres 1923 war das deutsche Großkapital, zusammen mit den Reichswehrgenerälen, der unbestrittene Sieger. Die KPD hatte sich ohne Widerstand verbieten lassen und focht jetzt mühsam in der Illegalität ihre Richtungsstreitigkeiten aus. Die SPD hatte durch die Annahme des Ermächtigungsgesetzes ebenfalls kapituliert. Der demokratische Zentrumsflügel war als politische Kraft nicht mehr vorhanden. Auf der anderen Seite war jetzt auch die völkische Partei verboten. Die völkischen und Freikorpsführer, die sich zu sehr kompromittiert hatten, saßen in Haft oder waren auf der Flucht. Die vollziehende Gewalt hatte in ganz Deutschland die Reichswehr, abgesehen von den Gebieten, in denen die Ententetruppen standen. Die Reichsregierung übte in den wirtschaftlichen und sozialen Fragen eine schrankenlose Diktatur aus: mit Hilfe ihrer Verordnungen auf Grund des Ermächtigungsgesetzes.

Im Dezember 1923 hätte ein kritischer Beobachter für den Bestand der Weimarer Republik keine fünf Rentenmark gegeben, denn alle demokratischen Kräfte im Lande waren zertrümmert, und die Gegenrevolution hatte alle Trümpfe in der Hand. Als aber der Frühling kam, wurde der militärische Ausnahmezustand sang- und klanglos aufgehoben. Das Ermächtigungsgesetz lief ab, die Währung blieb stabil, und ohne viel Aufsehen und ohne dramatische Kämpfe war plötzlich die demokratische Republik wieder da. Dieses Wunder kam durch die Wendung der Reparationspolitik, durch die Intervention der New Yorker Börse in Deutschland und durch Stresemann.

VIII. Kapitel

Stabilisierung und Stresemann 1924-1928

Am Ende des Weltkrieges waren die Vereinigten Staaten finanziell und militärisch, in der Produktivkraft und im politischen Einfluß die erste Macht der Erde geworden. Präsident Wilson wollte, daß Amerika diese seine Macht in der Form einer direkten Weltherrschaft ausüben sollte, indem die Vereinigten Staaten die Leitung des Völkerbundes übernähmen und mit Hilfe dieses Apparates überall ihren Willen durchsetzten. Die große Mehrheit des amerikanischen Bürgertums lehnte jedoch diese Gedanken Wilsons ab: Man war zufrieden mit der gewaltigen politischen und wirtschaftlichen Machtstellung, wie Amerika sie errungen hatte, wollte aber die Verantwortung für die Details der europäischen Politik nicht tragen. Infolgedessen blieben die Vereinigten Staaten dem Völkerbund fern und vermieden nach 1919 zunächst jede Einmischung in die Streitfragen Europas.

Allmählich bereitete sich jedoch eine Wandlung in den maßgebenden finanziellen und politischen Kreisen Amerikas vor. Die Amerikaner suchten nach Gelegenheiten, um ihre gewaltigen aufgespeicherten Kapitalien möglichst nutzbringend anzulegen. Dabei fiel ihr Auge auf Deutschland, das zwar im Jahre 1923 völlig zerrüttet und von Fiebern erschüttert war, das aber zugleich die verlockende Verbindung von völliger Kapitalarmut und mächtigen industriellen Möglichkeiten darbot. Wenn es gelingen sollte, in irgendeiner Form Deutschland zu sanieren, seine innen- und außenpolitischen Krisen so weit zu heilen, daß Deutschland wieder ein zuverlässiger und korrekter Schuldner werden konnte, dann öffnete sich hier ein Feld geradezu unbegrenzter finanzieller Möglichkeiten. Das Resultat solcher Überlegungen war, daß die Vereinigten Staaten zwar immer noch nicht in den Völkerbund gehen wollten, daß sie aber ihre Bereitschaft kundtaten, bei einer Lösung der Reparationsfrage zu helfen. Der amerikanische Botschafter in Berlin, Houghton, vertrat die Auffassung seiner heimischen Regierung geschickt und wirkungsvoll und machte dem deutschen Außenminister die nötigen Mitteilungen. Eine wirksame Hilfe fand Houghton in dem englischen Botschafter in Berlin, Lord d'Abernon. Die englisch-französische Zusammenarbeit war durch die Politik Poincarés und durch den französischen Einmarsch ins Ruhrgebiet erheblich gestört worden. Die englische Regierung mußte 1923 dem deutsch-französischen Konflikt tatenlos zusehen. Jetzt wünschte England, sich wieder in die mitteleuropäischen Angelegenheiten einzuschalten. Das beste Mittel dafür war eine Vermittlung zwischen Deutschland und Frankreich. So vereinigten sich gegen Ende des Jahres 1923 die amerikanischen und die englischen Bemühungen, um eine Beendigung des deutsch-französischen Streits und eine Lösung der Reparationsschwierigkeit zu suchen. Diese Bestrebungen der angelsächsischen Politik fanden in Frankreich eine günstige Aufnahme.

Obgleich die französischen Truppen, nach dem Zusammenbruch des deutschen passiven Widerstandes, völlig unangefochten im Ruhrgebiet standen und die Wirtschaft im deutschen Westen den französischen Befehlen gehorchen mußte, hatte doch die Begeisterung für das Ruhrunternehmen in Frankreich stark nachgelassen. An die Möglichkeit, große deutschsprechende Gebiete zu annektieren, dachte jetzt in Frankreich kein ernsthafter Mensch mehr. Denn alle Versuche, die besetzten Gebiete zum Abfall von Deutschland zu bringen, waren an dem Widerstand der erdrückenden Mehrheit der rheinischen Bevölkerung gescheitert. Die Mehrheit des französischen Volkes wollte mit dem Ruhrabenteuer Schluß machen, sobald Frankreich auf eine Erfüllung seiner wesentlichen finanziellen Forderungen rechnen konnte. Die Massen der französischen Arbeiter, Bauern und Kleinbürger wollten keinen neuen Krieg und lehnten die gewalttätige Besetzung deutscher Landschaften ab. Die französische Regierung paßte sich der Volksstimmung an und stimmte der Einsetzung einer Kommission von Wirtschaftssachverständigen zu, die eine Prüfung der wirklichen Leistungsfähigkeit Deutschlands vornehmen sollte. Bei den französischen Wahlen im Mai 1924 siegte der Linksblock, der sich aus den Sozialisten und den kleinbürgerlichen Radikalen zusammensetzte. Die neue französische Regierung Herriot war unbedingt zur Verständigung bereit.

Die Sachverständigenkommission, unter dem Vorsitz des amerikanischen Finanzmanns Dawes, erstattete im April 1924 ihren Bericht, der nach umständlichen Verhandlungen die Billigung aller interessierten Regierungen, sowohl der Gläubigerstaaten wie Deutschlands, fand. In Berlin setzte sich vor allem Stresemann, stark beeinflußt durch den Rat Houghtons und d'Abernons, für die Annahme des Dawesplanes ein. Stresemann sah hier endlich die entscheidende Wendung, die Möglichkeit, Deutschlands außenpolitische Stellung neu zu befestigen, die deutsche Wirtschaft zu sanieren und dadurch auch in Deutschlands trauriger Innenpolitik ein Gleichgewicht zu finden.

Der leitende Gedanke des Dawesplanes war, die Reparationsfrage aus einem Instrument der französischen Machtpolitik in ein gewaltiges Geschäft der internationalen, speziell der amerikanischen Finanz zu verwandeln. Deutschland sollte zunächst eine Auslandsanleihe von 800 Millionen Goldmark erhalten. Der Ertrag dieser Anleihe sollte die Gold- und Devisenbestände der Reichsbank so vermehren, daß Deutschland die überaus problematische Rentenmark aufgeben und zu einer echten und gesicherten Goldwährung übergehen konnte. Die Lösung der Reparationsfrage sollte Deutschland von den ständigen außenpolitischen Störungen befreien und der deutschen Wirtschaft den nötigen Frieden und die so lange vermißte Sicherheit zurückgeben. Dann würden die deutschen Firmen, Gemeinden, Länder usw. imstande sein, die ausländischen Anleihen zu bekommen, die zur Ankurbelung ihrer Tätigkeit nötig waren.

War erst einmal die deutsche Wirtschaft in dieser Form saniert, dann konnte sie auch die nötigen Steuerbeträge aufbringen, die der Staat für Reparationszwecke brauchte. Die Dawes-Kommission setzte die Gesamtsumme der Reparationsschuld Deutschlands nicht fest, sondern nannte nur die Jahresraten, die Deutschland vorläufig aufzubringen hatte. Im ersten Jahre des Dawesplans sollte Deutschland eine Milliarde Goldmark als Reparation zahlen. Dann sollten die Jahresraten steigen, bis sie 1928/29 die Höhe von zweieinhalb Milliarden Goldmark erreichten. Bis zum Einbruch der Weltwirtschaftskrise 1929 hat Deutschland tatsächlich diese Jahresraten pünktlich zahlen können, ohne daß scheinbar die Lebenshaltung des deutschen Volkes darunter litt. Im Gegenteil, in denselben Jahren ging auch die Kurve der deutschen Arbeitslöhne und Beamtengehälter im ganzen nach oben. So weit hat die Dawes-Kommission richtig prophezeit, und ihr Urteil über Deutschlands Leistungsfähigkeit in normalen Zeiten war zutreffend. Die Auslandsanleihen gaben der deutschen Wirtschaft einen solchen Aufschwung, daß sie von 1924 bis 1929 die riesigen Steuerbeträge aufbrachte, die von ihr verlangt wurden, und auch die Reparation zahlen konnte. Trotzdem ruhte diese ganze Leistungsfähigkeit der deutschen Wirtschaft auf keiner soliden Basis. Der Aufschwung wäre ohne die fremden Gelder nicht möglich gewesen, und es war auch kein Zeitpunkt abzusehen, an dem die deutsche Wirtschaft wieder würde auf eigenen Füßen stehen können. Falls eine Krise hereinbrach und die Auslandsgelder ausblieben, dann gingen auch die Steuereingänge zurück, so daß Reparationszahlungen nicht möglich waren.

Der Dawesplan war mit einer Reihe von Sicherungen und Kontrollen ausgestattet, die zum Teil für Deutschland sehr peinlich waren. Die Eisenbahn wurde dem Reich entzogen und einer neugegründeten autonomen Gesellschaft unterstellt, auf deren Leitung Vertreter der Reparationsgläubiger entscheidenden Einfluß hatten. Die deutsche Eisenbahn sollte in erster Linie zur Aufbringung der Reparationen herangezogen werden. Dies gelang nur unter schärfster Anspannung des ganzen Betriebes, unter schweren Opfern der Eisenbahnarbeiter und zum Teil auf Kosten der Betriebssicherheit des deutschen Verkehrs. Ferner wurde die Reichsbank in ein von der Reichsregierung unabhängiges Institut verwandelt, das ebenfalls unter ausländischer Kontrolle stand. Man wollte auf diese Weise verhindern, daß die Reichsregierung sich von der Reichsbank wieder Geld borgte und daß so eine neue Inflationsgefahr sich bildete. Dazu kamen noch verschiedene andere Sicherungen und Kontrollen. Als Generalaufseher für die Durchführung des Dawesplanes ließ sich in Berlin ein amerikanischer Finanzmann, Parker Gilbert, nieder. Er war der offizielle Vertrauensmann der Gläubiger. Er hatte zwar keine direkte Befehlsgewalt über die deutsche Regierung, aber da die Existenz Deutschlands vom Funktionieren des Dawesplans und der Auslandsanleihen abhing und Parker Gilbert beides in seiner Hand hatte, war er einer der mächtigsten Männer in Berlin.

Das System der fremden Kontrollen und Aufseher war ungefähr den Methoden nachgebildet, mit denen die fremden Gläubiger die Finanzen der typischen »kranken Männer« unter den Nationen, der Türkei und Chinas, zu beaufsichtigen pflegten. Ebenso war jetzt Deutschland zu einer Art von Kolonie der New Yorker Börse geworden. Stresemann übernahm jedoch die Verantwortung für all diese Unannehmlichkeiten, wenn nur die Hauptsache seinen Plänen entsprach: Deutschland hatte jetzt endlich seit 1924 seinen Reparationsfrieden. Es waren bestimmte Zahlungen zu leisten, deren Aufbringung möglich war, und solange Deutschland pünktlich zahlte, konnten die fremden Kontrolleure nicht viel Schaden anrichten.

Als der Dawesplan zu funktionieren begann und Frankreich pünktlich seine Reparationszahlungen erhielt, räumte es das Ruhrgebiet. Nun setzte Stresemann seine Energie dafür ein, auch den Abzug der Ententetruppen vom linken Rheinufer zu erreichen. Die Lösung dieser Aufgabe war überaus schwierig. Denn einflußreiche militärische Kreise Frankreichs sahen in der Anwesenheit der französischen Truppen am Rhein die einzige wirksame Sicherheit gegen einen neuen deutschen Angriff. Stresemann glaubte, daß er Frankreich eine andere, bessere Sicherung anstelle der Besetzung des deutschen Rheinufers bieten müsse. So kam es zu der Locarno-Politik und zum Eintritt Deutschlands in den Völkerbund. Bei diesen Verhandlungen spielte wiederum der englische Botschafter in Berlin, Lord d'Abernon, eine maßgebende Rolle. Er bereitete, zusammen mit Stresemanns erstem Mitarbeiter, dem Staatssekretär von Schubert, den deutschen Sicherheitsplan vor, der Anfang 1925 in London und Paris vorgelegt wurde.

In seinem später veröffentlichten Tagebuch bemerkt Lord d'Abernon zum 14. Januar 1925: »Ich habe heute die Frage der Sicherheit mit Schubert erörtert.« Es folgen dann nähere Angaben über dieses Gespräch. In einer Anmerkung, datiert vom 18. November 1925, schreibt d'Abernon:

> »Das obige Gespräch fand sechs Tage vor der Absendung der Note vom 20. Januar statt, die man in London unterbreitete und die mit dem am 10. Februar an die Pariser Regierung gerichteten Memorandum identisch war. Schubert und ich sprachen häufig vom Sicherheitspakt als dem ›Kind‹, denn wir faßten ihn mehr oder weniger als ein gemeinsames Erzeugnis auf und wachten über seine ersten Schritte mit einer fast väterlichen Sorge.«

Ein solcher Einfluß eines fremden Botschafters auf die Regierung, bei der er arbeitet, ist tatsächlich nicht ganz alltäglich.

Der Grundgedanke der Locarnoverträge war, daß Deutschland, Frankreich und Belgien sich gegenseitig verpflichteten, ihre gegenwärtige Grenze zu respektieren und sie auf keinen Fall gewaltsam zu ändern. Das bedeutete für Deutschland den engültigen Verzicht auf Elsaß-Lothringen; an sich kein großes Opfer, da seit 1919 kein ernsthafter deutscher Politiker mit einer Rückgewinnung dieser Länder rechnete. Ferner verzichtete Deutschland damit auf eine gewaltsame Zurückeroberung der Kreise Eupen und Malmedy, die 1919 an Belgien abgetreten worden waren. Das hinderte freilich nicht, daß Stresemann versuchte, durch eine gütliche Verständigung die beiden Kreise von Belgien zurückzuerhalten. Auf der anderen Seite verzichtete Frankreich durch den Locarnovertrag auf jeden Versuch, seine Grenzen gewaltsam ins Rheinland vorzuschieben.

Für die so gestaltete deutsch-französisch-belgische Grenze übernahmen England und Italien die Garantie. Beide Mächte verpflichteten sich, im Falle einer gewaltsamen Verletzung der deutsch-französischen Grenze dem Angegriffenen militärisch beizustehen. Stresemann hielt an der Überzeugung fest, daß eine deutsch-französische direkte Zusammenarbeit ohne englisch-amerikanische Vermittlung schwer denkbar sei. Der englischen Politik war diese Auffassung Stresemanns begreiflicherweise willkommen. Frankreich war zunächst ebenfalls über diese neue Verstärkung seiner Sicherheit befriedigt. Das Locarnoabkommen sah ferner vor, daß Deutschland dem Völkerbund beitreten solle. Auf diese Weise konnten die Friedenssicherungen der Völkerbundssatzung auch auf das deutsch-französische Verhältnis Anwendung finden. Nach mancherlei Schwierigkeiten konnte Deutschland 1926 dem Völkerbund beitreten. Es erhielt einen ständigen Sitz im Völkerbundsrat und war damit wieder formell als Großmacht anerkannt. Im Anschluß an den Locarnovertrag räumten die Ententetruppen die nördliche Kölner Zone des besetzten Gebiets, und es bestand die Hoffnung, daß auch der Rest des besetzten Rheinlandes demnächst von den fremden Truppen frei würde.

Lord d'Abernon schrieb im Oktober 1926 über die Locarnopolitik:

> »Man kann getrost sagen, daß die Feindseligkeit zwischen England und Deutschland sich zum großen Teil gelegt hat. Der beste Beweis dafür ist, daß England jetzt die Rolle eines Schiedsrichters und Garanten der territorialen Unantastbarkeit nicht nur Frankreichs, sondern auch Deutschlands spielt. Es ist außerdem hauptsächlich dem englischen Einfluß in Genf zu verdanken, daß Deutschland dort eine Stellung eingeräumt bekam, die seiner nationalen Würde Rechnung trägt. Ich persönlich bin der Ansicht, daß die neue Stellung Englands als Schiedsrichter und Garant nicht nur würdiger und uneigennütziger, sondern auch klüger und richtiger ist. Durch unsere Intervention in dieser neuen Eigenschaft, in der wir von Italien unterstützt werden, dem eine ähnliche Rolle zufällt, hat sich die Gefahr eines Krieges zwischen Deutschland und Frankreich wesentlich vermindert.«

Vom englischen Standpunkt aus sind die Betrachtungen Lord d'Abernons unbedingt zutreffend. Vom deutschen Standpunkt aus erscheinen die Dinge freilich anders. Denn zwei Personen können ebensowenig wie zwei Völker zu einer wirklichen Freundschaft gelangen, wenn ständig ein Dritter dazwischen stehen muß, um zu verhindern, daß sie aufeinander losschlagen. Der französische Außenminister Briand, der trotz seiner pazifistischen Schlagworte durchaus realpolitisch denken konnte, war offenbar mit diesem Zustande nicht zufrieden. Bei der feierlichen Begrüßung Stresemanns in Genf 1926, als des ersten Vertreters Deutschlands im Völkerbund, hielt Briand eine aufsehenerregende Rede über die kommende deutsch-französische Freundschaft. Im Anschluß daran fand eine Konferenz zwischen Briand und Stresemann in dem kleinen Ort Thoiry bei Genf statt, in der eine direkte Verständigung zwischen den beiden Mächten über alle strittigen Fragen gesucht wurde. Praktische, nennenswerte Folgen hatte freilich Thoiry nicht, und Stresemann ist auch danach bei seiner traditionellen politischen Linie geblieben.

Daß die Zusammenkunft von Thoiry dem Locarnogedanken widersprach, hat niemand deutlicher gesehen als Lord d'Abernon. Er schrieb sichtlich übelgelaunt am 30. September 1926 in sein Tagebuch:

> »Schubert, der gerade aus Genf zurückkam, ist von dem Thoiry-Gespräch ebensowenig begeistert wie ich. Er hält eine enge Verbindung

der drei westlichen Mächte für den wesentlichen Geist von Locarno. Jede Abkehr von diesem Prinzip, wie die letzte fugue à deux (Flucht zu zweien) in die Berge, ist ein Abweichen von der grundlegenden Auffassung. Wir bedauerten beide, daß Chamberlain (der englische Außenminister) Genf zu früh verlassen hatte. Nach seiner Abreise wußte man nicht, an wen man sich zu halten hatte... Stresemann hatte ursprünglich die Absicht, Schubert zu dem berühmten Frühstück in Thoiry mitzunehmen, aber er gab schließlich den Gedanken auf. Es unterliegt keinem Zweifel, daß in der Herzlichkeit des geselligen Zusammenseins sowohl Briand wie Stresemann einander vieles versprachen, was schwer durchzuführen sein wird, und sich über Finanzfragen verbreiteten, in denen ihre Kenntnisse mehr phantasiereich als zutreffend sind.«

Der Eintritt Deutschlands in den Völkerbund brachte für Stresemann eine neue Schwierigkeit, nämlich die Gefahr einer Störung der deutsch-russischen Freundschaft. In dieser Zeit war in Asien, besonders in China, der Gegensatz zwischen Sowjetrußland und England außerordentlich scharf. Dazu kamen die Schwierigkeiten der Sowjetregierung an ihrer Westgrenze, im Verhältnis zu Polen, Rumänien usw. Rußland fürchtete, daß der Völkerbund, unter irgendeinem Vorwand, eine Strafexpedition gegen die Sowjetmacht einleiten würde. Der Eintritt Deutschlands in den Völkerbund schien den Übergang Deutschlands in eine antirussische Koalition zu bedeuten. Stresemann war jedoch imstande, die russischen Befürchtungen zu zerstreuen. Er schloß, parallel zu den Locarno-Abmachungen, mit Rußland den Berliner Vertrag, der die Fortsetzung der Rapallopolitik sicherte. Ferner machte Deutschland beim Eintritt in den Völkerbund einen Vorbehalt, daß es sich gegen seinen Willen in keine militärische Unternehmung des Völkerbundes hineinziehen lassen werde. So erkannte die Sowjetregierung, daß sie von Stresemann nichts zu befürchten habe, und die politische und wirtschaftliche Zusammenarbeit zwischen Moskau und Berlin ging weiter.

Stresemann war der erste deutsche Staatsmann seit Bismarck, der einen wirklichen, umfassenden Plan der Außenpolitik hatte und ihn im wesentlichen konsequent durchführte. So gewann Stresemann im Ausland ein Vertrauen, wie es ebenfalls seit 1890 kein deutscher Staatsmann genossen hatte. Die Verleihung des Nobel-Friedenspreises an Stresemann, als verantwortlichen Leiter der deutschen Außenpolitik, zeigte, wie sehr sich die internationale Stimmung seit 1919 gewandelt hatte. Stresemann stützte sich in erster Linie auf die Freundschaft Englands und Amerikas, aber er verband damit, was in jenen Jahren durchaus nicht leicht war, gute Beziehungen zu Rußland und, obwohl Thoiry nur eine Episode blieb, durchaus korrekte, manchmal sogar freundschaftliche Beziehungen zu Frankreich. Stresemann konnte nicht nur mit Briand zusammenarbeiten, sondern auch mit Poincaré, als dieser Staatsmann wieder an die Spitze der französischen Regierung zurückkehrte.

Solange Stresemann Minister war, kam es zu keinen neuen Reparationskonflikten. Das Ruhrgebiet und die nördliche Hälfte des besetzten Rheinlandes waren geräumt. Wegen der Räumung des restlichen Rheinlandes und der Rückgabe von Eupen und Malmedy schwebten aussichtsreiche Verhandlungen. Daß bei der kommenden Abstimmung im Saargebiet die Bevölkerung sich zu 99 Prozent für Deutschland erklären würde, war in der Zeit Stresemanns selbstverständlich. Ebenso selbstverständlich war damals, daß Deutschösterreich in jeder Frage sich eng an Deutschland anlehnte, auch wenn der Friedensvertrag den formellen Anschluß Österreichs an Deutschland nicht zuließ. So sah Stresemann den Weg, um die Probleme zu lösen, die im Westen und Süden für die deutsche Außenpolitik bestanden. Die Hauptschwierigkeit blieb freilich immer noch im Osten die Frage der deutsch-polnischen Grenze.

Stresemann hat niemals die bestehende deutsch-polnische Grenze für sich als verbindlich anerkannt, wenn er auch in den Locarno-Abmachungen die Versicherung abgab, daß Deutschland gewaltsam seine Ostgrenze nicht ändern würde. Mit größter Entschiedenheit vertrat Stresemann auf den Tagungen des Völkerbundes die Interessen Danzigs und der deutschen in Polen lebenden Minderheit. Nach seiner Überzeugung war nur durch ständige Besserung des deutsch-französischen Verhältnisses, bei gleichzeitiger Freundschaft Deutschlands mit England und Rußland, eine Lösung der Ostfrage anzubahnen. Je stärker Deutschland in den internationalen Beziehungen wurde, um so schwächer wurde Polen, und dann mußte der Moment kommen, in dem Polen ein Kompromiß annahm, das, gegen irgendwelche andere Zugeständnisse, Danzig und den Korridor an Deutschland zurückbrachte und so die direkte Verbindung mit der abgeschnittenen Provinz Ostpreußen wieder öffnete.

Wesentliche Einwendungen lassen sich nicht gegen diese politischen Gedanken Stresemanns im engeren Sinn machen, sondern nur gegen die weltwirtschaftlichen Zusammenhänge, in die Stresemanns Politik hineingehörte. Stresemann konnte alle seine Erfolge nur erzielen, indem er Deutschland an das westliche Finanzkapital und ganz besonders an die New Yorker Börse anhängte. Daraus ergaben sich nicht nur die peinlichen Einzelheiten der fremden Gläubigerkontrolle über Deutschland, sondern das Geschick Deutschlands im ganzen war von jeder Schwankung der amerikanischen Prosperität abhängig. Auf den Auslandsanleihen beruhte die Fähigkeit Deutschlands, Reparationen zu zahlen. Wenn Deutschland einmal nicht zahlen konnte, brach sein internationaler Kredit zusammen, und dann war das ganze politische System gescheitert, das Stresemann so mühsam errichtet hatte.

Man kann nicht behaupten, daß Stresemann für diese Gefahr blind gewesen ist. So sagte er auf einer Pressekonferenz im November 1928 den Vertretern der deutschen Zeitungen:

»Ich möchte Sie bitten, bei Ihren Beurteilungen der wirtschaftlichen Lage Deutschlands und auch der anderen hiermit zusammenhängenden Fragen den Gedanken zugrunde zu legen, daß wir in Deutschland in den letzten Jahren von gepumptem Gelde gelebt haben. Wenn einmal eine Krise bei uns kommt und die Amerikaner ihre kurzfristigen Kredite abrufen, dann ist der Bankerott da. Was wir an Steuern erheben, geht bis an die Grenze dessen, was ein Staat überhaupt tun kann. Ich weiß nicht, woher neue Steuern geholt werden können. Die Statistiken zeigen, wieviel die Städte gebraucht haben, wieviel die Industrie gebraucht hat, wieviel fremdes Gut wir überhaupt aufgenommen haben, um uns aufrechtzuerhalten. Wir sind nicht nur militärisch entwaffnet, wir sind auch finanziell entwaffnet. Wir haben keinerlei eigene Mittel mehr.«

Im August 1928 hatte Stresemann eine bedeutsame Unterredung mit Poincaré in Paris. Nach Stresemanns eigenen Aufzeichnungen sagte er damals dem französischen Ministerpräsidenten:

»Unsere Wirtschaft hat viele Millionen Goldmark namentlich aus Amerika sich geborgt. Neben langjährigen Schulden gibt es auch Schulden auf kürzere Zeit. In dem Augenblick, in dem in der Welt bekannt würde, daß Deutschland seinen internationalen Verpflichtungen nicht nachkäme, würden diese Guthaben Amerikas gekündigt werden. In demselben Augenblick könnten wir die 64 Millionen Menschen nicht mehr ernähren. Die Wirtschaft würde zum Teil zusammenbrechen. Glauben Sie, daß Deutschland diese Konsequenz auf sich nimmt? Die Notwendigkeit Deutschlands, diesen internationalen Kredit aufrechtzuerhalten — und wir brauchen sogar noch weitere Mittel —, ist für Sie, als den französischen Finanzminister, ein viel wichtigeres Pfand als die Besetzung des Rheinlandes.«

Das Volkseinkommen Deutschlands in den Jahren der Stabilisierung betrug vielleicht 50 Milliarden Goldmark jährlich. Die direkte Reparationszahlung betrug zuletzt zweieinhalb Milliarden. Die wirkliche Gefahr für die deutsche Wirtschaft lag nicht darin, daß von 50 Milliarden zweieinhalb abgegeben werden mußten, sondern sie bestand darin, daß Deutschland vielleicht 25 Milliarden Schulden im Ausland hatte, zum Teil kurzfristige Schulden, die jeden Augenblick abberufen werden konnten, und daß die deutsche Wirtschaft ununterbrochen neues Auslandsgeld brauchte, um die Position zu behaupten, die sie seit 1924 gewonnen hatte. Hier lag die eigentliche Gefahr für das politische und ökonomische System, das mit dem Namen Stresemann verknüpft ist.

Die Ereignisse seit 1930 gaben denen eine weitgehende Rechtfertigung, die seit 1924 die ganze Politik Stresemanns, angefangen vom Dawesplan, abgelehnt haben. Auf der anderen Seite muß man freilich berücksichtigen, daß es Stresemann persönlich nicht mehr beschieden gewesen ist, sein System in der Krisenzeit seit 1930 zu verteidigen. Das Kapital an internationalem Vertrauen, das Stresemann mühsam zusammengebracht hatte, ist unter seinen Nachfolgern schnell und gründlich verwirtschaftet worden. Vielleicht hätte Stresemann die außerordentliche Autorität, die er in den internationalen politischen und Wirtschaftskreisen genoß, doch dazu benutzen können, um nach 1930 den jähen Absturz der deutschen Wirtschaft aufzuhalten.

Die deutsche Wirtschaft hat sich unter der belebenden Wirkung der Auslandsanleihen schnell von der Krise erholt, die in den ersten Monaten der stabilen Währung über Deutschland hereingebrochen war. Die Zahl der unterstützten deutschen Arbeitslosen sank schon im April 1924 auf 700 000 und erreichte im Juli 1925 den außerordentlichen Tiefstand von 195 000. In den ersten Monaten des Jahres 1926 kam es freilich zu einer neuen Krise auf dem Arbeitsmarkt. Im März dieses Jahres gab es zwei Millionen unterstützte Erwerbslose. Dann besserte sich aber die Situation wieder, und im größten Teil des Jahres 1927 hielt sich die Zahl der unterstützten Erwerbslosen unter einer Million. Im August 1928 gab es 650 000 unterstützte Arbeitslose. Die deutsche Währung stand seit dem Übergang zur Goldmark im Jahre 1924 vollkommen fest. Die Gold- und Devisenbestände der Reichsbank hielten sich seit 1926 auf einer Höhe von ungefähr zweieinhalb Milliarden, gegenüber einem Geldumlauf von ungefähr sechs Milliarden, so daß die Sicherheit der deutschen Mark über jeden Zweifel erhaben war.

Begierig machten alle Kreise der deutschen Wirtschaft von dem bereitwillig angebotenen Auslandsgelde Gebrauch. In erster Linie nahmen die Industriellen und Stadtgemeinden ausländische Anleihen auf. Aber auch die Landwirte, die in der Inflation ihre alten Schulden getilgt hatten, benutzten gern die Gelegenheit, um neue Hypotheken zu erhalten. Die deutsche Wirtschaft hatte seit 1914 ein normales und solides Arbeiten nicht mehr gekannt. Erst kamen die vier Jahre der Kriegswirtschaft; es folgte bis 1923 die wahnwitzige Spekulationsperiode der Inflation, und nun kam seit 1924 die Zeit der Auslandsanleihen.

Der Beamtenapparat Deutschlands war nach der Revolution außerordentlich aufgebläht worden. Die republikanischen Parteien hielten es nicht für ihre Aufgabe, den alten kaiserlichen Beamtenapparat aufzulösen, sondern schickten ihre eigenen Anhänger zur Ergänzung in den alten Beamtenkörper hinein. Die vielen neuen Aufgaben, besonders auf den Gebieten der Sozialpolitik und der Wohlfahrt, wie das Reich, die

Länder und Gemeinden sie sich stellten, führten stets zur Schaffung neuer Beamtenstellen. In der Zeit nach 1924 glaubten die deutschen Behörden geradezu, daß das Geld keine Rolle spielt und daß man jederzeit so viel Geld haben werde, wie man nur wolle. So wurden alle möglichen öffentlichen Bauten, Unternehmungen usw. begonnen, die an sich durchaus nützlich und zu rechtfertigen waren, die aber der wirklichen Lage Deutschlands nicht entsprachen. Im Zeichen des allgemeinen Segens hat dann die Reichsregierung die Beamtengehälter mächtig erhöht, und die Länder und Gemeinden konnten nicht zurückbleiben.

Die Folge aller dieser Tendenzen war, daß die öffentlichen Ausgaben Deutschlands, und demgemäß der Steuerbedarf von Reich, Ländern und Gemeinden, nach 1924 eine phantastische Höhe erreichten. Anfang 1928 rechnete das Deutsche Reich mit Steuereinnahmen von fast neun Milliarden Goldmark, von denen die Länder und Gemeinden als Überweisungen aus der Reichskasse über drei Milliarden erhalten sollten. Dazu kamen noch vier Milliarden Goldmark eigener Steuern der Länder und Gemeinden. Die deutschen Behörden gaben also in einem Jahr 13 Milliarden Goldmark an Steuergeldern aus. Wenn die Wirtschaft und die Volksmasse solche Summen an Steuern aufbringen sollten, mußten sie auch entsprechende Einnahmen haben. Die deutsche Industrie war in straffen Kartellen organisiert, um die Preise hochzuhalten. Durch einen lückenlosen Zolltarif hielten die Industriellen so gut wie die Landwirte Deutschlands jede unerwünschte fremde Konkurrenz vom heimischen Markt fern. Es ist begreiflich, daß die Preise der deutschen Waren unter solchen Umständen hoch lagen. Auf dem Weltmarkt hatte der deutsche Export jetzt viel mehr Schwierigkeiten als während der Inflationszeit.

Die deutschen Unternehmer suchten, soweit es möglich war, sich an internationalen Kartellen zu beteiligen, um das Prinzip der hohen Preise auch über die Landesgrenzen hinauszutragen. In erster Linie ist hier das mitteleuropäische Stahlkartell zu nennen. Dazu kamen internationale Abmachungen in der Kaliindustrie, der chemischen Industrie, der Automobilerzeugung, im Schiffbau, in der Elektrotechnik usw. Die Handelsverträge, die Deutschland in dieser Zeit abschloß, enthielten fein ausgeklügelte Kontingente, indem Deutschland sich verpflichtete, bestimmte Mengen ausländischer Waren hereinzunehmen, um dafür einen entsprechenden Absatz eigener Produkte garantiert zu erhalten. Dazu traten die umfangreichen deutschen Industrielieferungen nach Sowjetrußland, die durch ein besonderes Kreditsystem gesichert wurden, und alle möglichen sonstigen, mit Reichsgarantie versehenen Exportkredite, Subventionen usw. Es ist klar, daß unter solchen Umständen die deutsche Ausfuhr nach 1924 einen krampfhaften und gekünstelten Charakter hatte. Das Hauptgeschäft machten die deutschen Unternehmer auf dem inneren Markt. So war die deutsche Handelsbilanz stark passiv, und die deutsche Zahlungsbilanz war noch ungünstiger, da hier ja auch die Reparationszahlungen in Erscheinung traten.

Eine sorgfältige Statistik berechnete den Fehlbetrag der deutschen Zahlungsbilanz für 1924 auf 2½ Milliarden, für 1925 auf 4 Milliarden und für 1927 sogar auf 4½ Milliarden Goldmark. Die Fehlbeträge wurden sämtlich durch geborgtes Auslandsgeld ausgeglichen, wobei nur ein kleinerer Teil dieser Riesensumme durch langfristige Anleihen gedeckt wurde, der größere Teil jedoch durch kurzfristige Kreditoperationen aller Art. Der ungesunde und abnorme Charakter der deutschen Wirtschaft in diesen Jahren zeigte sich in dem Übergewicht der Finanzierungstechnik über das eigentliche Warengeschäft. Der vorherrschende Einfluß des Finanzkapitals ist zwar für die neueste Epoche des Kapitalismus im allgemeinen charakteristisch. Aber in Deutschland nahm nach 1924 diese Erscheinung geradezu phantastische Formen an. Eine Brauerei ist in normalen Zeiten eine Einrichtung, um Bier herzustellen und mit Nutzen zu verkaufen. Ein Restaurant soll Speisen absetzen und ein Theater den Zuschauerraum füllende Stücke geben. Jetzt dienten die Brauerei, das Restaurant und das Theater nicht mehr ihren natürlichen Zwecken, sondern sie waren nur noch das Objekt einer Finanzspekulation, wobei die Aktienpakete hin- und herwanderten, die Muttergesellschaften ihre Tochtergesellschaften erzeugten, die kühnsten Spekulanten ihre Gewinne in Sicherheit brachten und schließlich ein Dummer mit dem Unternehmen sitzen blieb, das vielleicht erfolgreich sein Bier verkaufte, aber niemals all die Zinsen aufbringen konnte, die man ihm aufgebürdet hatte.

Der Arbeiter und Angestellte hatte zwar in diesen Jahren im allgemeinen Beschäftigung, der Intellektuelle, Handwerker und Bauer konnte dank den nach Deutschland hineinströmenden Milliarden sein Auskommen finden, aber die finanziellen Spekulationsgewinne waren doch nur einer kleinen Minderheit zugänglich. Es sammelte sich erneut eine außerordentliche Erbitterung im Volke über das Spekulanten- und Schiebertum an, aber als dann der Zusammenbruch kam, konnte diese Erbitterung wiederum nicht im Interesse des Sozialismus ausgenützt werden, sondern sie diente ganz anderen Bewegungen. Objektiv war Deutschland nach 1924 in einer ähnlichen Situation wie nach 1871. Nur hießen die fremden Milliarden, die damals ins Land kamen, Kriegsentschädigung, und jetzt hießen sie Anleihen. Die Tatsache, daß Deutschland den Weltkrieg verloren hatte, war so in ganz wunderlicher Weise auf den Kopf gestellt worden. Der Unterschied war nur der, daß die französischen Milliarden nach 1871 in ein Deutschland kamen, das seine Produktivkraft und seine Absatzmärkte gewaltig erweiterte. Dagegen kamen die amerikanischen Milliarden nach 1924 in ein Land, dessen Fabriken zwar technisch auf das modernste ausgestattet waren und das zu riesenhafter Produktion fähig gewesen wäre, dessen Export aber unter den damaligen Umständen sich nicht frei entfalten konnte, so daß die deutsche Wirtschaft ihr Gleichgewicht nur durch den künstlich aufgeblähten inneren Markt und durch das Schuldenmachen finden konnte.

Der Reparationsagent Parker Gilbert war als Vertrauensmann des amerikanischen Finanzkapitals gewiß kein prinzipieller Gegner der Auslandsanleihen. Aber er fand doch, je länger er in Deutschland als Beobachter lebte, daß des Guten zu viel geschehe. Vor allem hatte er Sorgen, ob die deutschen Länder und Städte ihre Auslandsschulden auch wirklich würden verzinsen und tilgen können. Ebenso führte der Reichsbankpräsident Schacht einen leidenschaftlichen Feldzug gegen die Finanzwirtschaft und die Auslandsanleihen der deutschen Städte. Im einzelnen enthielt die Kritik Schachts manches Richtige. Aber das leitende Motiv für sein Auftreten war der fanatische Haß des großen Privatkapitalisten gegen jede öffentliche Wirtschaft und gegen die demokratischen Elemente in der städtischen Selbstverwaltung. Gegen die üblen Methoden der deutschen privaten Kapitalisten hatte Schacht nichts einzuwenden. Stresemann hatte ebenfalls seine Sorgen über diese Entwicklung. So schrieb er am 24. November 1927 an den Oberbürgermeister Dr. Jarres nach Duisburg:

> »Ich mache kein Hehl daraus, daß mir die Politik der Länder und Städte, und zwar dieser in erster Linie, große außenpolitische Sorgen veranlaßt. In meinen Reden habe ich wiederholt erklärt, daß mehr zwischen dem Schein und dem Sein unterschieden werden müsse. Ich zweifle nicht daran, daß der Wille besteht, genau zu arbeiten. Aber gerade der Schein, der sich aus einzelnen Maßnahmen ergibt, schadet uns maßlos. Daß der preußische Staat für den Umbau des Berliner Opernhauses 14 Millionen Mark gegeben hat, und vielleicht insgesamt über 20 Millionen Mark geben wird, bringt die ganze Welt zu der Auffassung, daß wir offenbar im Goldüberfluß leben. Kein Siegerstaat hat sich etwas Derartiges geleistet. Daß Herr Adenauer (Oberbürgermeister von Köln) ein wunderbares Messehaus baut und sich rühmt, die größte Orgel der Welt eingebaut zu haben, hat denselben Effekt ... Die Presseausstellung in Köln wird als das Luxuriöseste bezeichnet, was bisher auf diesem Gebiet geleistet worden ist. Frankfurt am Main hat ein Defizit von 2½ Millionen Mark bei der Musikausstellung gehabt. Dresden baut mit Reichszuschuß ein Hygienemuseum ... Haben Sie bitte die Güte, mir zu sagen, was ich den Vertretern fremder Mächte antworten soll, wenn sie mir sagen, daß alle diese Dinge den Eindruck machen, als wenn Deutschland den Krieg nicht verloren, sondern den

Krieg gewonnen hätte. Ich bin gegenüber diesen Vorwürfen mit meinem Latein zu Ende ... Ich halte die fortgesetzte Kritik des Herrn Dr. Schacht nicht für richtig und bin auch gern bereit, ihm das gelegentlich zu sagen. Auch übertreibt Herr Dr. Schacht in seinen Polemiken. Daß ich aber mit der Kritik des Herrn Parker Gilbert in manchen Punkten konform gehe, will ich in keiner Weise verschweigen.«

Stresemann fühlte, was in der deutschen Wirtschaft vorging, aber seine Kritik richtete sich doch nur gegen Äußerlichkeiten. Er war nicht imstande, das Übel an der Wurzel zu fassen. Die Reichsregierung, der im Jahre 1927 Schacht und Gilbert vergeblich ihre Anklagen vortrugen, umfaßte übrigens keinen einzigen Sozialdemokraten. Es war eine Regierung des Bürgerblocks, die von den Deutschnationalen beherrscht wurde. Auch die Sozialdemokraten hatten in den Ländern und Gemeinden Anteil an den Fehlern, wenn sie das offenbar reichlich vorhandene Geld im Interesse der Volksmassen verwerten wollten. Es ist jedoch klar, daß die ganze ungesunde Entwicklung der deutschen Wirtschaft nach 1924 das Werk der Kapitalisten und nicht der Arbeiter gewesen ist. Wirklich geholfen hätte damals nur eine entschlossene staatliche Planwirtschaft: ein staatliches Außenhandelsmonopol und eine öffentliche Kontrolle über das gesamte Bank- und Finanzwesen, die auf die privaten Profitwünsche keine Rücksicht genommen hätte. Solange die deutschen Kapitalisten mit Hilfe des Auslandsgeldes hemmungslos verdienen und spekulieren wollten, war keine kapitalistische Regierung imstande, etwas ernsthaft dagegen zu unternehmen. Denn die deutschen Gemeinden folgten ja nur dem Vorbild der Privatwirtschaft.

In der Zeit Stresemanns wiederholten sich, nur unter anderer Form, die Erscheinungen aus der Periode Cunos. Wiederum hat der privatkapitalistische Egoismus eine nationale Politik in Deutschland unmöglich gemacht. Stresemann, mit seiner bürgerlichen Reichstagsmehrheit und in seiner politischen Abhängigkeit von den Wirtschaftsführern, konnte weder ein staatliches Außenhandelsmonopol noch ein staatliches Bankmonopol in Deutschland durchführen. Er konnte nicht als Vorkämpfer des deutschen Kapitalismus dem Sozialismus den Weg öffnen. Dann konnte er aber auch nur Äußerlichkeiten kritisieren und die Krankheit nicht heilen, und dasselbe gilt von Schacht. Die vom Ausland geborgten Milliarden haben zwar dem deutschen Volk ein paar Jahre wirtschaftlicher Scheinblüte verschafft, aber nachher kam um so schlimmer der Zusammenbruch.

Im Jahre 1924 brachte die Dollarsonne, die über Deutschland aufging, zunächst eine überraschende Befestigung der verfassungsmäßigen Republik. Ein Land, in dem Bürgerkrieg, Terror und Diktatur herrschten, wäre der New Yorker Börse nicht kreditwürdig erschienen. So mußten die deutschen Kapitalisten im Frühjahr 1924, in der Zeit, als der Dawesbericht erschien, wieder auf das Ermächtigungsgesetz und den militärischen Ausnahmezustand verzichten. Auch die Generäle mußten dem Dollar weichen, und der Reichstag übte wieder die Rechte aus, die ihm die Weimarer Verfassung gewährte. Die beiden maßgebenden Parteien des deutschen Kapitalismus, die Deutsche Volkspartei und die Deutschnationalen, stellten sich auf den Boden der neuen Tatsachen. Dieser Prozeß ging bei der Deutschen Volkspartei ziemlich glatt, machte aber den Deutschnationalen erhebliche Schwierigkeiten.

Die beiden großen Rechtsparteien waren sich seit 1919 in den wesentlichen Zielen einig. Aber ihre Geschichte und ihre soziale Zusammensetzung waren nicht dieselbe. Die Deutsche Volkspartei stammte von den alten Nationalliberalen ab. Sie war die Partei der großen Industrie und des Finanzkapitals, aber hatte auch bei den Wahlen viele Mitläufer aus den Mittelklassen, denn sonst hätte sie unter dem allgemeinen Stimmrecht keinen einzigen Abgeordneten durchgebracht, nur hatten diese Mitläufer auf die Taktik der Partei keinen Einfluß, sie war und blieb einheitlich großkapitalistisch. Die deutschen Unternehmer waren geneigt, sich des Instruments der demokratischen Republik zu bedienen, solange sie daraus Nutzen ziehen konnten, ebenso schnell konnten sie aber auch die demokratische Verfassung wieder preisgeben, wenn sie ihnen hinderlich schien. 1924 und in den folgenden Jahren war die Deutsche Volkspartei durchaus für den Dawesplan mit allen seinen Konsequenzen, und sie war bereit, sich die sogenannte demokratische Republik gefallen zu lassen, solange sich die Republik von den Großkapitalisten regieren ließ.

Die Deutschnationale Volkspartei stammte von den Konservativen der Kaiserzeit. Auch sie hatte in ihren Reihen eine starke und einflußreiche Gruppe von Großkapitalisten, aber daneben standen die Großgrundbesitzer, die evangelischen Bauernmassen, der städtische Mittelstand, die Intellektuellen, Angestellten, Beamten usw. Die Deutschnationalen waren die große Sammelpartei der bürgerlichen Gegenrevolution. Die völkisch gestimmten Mittelschichten und Intellektuellen ließen sich nicht so leicht davon überzeugen, daß man jetzt die Republik anerkennen, mit der Weimarer Verfassung arbeiten, den Franzosen Reparationen zahlen und freundliche Worte geben müsse. Die deutschnationale Parteileitung stand freilich unter dem Einfluß der Großkapitalisten und Großgrundbesitzer. Sie war für die Dawespolitik und für die Beteiligung an der Reichsregierung. Indessen mußte die deutschnationale Parteiführung der völkischen Opposition unter ihrer Wählerschaft mindestens durch Worte und Gesten entgegenkommen. In den deutschnationalen Volksversammlungen, manchmal auch in den Parlamentsreden, klangen die alten Töne der nationalen Unversöhnlichkeit und der Abrechnung mit der Novemberrepublik. Aber bei der entscheidenden Abstimmung über den Dawesplan im Sommer 1924 halfen die Deutschnationalen im Reichstag Stresemann zum Sieg, und wenige Monate später traten zum ersten Male deutschnationale Minister in eine Reichsregierung der Republik ein.

In den Jahren 1924 bis 1928 haben die deutschen Mittelklassen, ebenso die Angestellten und Beamten, die den bürgerlichen Parteien angehörten, sich im allgemeinen die Republik gefallen lassen. Sie hatten nichts gegen die Weimarer Republik, solange in Deutschland unter dieser Staatsform Ruhe und Frieden herrschten und man einigermaßen den Lebensunterhalt verdienen konnte. Die Abgeordneten der Deutschen Volkspartei und der Deutschnationalen behielten im allgemeinen die Stimmen ihrer Wähler, auch wenn sie im Parlament für die Regierungskoalition und den Dawesplan eingetreten waren. Damit waren jedoch die deutschen Mittelschichten ebensowenig wie die Kapitalisten zu überzeugten Anhängern der Demokratie und der Republik geworden. Bei jeder ernsten Krise waren sie bereit, der demokratischen Republik den Rücken zu kehren.

Die deutschen Akademiker waren in ihrer großen Mehrheit nicht einmal zu dem Scheinfrieden mit der Republik geneigt, den zwischen 1924 und 1928 die Kapitalisten, Agrarier und Mittelständler geschlossen hatten. Der typische Akademiker blieb völkisch und antisemitisch, ein Feind der Republik, der Beteiligung an einer demokratischen Regierung und jeder Erfüllungs- und Kompromißpolitik nach außen. Die Offiziersverbände hielten ebenso an den alten Traditionen fest. Die Freikorpsleute hatten jetzt schlechte Zeiten, denn es herrschten Ruhe und Ordnung, und die maßgebenden Geldgeber brauchten diese gewalttätigen Helfer nicht. Die herrschende Klasse war in den Jahren der Stabilisierung davon überzeugt, daß die Zeit der Freikorps vorüber sei. So hat die deutsche Justiz es sogar gewagt, in diesen Jahren gegen die Fememörder Prozesse einzuleiten, als wären sie gewöhnliche Kriminalverbrecher. Die Männer der Schwarzen Reichswehr kamen ins Gefängnis und erhielten lange Haftstrafen. Es wurden sogar einige Todesurteile gefällt, freilich nicht vollstreckt.

Von den Wehrverbänden behauptete nur der Stahlhelm seine Bedeutung. Er blieb in nahen Beziehungen zur Deutschnationalen Partei, hielt aber seine grundsätzliche Ablehnung der Republik und der Erfüllungspolitik aufrecht. Es gelang dem Stahlhelm in diesen Jahren, die meisten übrigen Wehrverbände in sich aufzusaugen oder zu verdrängen. Auch Kapitän Ehrhardt empfahl seinen Anhängern, in den

Stahlhelm zu gehen. Die entschlossenen Anhänger der Gegenrevolution setzten auf den Stahlhelm damals ihre hauptsächliche Hoffnung. Sie dachten, daß bei einer neuen Wendung der Stahlhelm in Deutschland, gestützt auf die Massen der alten Frontsoldaten und im Bunde mit der Reichswehr, die völkische Diktatur verwirklichen werde. Zunächst war der Stahlhelm eine Stütze für die deutschnationale Opposition, die von der Dawespolitik und dem Bündnis mit Stresemann nichts wissen wollte.

An die Spitze der konsequenten Deutschnationalen, die jedes Kompromiß mit der Weimarer Republik ablehnten, trat Hugenberg. Als Besitzer eines großen Zeitungs- und Filmkonzerns war er ein Repräsentant der deutschen Kapitalistenklasse. Dennoch hat Hugenberg in der Zeit seit 1924 nicht die gewöhnliche kapitalistische Geschäftspolitik gemacht. Die deutschen Geschäfts- und Finanzinteressen lagen damals auf der Seite des Dawesplans. Hugenberg jedoch lehnte den Dawesplan und die gesamte Politik Stresemanns unbedingt ab. Er wollte die Vernichtung der Weimarer Verfassung, die Aufrichtung einer nationalen Diktatur oder noch besser die Rückkehr der Hohenzollern und die vollständige Ausrottung jedes sozialistischen Einflusses in Deutschland. Hugenberg schwamm freilich seit 1924 gegen den Strom. Trotz der Hilfe des Stahlhelms und trotz der Sympathien eines Teils der deutschnationalen Akademiker und Mittelständler vermochte Hugenberg den Kurs seiner Partei nicht zu wenden.

Die Reichstagswahlen im Mai 1924 wurden noch vielfach von der Inflationsstimmung beherrscht, weil weite Kreise der deutschen Wählerschaft die neue Wendung der internationalen und der Wirtschaftspolitik noch nicht begriffen hatten. Bei den Wahlen erhielten die verschiedenen völkischen Gruppen über zwei Millionen Stimmen, was immerhin einen Achtungserfolg darstellte. Die Wahlen im Dezember 1924 zeigten jedoch, daß die große Mehrheit des deutschen Volkes die Politik Stresemanns billigte. Die Völkischen verloren gegenüber den Maiwahlen die Hälfte ihrer Anhänger. In den nächsten Jahren ging die deutsch-völkische Partei Norddeutschlands vollständig unter. Hitler vermochte in Bayern die Nationalsozialistische Partei am Leben zu erhalten, aber sie war nur eine bedeutungslose Splittergruppe. Der Niedergang der Völkischen, soweit sie in selbständigen politischen Parteien gegen die damals populäre Dawespolitik kämpften, bedeutete jedoch keineswegs das Ende der völkischen Idee in Deutschland. Man glaubte nur in diesen Jahren, daß ein neuer völkischer Aufstieg vom Stahlhelm und seinen Freunden ausgehen würde; also von einer erneuerten und radikalisierten Deutschnationalen Partei.

Die deutschnationale Parteileitung, die sich von Hugenberg nicht beeinflussen ließ, die Deutsche Volkspartei, das konservativ gewordene Zentrum und verschiedene kleinere Gruppen bildeten gemeinsam im Reichstag den Bürgerblock, der über eine sichere parlamentarische Mehrheit verfügte. Zu Anfang des Jahres 1924 regierte in Deutschland noch die Regierung Marx, in der die Deutsche Volkspartei und das Zentrum die Führung hatten. Als aber die Deutschnationalen im August bei der entscheidenden Abstimmung den Dawesplan annahmen, verlangten sie, daß man sie ebenfalls in die Reichsregierung aufnehme. Die Regierung Marx löste den Reichstag auf. Die Wahlen im Dezember brachten die Niederlage der Völkischen und der Kommunisten und den Erfolg aller Gruppen, die sich für die Dawespolitik erklärt hatten. Es kam nun zur Bildung der ersten vollständigen Regierung des Bürgerblocks mit Luther als Reichskanzler und Stresemann als Außenminister. Vertreter der Deutschnationalen Partei übernahmen das Innenministerium, das Wirtschafts- und Finanzministerium. Als jedoch im Herbst 1925 die Diskussion über die Locarnoverträge und den Eintritt Deutschlands in den Völkerbund begann, trat die deutschnationale Parteileitung den Rückzug vor der Opposition in der eigenen Partei an. Die deutschnationalen Minister verließen im Oktober die Regierung. Luther führte die Reichsgeschäfte an der Spitze eines Kabinetts der bürgerlichen Mitte weiter. 1926 trat wieder Marx als Reichskanzler an die Stelle Luthers. Nachdem inzwischen Deutschland die Locarno-Verträge unterzeichnet hatte und in den Völkerbund gegangen war, kehrten im Januar 1927 die Deutschnationalen mit vier Ministern in die Reichsregierung zurück. Reichskanzler blieb Marx. Die Haltung der deutschnationalen Parteileitung war in diesen Jahren durchaus nicht imponierend. Im Einklang mit den wirtschaftlichen Interessen wollten die führenden Deutschnationalen die Politik Stresemanns unterstützen und die Reichsregierung maßgebend beeinflussen. Aber zur selben Zeit fürchteten sie sich vor Hugenberg, dem Stahlhelm und den Völkischen, und so geriet die Partei in einen wunderlichen Zickzackkurs. Das Vertrauen der deutschen Wählerschaft zu den Deutschnationalen nahm ab, was sich später bei den Wahlen seit 1928 zeigte.

Die Sozialdemokratie war zu Anfang des Jahres 1924 völlig geschwächt und aktionsunfähig. Da bot ihr die Wendung der deutschen Außenpolitik, wie Stresemann sie eingeleitet hatte, eine neue Möglichkeit der Kräftigung. Die SPD nahm den Dawesplan an und stellte fest, daß jetzt auch die bürgerlichen Rechtsparteien die früher so sehr geschmähte Erfüllungspolitik mitmachen müßten. Die Partei begrüßte die Auslandsanleihen als ein Mittel, den deutschen Arbeitern wieder Brot und überhaupt eine erträgliche Lebenshaltung zu verschaffen. Ebenso war die SPD begreiflicherweise mit der Rückkehr zu den verfassungsmäßigen demokratischen Zuständen sehr zufrieden. Zugleich mit der Stabilisierung der Mark wurde ein Wiederaufbau der freien Gewerkschaften möglich, wenn diese auch die Mitgliedszahlen aus den ersten Jahren der Republik nicht wieder erreichten.

Die SPD bemühte sich, zusammen mit den freien Gewerkschaften die Lebenshaltung der deutschen Arbeiter wieder aus dem Tiefstand herauszubringen, in den sie während der Inflation und in den ersten Monaten der Stabilisierung herabgesunken war. Im ganzen war diese praktische Arbeit der SPD bis 1928 erfolgreich. Die Regierung des Bürgerblocks war in den sozialen Fragen gar nicht so rückschrittlich, wie man es vielleicht hätte erwarten können. Im Zeichen des allgemeinen Wohlstandes waren die bürgerlichen Parteien und die Unternehmer bereit, auch den Arbeitern einen bescheidenen Anteil am Dollarsegen zu geben. Die christlichen Gewerkschaften wollten zeigen, daß sie innerhalb des Bürgerblocks wirklich die Schlüsselstellung besaßen. Sie beeinflußten das Zentrum und durch das Zentrum die übrigen Regierungsparteien. Der Reichsarbeitsminister des Bürgerblocks war der Zentrumsabgeordnete Brauns, der sich bemühte, in guten Beziehungen zu den Gewerkschaften aller Richtungen zu bleiben. Die SPD stand zwar außerhalb der Reichsregierung, sie konnte aber durch Opposition und durch positive Vorschläge die sozialpolitische Gesetzgebung von 1924 bis 1928 wesentlich beeinflussen.

Es war die Bürgerblockregierung, die das Gesetz über die Arbeitslosenversicherung durchführte, das zwar keineswegs allen berechtigten Forderungen des Proletariats entsprach, aber doch wenigstens eine gewisse Existenzsicherung der Erwerbslosen garantierte. Zur selben Zeit wurde das staatliche Schlichtungswesen weiter ausgebaut. Wenn die Unternehmerverbände und die Gewerkschaften sich in einem Konflikt nicht einigen konnten, griff der staatliche Schlichter ein. Im ganzen ging die Kurve der deutschen Arbeitslöhne wieder aufwärts. So stieg der Lohn des gelernten Metallarbeiters von 28½ Mark in der Woche im Januar 1924 bis zu 50½ Mark im Juli 1928. Der Lohn des gelernten Bauarbeiters stieg in derselben Periode von 27 auf 62 Mark, der Lohn des gelernten Buchdruckers von 26 auf 54 Mark. Dabei muß freilich berücksichtigt werden, daß zu Anfang des Jahres 1924 die deutschen Arbeitslöhne unerhört niedrig lagen. Die Regelung der Arbeitszeit blieb jedoch ungünstig, da das Unternehmertum sich der Wiederherstellung des Achtstundentages hartnäckig widersetzte.

Die Entwicklung Deutschlands seit der Stabilisierung der Mark erschien wie eine Rechtfertigung der sozialdemokratischen Politik: In den Beziehungen Deutschlands zum Ausland habe nun doch die wirtschaftliche Vernunft über die nationalistische Gewalttätigkeit gesiegt. Im

Inneren habe nun auch die erdrückende Mehrheit des deutschen Bürgertums anerkennen müssen, daß die Weimarer Verfassung das beste Instrument zur Gesundung Deutschlands sei. Auch ohne putschistische Abenteuer sei es möglich gewesen, die Lebenshaltung der deutschen Arbeiterschaft wieder zu heben.

Die Maiwahlen 1924 waren für die SPD noch ungünstig ausgefallen. Sie hatte 6 Millionen Stimmen erhalten gegenüber fast 4 Millionen Stimmen der KPD. Aber im Dezember 1924 stieg die Stimmenzahl der SPD auf fast 8 Millionen, während die KPD auf 2,7 Millionen zurückging. Die SPD stand, seit dem unglücklichen Experiment mit der großen Koalition im Herbst 1923, außerhalb der Reichsregierung. Als nun aber die Wähler im steigenden Maße zur SPD zurückkehrten, tauchte in der Partei erneut der Gedanke auf, ob man nicht auch wieder in der Reichsregierung Einfluß gewinnen und dort, unter besseren Voraussetzungen, das Werk von 1918/19 fortsetzen könne. Die Brücke für eine Rückkehr der SPD in die Reichsregierung bildete Preußen. Die preußische Politik wich in den Jahren 1924/28 in merkwürdiger Weise von der Reichspolitik ab. Der Unterschied ergab sich durch die verschiedene Haltung des Zentrums. Im Reich war das Zentrum, seitdem es konservativ geworden war, eine Hauptstütze des Bürgerblocks. Im preußischen Landtag dagegen hielt es an der Koalition mit der Sozialdemokratie fest. So behaupteten die alten Weimarer Parteien in Preußen die Führung, während die Deutschnationalen und die Deutsche Volkspartei in der Opposition blieben.

Die verschiedene Haltung des Zentrums im Reich und in Preußen läßt sich keineswegs so erklären, daß im Reichstag der rechte Flügel des Zentrums führte und im preußischen Landtag der linke, vielmehr schickten genau dieselben Zentrumsorganisationen, mit derselben politischen Auffassung, die Bürgerblockleute in den Reichstag und die Männer der Linkskoalition in den Landtag. Des Rätsels Lösung liegt in den Problemen der preußischen Verwaltung. Unter der Monarchie war der preußische Staat in der Hand der ostelbischen Protestanten gewesen. Auch die katholischen Landesteile, Rheinland und Westfalen, mußten sich die Regierung durch fremde ostelbische Beamte gefallen lassen. In den großen Gemeinden am Rhein jedoch herrschte das nationalliberale Bürgertum. Das alles hatte sich nach der Revolution geändert. Das Zentrum, als führende republikanische Partei, hatte jetzt die gesamte Verwaltung in den katholischen Landesteilen, in Rheinland-Westfalen und Oberschlesien, in der Hand. Die SPD überließ in diesen Gebieten ohne weiteres dem Zentrum den Vorrang.

Das Zentrum wollte um keinen Preis diese neue Machtstellung des katholischen Volksteiles aufgeben. Im Reich ging das Zentrum seit seiner Rechtsschwenkung mit den großen bürgerlichen Parteien in den Fragen der Außenpolitik und der Wirtschaft zusammen. In Preußen wollte man jedoch, ohne ausreichende Garantien, in keinen Bürgerblock hineingehen. In Preußen wären die Deutschnationalen keineswegs so bequeme Koalitionsgenossen des Zentrums gewesen wie die Sozialdemokraten. Vielleicht würde ein deutschnationaler Innenminister in Preußen doch wieder versuchen, pommersche Landräte an den Rhein zu schicken! Auf jeden Fall wollte das Zentrum erst wirkliche Garantien für die politische Zuverlässigkeit der Deutschnationalen haben, ehe es mit ihnen auch in Preußen eine Ehe einging. Die Schwäche der deutschnationalen Parteileitung gegenüber der völkischen Opposition und all die Schwankungen der deutschnationalen Politik von 1925 bis 1927 konnten nicht dazu beitragen, beim Zentrum das Vertrauen zu stärken. So blieb das Zentrum in Preußen zunächst bei der bewährten alten Kombination.

In Preußen haben, mit Hilfe der Zentrumsstimmen, der sozialdemokratische Ministerpräsident Braun und Innenminister Severing mit geringen Unterbrechungen seit 1920 regiert. Gegenüber dem ständigen Wechsel der Ministerien im Reich und in den meisten deutschen Ländern war hier eine wirkliche politische Stabilität vorhanden. Braun und Severing bemühten sich, in Preußen eine republikanisch-sozialistische Verwaltungstradition zu schaffen, die einflußreichen Staatsstellungen mit zuverlässigen Republikanern zu besetzen und den preußischen Verwaltungsapparat im republikanischen Sinne zu erziehen. Gerade wer von der Sozialdemokratie und von der deutschen Arbeiterschaft im allgemeinen eine realistische Machtpolitik verlangte, mußte offenbar damit einverstanden sein, daß die SPD so wichtige Positionen wie die preußische Polizei und die preußische Verwaltung hartnäckig festhielt. Als die allgemeine Lage der SPD sich seit 1924 besserte, wurde auch in Preußen ihre Position fester.

Außerhalb Preußens hatte die SPD in den Landesregierungen von Baden, Hessen und Hamburg einen ständigen maßgebenden Einfluß. Dazu kamen die Tausende von deutschen Gemeinden, von Berlin angefangen, in denen sozialdemokratische Bürgermeister und Stadträte bestimmten. Auch unter und neben der Bürgerblockregierung hatte daher die SPD einen erheblichen Einfluß auf die Geschicke Deutschlands. Sollte es da nicht möglich sein, das Zentrum wieder in die Front der demokratischen Republik zurückzubringen, in die zumindest die christlichen Arbeiter eigentlich hineingehörten? Konnte man nicht auch mit bürgerlichen Politikern, wie Stresemann, dessen Außenpolitik von der SPD stets unterstützt wurde, ein Kompromiß finden?

Die Richtigkeit aller dieser Erwägungen hing davon ab, wie man die künftige Entwicklung Deutschlands ansah. Wenn in Deutschland die Periode der Revolution endgültig abgeschlossen war und die friedliche demokratische Entwicklung ohne ernsthafte Krisen gesichert erschien, dann konnte die SPD daran denken, mit Hilfe von Wahlsiegen und parlamentarischen Abmachungen den Einfluß zurückzugewinnen, den sie 1919 besessen hatte. War aber die Stabilisierung Deutschlands nur eine vorübergehende Episode, dann war die Preußenpolitik der SPD überaus gefährlich, und eine Rückkehr der Sozialdemokratie in die Reichsregierung konnte verhängnisvoll werden. Denn in Deutschland war ja die demokratische Verfassung Anfang 1924 nicht durch die Kraft der deutschen Arbeiterschaft, sondern durch den Willen des Weltkapitalismus wiederhergestellt worden. Die SPD hatte ihre Erfolge seit 1924 nicht errungen, weil sie der kapitalistischen Gesellschaftsordnung den Sozialismus entgegenstellte, sondern gerade umgekehrt, weil sie die gegebene Form des deutschen Kapitalismus bejahte und nur im Rahmen dieser kapitalistischen Ordnung Vorteile für die Arbeiter anstrebte.

Eine sozialistische Partei kommt jedoch in eine gefährliche Sackgasse, wenn sie genötigt ist, die Verantwortung für die kapitalistische Gesellschaftsordnung in krisenhaften Zeiten mit zu übernehmen. Solange in Deutschland alles gut ging, stimmten die Wähler für den Dawesplan und die SPD, wenn aber eine neue Krise kam, würde die Partei dann noch imstande sein, schnell umzuschwenken und den Kampf gegen das kapitalistische System wiederaufzunehmen? Gerade die Macht der SPD über die preußische Verwaltung und Polizei konnte auf die Psychologie der Massen sehr ungünstig wirken. Die entscheidende Kraft in Deutschland lag seit der Revolution beim Reich. Hier war der Reichspräsident mit seiner Verordnungsgewalt, hier war die Reichswehr, hier fielen alle Entscheidungen in der Außenpolitik und in der Wirtschaft. Die Länder dagegen waren nur ausführende Organe und Verwaltungsstellen.

Der einfache Mann ohne staatsrechtliche Kenntnisse sieht jedoch die ausführende Gewalt als die Hauptsache im Staat an. Die Finanzämter, die dem Bauern die Steuern abverlangten, waren Organe des Reiches und nicht Preußens. Die Steuern selbst hatte das Reich festgelegt. Die Sätze der Erwerbslosenfürsorge hatte ebenfalls das Reich bestimmt. Wenn aber Bauern oder Arbeitslose einmal demonstrierten, dann trat ihnen die preußische Polizei entgegen, kommandiert von preußischen Verwaltungsbeamten. Trotz aller Bemühungen Severings und seiner engeren Mitarbeiter war die Demokratisierung der preußischen Polizei doch nur unvollkommen gelungen. In der unglückseligen Periode Wolfgang Heines war die preußische Schutzpolizei als eine richtige Bürgerkriegsarmee gegen die radikale Arbeiterschaft, gegen den sogenannten Spartakismus aufgebaut worden. Die charakteristischen Elemente der preußischen Polizei waren seitdem nicht die Kriminalbeamten, die das Verbrechen bekämpften, oder die Verkehrsschutzleute auf der Straße; auch nicht die Bürobeamten, die all die Verwaltungsaufgaben zu lösen hatten, sondern es waren die militärisch straff organisierten, in den Kasernen jederzeit bereitliegenden Hundertschaften, die, mit allen modernen Waffen versehen, bei Unruhen vorzugehen hatten.

Einer Truppe, die zum Niederschießen aufständischer Arbeiter gedrillt ist, demokratischen Geist beizubringen, ist eine übermenschliche Aufgabe. Die Polizeioffiziere suchten sich im Auftreten und in ihrer Gesinnung der Reichswehr anzupassen, und sie machten der republikanischen Preußenregierung Schwierigkeiten genug. Die Schutzpolizei neigte bei Demonstrationen zu einem leichtfertigen Gebrauch der Schußwaffe, der oft auch in ruhigen Zeiten Todesopfer aus der Arbeiterschaft forderte. Eine radikale Reform der preußischen Polizei wäre nur möglich gewesen, wenn die Arbeiterschaft tatsächlich die gesamte Staatsmacht in Deutschland besessen hätte. Bei der sehr beschränkten realen Macht des preußischen Innenministers seit 1923 gelang es nur, die schlimmsten Übelstände zu beseitigen. Die Preußenregierung erreichte, daß die Polizei unter normalen Verhältnissen den gesetzlichen Regierungsstellen gehorchte. In kritischen Zeiten, oder gar bei einem Konflikt zwischen Preußen und dem Reich, war auf die Schutzpolizei nicht zu rechnen. Von 1924 bis 1928 bestand im größeren Teil Deutschlands die wunderliche Arbeitsteilung, daß die bürgerlichen Parteien die Wirtschafts- und Sozialpolitik hatten, aber die Sozialdemokraten die Polizei. In der Zeit der Stabilisierung hatte die SPD, durch ihre Verantwortung für die preußische Polizei, keinen nennenswerten Schaden. Bei einer neuen Wirtschafts- und Staatskrise konnten sich aber daraus unmögliche Verhältnisse entwickeln.

Eine ähnliche, unter Umständen ebenfalls sehr bedenkliche Verantwortung trug die Sozialdemokratie in den Gemeinden. Die große Mehrheit der festangestellten sozialistischen Funktionäre lebte als Parteisekretäre, Redakteure usw. von einem mäßigen Einkommen. Auch das Auftreten der sozialistischen Staatsbeamten, bis zu den Ministern einschließlich, war durchaus schlicht und bescheiden. Dagegen hatten die Städte in der Zeit der Stabilisierung gewisse Unsitten des privaten Kapitalismus mit übernommen. Die Bürgermeister, die leitenden Stadträte und vor allem die Direktoren der städtischen Wirtschaftsunternehmen bezogen vielfach Gehälter, die jedes vernünftige Maß überstiegen. Die Sozialdemokraten wurden in den städtischen Verwaltungen genauso besoldet wie die Bürgerlichen. Moralisch und persönlich war dagegen nichts einzuwenden, wenn z. B. in einer städtischen Verkehrsgesellschaft ein sozialdemokratischer Direktor dasselbe Gehalt erhielt wie sein bürgerlicher Kollege. Aber politisch war es ein schwerer Taktfehler, wenn man ehemaligen Arbeitern oder auch Intellektuellen erlaubte, auf Posten, die sie nur durch die Partei erhalten hatten und die gar keine übermäßigen Fähigkeiten verlangten, 50000 Goldmark im Jahr zu verdienen.

All dies hatte in ruhigen Zeiten keine besondere politische Bedeutung. Aber bei einer neuen Krise konnte so in den Augen breiter Volksmassen ein trostloses Zerrbild der SPD entstehen. Charakteristisch für die SPD erschienen dann nicht die Millionen von schwer arbeitenden Proletariern und die Tausende von schlichten Funktionären, die ihre ganze Kraft der Arbeiterbewegung gaben, sondern nur noch die sausenden Autos der Schutzpolizei, besetzt mit Maschinengewehren, und die Riesengehälter der städtischen Bürokraten. Die Partei war bis zum Ende in ihrem Wesen durchaus proletarisch und ehrenhaft, aber weil sie unnötige Verantwortungen übernahm und Taktfehler nicht rechtzeitig vermied, ließ sie das Schlagwort entstehen von dem »Marxismus«, der in Deutschland seit dem 9. November 1918 ununterbrochen regiere und der weiter nichts sei als Unterdrückung des armen Volkes und ein Deckmantel für kapitalistisches Schiebertum.

Um ihre Kraft außerhalb des Parlaments zu stärken, gründete die SPD, unterstützt von kleinen Gruppen des Zentrums und der Demokraten, im Jahre 1924 die republikanische Massenorganisation des Reichsbanners. Dieser Verband republikanischer Frontkämpfer sollte ein Gegengewicht gegen den Stahlhelm und gegen die völkischen Putschorganisationen bilden. Das Reichsbanner gewann bald Hunderttausende von Anhängern, und es hat ohne Zweifel durch seine Versammlungen und Umzüge und durch geschickte Symbolik mit Fahnen, Musik und Märschen das Selbstbewußtsein der sozialistischen Arbeiterschaft gehoben. Auch hier ist ein für die deutsche Republik notwendiger Schritt zu spät geschehen. Hätte das Reichsbanner von 1924 schon 1919 existiert, so wären die Freikorps überflüssig gewesen, und der ganze Leidensweg der deutschen Republik hätte sich vermeiden lassen. Nun trat der Verband republikanischer Frontkämpfer erst ins Leben, als die Gegenrevolution sich bereits in der Armee und Justiz feste Bollwerke geschaffen hatte und als die kapitalistischen Parteien im Reich regierten. Das Reichsbanner war für eine Situation geeignet, in der die gesetzmäßige republikanische Regierung durch einen völkischen Putsch bedroht war. Hätte sich der Kapp-Putsch von 1920 oder das Hitlerunternehmen vom November 1923 wiederholt, dann hätte das Reichsbanner der legitimen Regierung viele Tausende von zuverlässigen

Kämpfern zur Verfügung stellen können. Aber die Ideologie des Reichsbanners reichte für die Situation nicht aus, wenn die Gegenrevolution, mit scheinbar legalen Mitteln, zur Macht kam. Das Reichsbanner kämpfte für die soziale demokratische Republik im Rahmen der Verfassung, aber wenn die Feinde der sozialen Republik sich des legalen Staatsapparates bemächtigten, kam das Reichsbanner in einen schweren Gewissenskonflikt, den es später auch nicht zu lösen vermochte.

Während die Sozialdemokratie seit 1924 in Deutschland an Kraft und Einfluß wieder zunahm, wurde die KPD von schweren Krisen erschüttert. Der Zusammenbruch der Brandlerpolitik von 1923 hatte bei den kommunistischen Arbeitern die stärkste Erbitterung erregt. Der linke Flügel der Partei, der den offiziellen Kurs der deutschen Zentrale und der Moskauer Führung bekämpft hatte, gewann jetzt die Mehrheit der Mitglieder. Ende 1923 wäre der Moment gewesen, um die KPD von Moskau loszulösen und sie in eine selbständige deutsche, entschieden sozialistische Partei umzuwandeln. Aber die kommunistische Linke war in ihren Zielen selbst nicht einheitlich. Die sogenannten Ultralinken erkannten, daß das Unglück der deutschen Arbeiterbewegung nicht auf die Person Brandlers, sondern auf die russische Staatspolitik zurückzuführen sei. Die übrigen Linken wollten jedoch nicht so weit gehen, und sie hofften, bei einer Änderung des politischen Kurses wieder mit der kommunistischen Internationale zusammenarbeiten zu können. Es rächte sich jetzt, daß die kommunistische Linke unter den Massen der deutschen Arbeiter nicht offen über Rußland gesprochen hatte, der bolschewistischen Legende nicht genug entgegengetreten war.

Die radikalen deutschen Arbeiter wollten sich gerade nach den Enttäuschungen des Alltags an dem Vorbild der russischen Revolution aufrichten. Die Mehrzahl der linken Führer in der KPD schreckte vor einem Entscheidungskampf mit Rußland zurück. So kam es 1924 zu einem faulen Kompromiß: Die russischen Führer opferten Brandler und schoben auf ihn persönlich alle Schuld für die Ereignisse von 1923. Dafür griff die linke KPD Rußland nicht an und erhielt die Mehrheit in der Parteizentrale. Die russische Politik strebte in diesen Jahren Kompromisse nach innen und außen an. In Moskau nahm niemand mehr die Weltrevolution ernst, und man wollte eine Anlehnung der kommunistischen Parteien an die Sozialdemokraten. Die Mehrheit der kommunistischen Arbeiter in Deutschland war im Grunde zwischen 1924 und 1928 genauso von der Stimmung der Legalität und der Stabilisierung angesteckt wie die Arbeiter der SPD. Auch die kommunistischen Arbeiter, zumal wenn sie Beschäftigung hatten, wollten ihre Ruhe. Die radikalen Festreden und die Filme von Sowjetrußland gehörten zu ihrem täglichen Behagen, aber verpflichteten zu nichts.

Diese eigenartige Mischung von Friedfertigkeit und Sowjetbegeisterung in den Köpfen der KPD-Arbeiter nutzte Stalin aus. Die deutsche linke Parteiführung, der man doch in Moskau nicht traute, wurde 1925 und 1926 durch geschickte russische Manöver gesprengt. Ein Teil der linken Führer, die sich die Selbständigkeit des Denkens nicht nehmen lassen wollten, wurde aus der Partei herausgedrängt. Der Rest der Linken, unter Führung Thälmanns, unterwarf sich vollkommen und wurde von den Russen mit der Parteileitung betraut. Seitdem war in der KPD jedes Eigenleben erstickt, und die herrschende Bürokratie führte die von Moskau angeordneten Manöver korrekt aus. Von irgendeiner planmäßigen revolutionären Politik war in der KPD keine Rede mehr. Thälmann und seine engeren Freunde verdienten eine scharfe Kritik vom Standpunkt der deutschen Arbeiterschaft. Aber wenn die bürgerliche Justiz sie später als Hoch- und Landesverräter verfolgte, tat sie ihnen das schwerste Unrecht.

Die KPD bekämpfte, unter ihrer wirklichen linken Führung, 1924 den Dawesplan und die Stresemannpolitik aufs schärfste. So setzte sie sich in Widerspruch zu der herrschenden Volksstimmung und erlitt bei den Reichstagswahlen im Dezember 1924 eine Niederlage. Die kommunistische Stimmenzahl fiel von 3,7 Millionen im Mai 1924 auf 2,7 Millionen. Es ist eine der Ironien der Weltgeschichte, daß die KPD seit 1925 unter der stalintreuen Führung wieder zunahm, wenn auch lange nicht in dem Tempo wie die SPD. Denn die KPD nach 1925, die keinen ernsthaften politischen Plan hatte, der über den kapitalistischen Alltag hinausgegangen wäre, war ebenfalls ein Faktor der deutschen Stabilisierung geworden und konnte in bescheidenem Umfang selbst die Stabilisierung ausnützen.

Da die SPD nur Politik im Rahmen der Legalität machen wollte, hätte eine zweite sozialistische Partei, die auf die revolutionäre Zukunft hinwies, in Deutschland große Entwicklungsmöglichkeiten gehabt. Eine solche Partei wäre vielleicht geschaffen worden, wenn die linke KPD sich Ende 1923 von Rußland getrennt hätte. Eine solche Partei hätte in den Jahren der Stabilisierung Abenteuer und Putsche vermeiden können, aber hätte an der Innen- und Außenpolitik des deutschen Kapitalismus eine unerbittliche Kritik geübt und bei der nächsten großen Krise ihre Taktik auf die sozialistische Revolution gerichtet. In der Zeit der Stabilisierung hätte diese Partei zwar schwere Wahlniederlagen und Rückschläge erlitten, aber das war ohne Bedeutung: Wenn die Partei nur ihren Grundsätzen treu blieb, wurde sie später durch die Krise vollständig gerechtfertigt, und dann strömten ihr die Massen zu. Auch die Nationalsozialisten sind von 1924 bis 1928 ständig zurückgegangen. Aber weil sie in ihrer Opposition nicht nachließen und stets dem herrschenden System das Bild eines neuen, besseren Zukunftsstaates entgegenstellten, hatten sie seit 1929 große Erfolge. Die KPD übte auch Kritik an den bestehenden Verhältnissen, aber im Zeichen Stalins hatte sie kein reales Ziel, das die Massen hätte begeistern können. So war die KPD seit 1925 nur noch ein Schatten der deutschen legalen Republik.

Der Tod des Reichspräsidenten Ebert im Jahre 1925 gab den Parteien die Gelegenheit zu einem großen Aufmarsch und den Klassen zu einer wichtigen Machtprobe. Der erste Wahlgang im März 1925 stand im Zeichen großer Zersplitterung. Der Kandidat der bürgerlichen Rechtsparteien, Jarres, erhielt 10½ Millionen Stimmen, der Sozialdemokrat Braun fast acht Millionen, der Zentrumsführer Marx fast vier Millionen. Thälmann, der Kandidat der Kommunisten, erhielt noch nicht zwei Millionen, General Ludendorff, der Kandidat der Nationalsozialisten, noch nicht 300 000 Stimmen. Diese Wahl zeigte den absoluten Tiefstand der nationalsozialistischen Bewegung in Deutschland im Zeichen der Stabilisierung. Die Demokraten und die Bayrische Volkspartei hatten ebenfalls eigene Zählkandidaten, mit 1½ Millionen bzw. einer Million Stimmen.

Die Entscheidung konnte erst im zweiten Wahlgang fallen. Sie lag offenbar zwischen dem Bürgerblock und den Sozialdemokraten. Die Machtpolitik des Zentrums verhinderte jedoch eine solche einfache Lösung. Das Zentrum wollte seine politische Schlüsselstellung dazu ausnutzen, um selbst die vornehmste Stellung im Reich zu erobern. Die Rechtsparteien hatten gar keine Neigung, zugunsten von Marx zu verzichten, nachdem sie im ersten Wahlgang 10½ Millionen Anhänger gesammelt hatten. Dagegen entschloß sich die Sozialdemokratie, ihren Kandidaten für den zweiten Wahlgang zurückzuziehen und für Marx zu stimmen. Der Vorstand der SPD hielt die eigene Kandidatur für aussichtslos und schlug deshalb für den zweiten Wahlgang die Taktik des kleineren Übels ein. Wenn der Zentrumskandidat ein Mann wie Erzberger gewesen wäre, ein wirklicher Vorkämpfer der demokratischen Republik, dann wäre der Entschluß der SPD verständlich gewesen. Aber Marx war der konservativste Zentrumsmann, den man sich denken konnte. Er war der Diktatur-Reichskanzler im Winter 1923/24 gewesen. Er wurde später der Kanzler des Bürgerblocks. Marx war in keiner Hinsicht ein »kleineres Übel« gegenüber irgendeinem Reichspräsidenten der Rechtsparteien, mochte es Jarres sein oder Hindenburg. Wäre Marx zum Reichspräsidenten gewählt worden, dann hätte er in jeder Krise den Willen der Generale und der Großkapitalisten respektiert. Die SPD-Führung dachte wohl, daß das Zentrum im Reich zur Weimarer Koalition zurückkehren würde, falls die Sozialdemokraten dafür sorgten, daß Marx Reichspräsident wurde. Das Resultat war zunächst ein Verzicht der SPD, obwohl sie im ersten Wahlgang acht Millionen Stimmen erhalten hatte.

Für den zweiten Wahlgang unterstützten die Sozialdemokraten, das Zentrum und die Demokraten gemeinsam Marx. Die Rechtsparteien empfanden jetzt, daß ihr Kandidat, Jarres, nicht populär genug war, um sich in einem solchen Kampf zu behaupten. Jarres trat zurück, und an seiner Stelle stellte der Block der Rechtsparteien den Generalfeldmarschall von Hindenburg auf. Hindenburg war damals 78 Jahre alt, aber körperlich und geistig noch erstaunlich rüstig und durchaus imstande, das Amt des Reichspräsidenten zu verwalten. Die großen Siege, die im Weltkrieg unter der gemeinsamen Führung Hindenburgs und Ludendorffs erfochten wurden, waren in Wirklichkeit das Werk des genialen Strategen Ludendorffs allein. Immerhin hat Hindenburg das Verdienst, daß er seinen großen Stabschef ungestört arbeiten ließ. Nach dem Friedensschluß und nach der Auflösung der Obersten Heeresleitung zog sich Hindenburg ins Privatleben zurück und vermied jede Einmischung in den politischen Tageskampf. Ludendorff dagegen trat offen für die Völkischen ein und zog so den Haß der meisten Republikaner und Sozialisten auf sich.

Fast als einziger unter den Generalen und Politikern des alten Deutschland hatte Ludendorff aus seinen Erfahrungen nach 1919 gelernt, daß eine nationale Erneuerung nur von den Arbeitern und Bauern kommen könne, aber nicht von der besitzenden Oberschicht. Ludendorff hat später auch die Nationalsozialistische Partei verlassen, sobald er erkannte, daß sie seinen Anforderungen nicht entsprach. Beim besten Willen und unbedingter Ehrlichkeit war aber General Ludendorff in geschichtlichen und politischen Fragen völlig ahnungslos und hatte sich entsetzlichen Unsinn über Juden, Freimaurer usw. einreden lassen. Wenn er dann seine naiven Ansichten vortrug, machte er sich nicht nur verhaßt, sondern auch lächerlich. Seitdem er unangenehme radikale Ideen vertrat, wurde Ludendorff auch von dem offiziellen Nationalismus ignoriert.

Je mehr die Autorität Ludendorffs in Deutschland sank, um so mehr sammelte sich der ganze Ruhm des Weltkrieges auf dem Haupte Hindenburgs. Durch die Übereinstimmung der Rechts- und Linksparteien wurde Hindenburg ein unbestrittener Nationalheld. Als die Rechtsparteien seine Kandidatur aufstellten, erklärten sich die Nationalsozialisten und die Bayrische Volkspartei für ihn. Es ist bezeichnend, daß die Bayrische Volkspartei, die Organisation der gläubigen Katholiken und der ganzen Geistlichkeit Bayerns, für Hindenburg und gegen Marx stimmte, für den Protestanten und gegen den hervorragenden katholischen Führer. Denn sobald sich Marx die Unterstützung der SPD auch nur gefallen ließ, war er bei der bayrischen Gegenrevolution sofort in Ungnade gefallen. Die Kommunisten, unter ihrer linken Führung, hielten damals begreiflicherweise Hindenburg für kein größeres Übel als Marx, und sie hielten die Kandidatur Thälmanns auch für den zweiten Wahlgang aufrecht. Es ist wieder sehr charakteristisch, daß die Moskauer Führung diese Haltung der KPD mißbilligte: Die Russen hätten die Stimmenabgabe für Marx gewünscht und waren so wieder einmal mit der offiziellen SPD einig.

Die Hindenburg-Parteien hatten im ersten Wahlgang ungefähr zwölf Millionen Stimmen erhalten. Im zweiten Wahlgang im April wurde der Feldmarschall mit 14½ Millionen Stimmen gewählt. Der Name Hindenburg hatte demnach 2½ Millionen Wähler aus den politisch indifferenten Volksschichten mobilisiert. Marx erhielt 13,7 Millionen Stimmen und Thälmann nicht ganz zwei Millionen. Hindenburg war ein monarchistischer Konservativer alten Stils und schärfster Gegner einer jeden demokratischen oder sozialistischen Tendenz. Zunächst wünschte er eine Regierung des Bürgerblocks im Reich, unter aktiver Mitwirkung der Deutschnationalen. Hindenburg wurde das Symbol der deutschen Gegenrevolution, die sich mit legalen Mitteln die Macht in der Republik verschafft hatte.

Das nächste Jahr brachte eine neue große Volksabstimmung in der Frage der Enteignung der deutschen Fürsten. Es ist schon oben betont worden, daß die deutsche Republik, neben vielen andern ungeklärten Problemen, auch die Frage nach dem Vermögen der früher in Deutschland regierenden Fürstenhäuser unerledigt gelassen hatte. Nach der Stabilisierung der Mark wollten auch die Fürstenfamilien ihren Anteil am Dollarsegen haben. Sie verlangten große Entschädigungen und Renten. Wenn die Länder nicht gutwillig zahlten, wurden sie von den Fürstenfamilien verklagt, und die im Herzen treu monarchischen Richter entschieden regelmäßig für die Fürsten. Eigentlich hätten Wilhelm II. und seine Söhne es ablehnen sollen, aus den Händen der Republik Geld anzunehmen, aber die Hohenzollern waren für solche Taktfragen nicht empfänglich. Gerade für den monarchischen Gedanken war es katastrophal, wenn das vertriebene Kaiserhaus mit seinen ehemaligen Untertanen einen Riesenkrach wegen einer Anzahl Millionen entfesselte.

Die Stabilisierung der deutschen Verhältnisse hatte seit 1924 einen gewissen Aufschwung des republikanischen Gedankens gebracht, wie er sich zunächst in den Erfolgen der SPD und des Reichsbanners zeigte. Nun erregte das Verhalten der Fürstenhäuser bei der Arbeiterschaft die größte Entrüstung. Es tauchte der Gedanke auf, als Antwort auf die zudringlichen Geldforderungen der Fürsten ihre vollständige Enteignung zu verlangen. SPD und KPD brachten gemeinsam einen Gesetzentwurf zur Enteignung der Fürstenhäuservermögen ein und veranlaßten, gemäß den Bestimmungen der Weimarer Verfassung, einen Volksentscheid über diese Frage. Der Volksentscheid fand im Juni 1926 statt. Sämtliche bürgerlichen Parteien hatten sich, aus Respekt vor dem Grundsatz des Privateigentums, gegen die Fürstenenteignung erklärt. Dennoch wurden im Volksentscheid für die Enteignung der Fürsten $14^1/_2$ Millionen Stimmen abgegeben; in einer Zeit, in der die SPD und KPD zusammen bei den Wahlen höchstens elf Millionen Anhänger hatten. Wiederum waren Millionen von indifferenten Wählern durch eine geeignete Agitation an die Urnen gebracht worden. Die Bestimmungen der Weimarer Verfassung über den Volksentscheid waren freilich so unzulänglich, daß selbst die außerordentlich große Stimmenzahl, die für die Enteignung abgegeben worden war, dem Gesetzentwurf nicht zum Erfolge verhalf. Das Ganze war eine starke, republikanische Demonstration, aber ohne jeden praktischen Erfolg, und darob ein getreues Spiegelbild jener Zeit.

Die Reichswehrgenerale waren im allgemeinen mit der Politik Stresemanns und des Bürgerblocks einverstanden. Denn sie blieben Herren im eigenen Hause, und kein Zivilist wagte es, ihre Projekte zu stören. Das bedenkliche Experiment der Aufstellung von »schwarzen« Formationen im Stil von 1923 wurde nicht mehr wiederholt. Dafür unterhielt die Reichswehr Beziehungen zum Stahlhelm und zu anderen dafür geeigneten sportlichen und patriotischen Vereinen, um hier im Ernstfall die nötigen Reserven zu finden. Solche Rüstungsgegenstände, deren Herstellung der Friedensvertrag in Deutschland untersagte, wurden zum Teil unter allen möglichen Verkleidungen aus dem Ausland bezogen, u. a. auch aus Sowjetrußland. Stresemann hatte durchgesetzt, daß die militärischen Kontrollkommissionen der Entente aus Deutschland verschwanden. Das verschaffte der Reichswehr eine ziemlich ungestörte Arbeitsmöglichkeit. Die maßgebenden Generale haben die Außenpolitik des Reichs in diesen Jahren nicht gestört. Sie hatten auch keine direkten Kriegspläne, die sie in nächster Zeit verwirklichen wollten. Sie bemühten sich nur eifrig um eine Stärkung der deutschen Wehrmacht, was von ihrem Standpunkt aus begreiflich war.

Die Wahl Hindenburgs zum Reichspräsidenten brachte eine weitere Steigerung des militärischen Einflusses in Deutschland. Denn Hindenburg betrachtete sich als den wirklichen Oberbefehlshaber der Reichswehr. Er reservierte alle wesentlichen militärischen Angelegenheiten seiner persönlichen Entscheidung und trat jedem Versuch der politischen Parteien, sich in Militärangelegenheiten einzumischen, unbedingt entgegen. Es ist begreiflich, daß die Wahl Hindenburgs die Autorität des

Chefs der Heeresleitung, des Generals von Seeckt, verminderte. Bis 1925 war Seeckt der oberste aller kommandierenden Generale gewesen. Jetzt war er unter Hindenburg der zweite und durchaus nicht in der Lage, etwas gegen Hindenburgs Willen zu unternehmen. Schon während des Weltkrieges hatte ein scharfer Konflikt zwischen dem Hauptquartier Hindenburg-Ludendorff und dem Hauptquartier Mackensen-Seeckt bestanden. 1926 wurde Seeckt von Hindenburg entlassen.

Den äußeren Anlaß für die Verabschiedung Seeckts bot eine ungeschickte monarchistische Demonstration des Chefs der Heersleitung. Der älteste Sohn des Kronprinzen Wilhelm hatte das Alter erreicht, in dem er in »seine« Armee einzutreten hatte, und General von Seeckt stellte den jungen Prinzen mit einer Selbstverständlichkeit in die Reichswehr ein, als wenn der 9. November niemals geschehen wäre. Nicht einmal der Reichswehrminister Geßler wußte etwas von diesem Vorgang. Geßler beschwerte sich bei Hindenburg, und der Reichspräsident, der keinen Anlaß hatte, gerade Seeckt zu unterstützen, entließ ihn. Nur unkundige Leute konnten in dem Sturze Seeckts einen Sieg des zivilen oder gar des republikanischen Elements erblicken. In Wirklichkeit handelte es sich nur um einen häuslichen Streit innerhalb der maßgebenden Generale. Der Nachfolger Seeckts, General von Heye, hat sich unbedingt Hindenburg untergeordnet. Der wichtigste politische Kopf im Reichswehrministerium blieb General von Schleicher. Er war der erste Gehilfe des Reichswehrministers und erfreute sich der Gunst des Reichspräsidenten.

Anfang 1928 geschah das Wunderbare, daß der »ewige« Reichswehrminister Geßler seinen Abschied nehmen mußte. Die Reichswehr verwaltete nämlich neben ihren offiziellen Mitteln zahlreiche geheime Gelder für alle möglichen Zwecke. In der Zeit der Stabilisierung und der Dollaranleihen wurden auch die Reichswehroffiziere vom Spekulationsfieber ergriffen. Sie gründeten Konzerne, so wie gewöhnliche Zivilisten. Die beteiligten Offiziere wollten sich offenbar nicht persönlich bereichern, sondern sie wollten die geheimen Mittel des Reichswehrministeriums nutzbringend anlegen und durch Geschäftsgewinne vermehren. Unter anderem wurde mit den »schwarzen« Reichswehrfonds ein Filmkonzern, »Phöbus«, finanziert. Da die unternehmungslustigen Offiziere von Geschäften nichts verstanden, brach ihr Konzern mit einem mächtigen Skandal zusammen. Durch den Konzern kamen die Geheimnisse der Reichswehrfinanzen an die Öffentlichkeit, und Geßler wurde so kompromittiert, daß er das Ministerium verließ. An der Unabhängigkeit der Reichswehr änderte sich nichts. Hindenburg ernannte seinen alten Kriegskameraden, den General Groener, zum Nachfolger Geßlers.

So waren die Männer der Obersten Heeresleitung vom 9. November, Hindenburg und Groener, nachdem sie Ebert überlebt hatten, wieder zusammen, an der Spitze der deutschen Republik. In denselben Jahren, in denen die Sozialdemokratie wieder an Zahl und Einfluß wuchs, konsolidierte sich auf der anderen Seite die Militärmacht. Ein Konflikt zwischen beiden Kräften konnte nicht ausbleiben.

IX. Kapitel

Das Ende 1928-1930

Der Entscheidungskampf, geführt von den Generälen und Kapitalisten gegen die demokratische Arbeiterschaft, verzögerte sich freilich um einige Jahre. Zunächst kam das Zwischenspiel der Jahre 1928 und 1929, in dem sich anscheinend alle Hoffnungen der SPD noch einmal verwirklichten. Der Bürgerblock, der seit dem Herbst 1923 ununterbrochen das deutsche Reich regiert hatte, bald mit, bald ohne Beistand der Deutschnationalen, brach an seinen inneren Widersprüchen zusammen. Das Bürgertum war noch einmal genötigt, der Sozialdemokratie die politische Führung zu überlassen.

Während des ganzen Jahres 1927 arbeitete Stresemann unermüdlich daran, die Konsequenzen aus Deutschlands Eintritt in den Völkerbund und aus den Locarnoverträgen zu ziehen. Sein Ziel war, die provisorische Regelung der Reparationen, wie der Dawesplan sie gegeben hatte, in eine definitive zu verwandeln, Deutschland von den peinlichen fremden Kontrollen zu befreien und den Abmarsch der Ententetruppen aus dem letzten Stück des besetzten Rheinlandes zu bewirken. Die Verhandlungen, die dazu nötig waren, waren überaus umständlich und schwierig. Stresemann wünschte dabei eine Reichstagsmehrheit hinter sich zu haben, auf die er sich wirklich verlassen konnte, und er glaubte immer weniger daran, daß er seine Politik zusammen mit den Deutschnationalen würde vollenden können. Die deutschnationale Parteileitung hatte immer wieder gezeigt, daß sie weder einen klaren Willen noch eine deutliche politische Linie hatte. Sie schwankte einher zwischen den Forderungen der Wirtschaft und der Angst vor der völkischen Opposition. Jeden Augenblick konnte in Stresemanns außenpolitische Verhandlungen ein deutschnationaler Mißtrauensantrag hineinplatzen. Dann wußte das Ausland nicht mehr, wieweit es überhaupt noch mit dem deutschen Minister rechnen konnte, der zu Hause keine Mehrheit mehr hatte.

Aus solchen Erwägungen heraus wünschte Stresemann eine Ersetzung der Bürgerblockregierung durch die »große Koalition«, das heißt eine neue Hereinziehung der Sozialdemokratie in die Reichsregierung. Stresemann ist zwar bis zum letzten Augenblick seines Lebens ein überzeugter Anhänger des bürgerlichen Privateigentums geblieben. Aber je länger er die deutsche Politik verantwortlich leitete, um so unangenehmer wurde auch ihm die Vorherrschaft der großkapitalistischen Konzerne. Immer mehr wurde er innerlich den maßgebenden Kreisen seiner eigenen Partei entfremdet, der Deutschen Volkspartei, in der die Verbandssyndici den Ton angaben. Stresemann spielte mit dem Gedanken, die selbständigen kleinen Fabrikanten, die durch eigene Tätigkeit in ihrem Betrieb sich ernährten, von den großen Konzernen und den Besitzern der Aktienpakete zu trennen. Es schwebte ihm die Gründung einer neuen, aufrichtig republikanischen Partei der bürgerlichen Mitte vor. In diese neue Partei wollte er auch die Reste der Demokraten aufnehmen. Die Demokratische Partei, die 1919 die Führung des deutschen Bürgertums gehabt hatte, war inzwischen zu vollständiger Bedeutungslosigkeit herabgesunken. Sie stützte sich eigentlich nur noch auf die jüdischen Mittelschichten in Berlin, Frankfurt am Main usw., die keine Sozialisten waren, aber von den Rechtsparteien durch den dort herrschenden Antisemitismus abgestoßen wurden.

Indessen war Ende 1927 Stresemanns neue Partei nicht mehr als ein Traumgebilde, und der Außenminister mußte zunächst mit der Deutschen Volkspartei arbeiten, wie sie war. Die innere Distanz, die Stresemann von seiner Partei trennte, zeigte sich bei den nächsten politischen Krisen sehr deutlich, in denen Stresemann eigentlich ganz selbständig und ohne viel Rücksicht auf die Reichstagsfraktion der Deutschen Volkspartei operiert hat. Die Deutsche Volkspartei billigte zwar nach wie vor Stresemanns Außenpolitik, aber sie hatte wenig Sympathie für eine innerpolitische Veränderung, bei der die Arbeiterschaft wieder maßgebenden Einfluß im Reiche erhalten sollte. Dagegen fand Stresemann für seine Pläne die Zustimmung von einflußreichen Männern im Zentrum. Das Zentrum war zwar keineswegs bereit, zu den Gedanken Erzbergers zurückzukehren, aber es teilte das Mißtrauen gegen die Deutschnationalen und wünschte ebenfalls die Bildung einer neuen Regierungskoalition, die zuverlässiger arbeiten konnte.

Die Sprengung des Bürgerblocks im Reichstag in den ersten Monaten des Jahres 1928 wurde ein Meisterstück eines parlamentarischen Manövers. Es scheint, daß Stresemann alle Fäden in der Hand hatte, aber er hütete sich davor, sich selbst zu stark zu kompromittieren und als der Zerstörer des Bürgerblocks vor die Öffentlichkeit zu treten. Die Sprengung des Bürgerblocks erfolgte wegen einer Vorlage, die damals wahrlich nicht im Mittelpunkt des politischen Interesses stand. Das

Zentrum wünschte ein neues Reichsschulgesetz, das den Einfluß der Kirche auf die Schule stärken sollte. Dabei wurde das Zentrum eifrig von den Deutschnationalen unterstützt. Dagegen lehnte die Deutsche Volkspartei das Schulgesetz ab. In dem besitzenden Bürgertum West- und Süddeutschlands lebten noch gewisse nationalliberale Traditionen aus der Zeit des Kulturkampfes, und diese Kreise wünschten keine weitere Stärkung der Katholischen Kirche. Immerhin war die Position der deutschen Katholiken auch ohne ein neues Schulgesetz stark und sicher. Das Schulgesetz war damals keineswegs eine Lebensfrage für das deutsche Bürgertum. Wenn das Zentrum und die Deutsche Volkspartei sich darüber nicht einigen konnten, so hätte man unter anderen Umständen den strittigen Gegenstand zurückgestellt.

Hätte sich der Streit damals wirklich nur um das Schulgesetz gedreht, so hätte die Folge eine erbitterte Feindschaft zwischen dem Zentrum und der Deutschen Volkspartei sein müssen und auf der andern Seite ein fester Block zwischen Zentrum und Deutschnationalen, die in der Schulfrage völlig einig waren. Aber es geschah gerade das Umgekehrte. Das Zentrum und die Deutsche Volkspartei waren trotz der Meinungsverschiedenheiten über die Schule aufeinander gar nicht böse. Statt dessen verkündete das Zentrum den Bruch der Regierungskoalition unter heftigen Angriffen gerade gegen die Deutschnationalen, die ihm in der Schulfrage treue Gefolgschaft geleistet hatten. In Wirklichkeit lieferte die Schule nur den Vorwand für die allgemeine politische Umgruppierung, deren Ursache in Stresemanns Wünschen und in den Forderungen der deutschen Außen- und Wirtschaftspolitik lag. In der Deutschnationalen Partei empfand man das Ende des Bürgerblocks als eine vollständige Niederlage der bisherigen Parteiführung. Die Richtung Hugenberg riß in der Partei die Führung an sich.

Der Reichstag wurde nach der Sprengung der alten Regierungskoalition aufgelöst. Die Neuwahlen fanden im Mai 1928 statt. Das Resultat war der größte Erfolg der SPD seit 1919. Die Partei erhielt über neun Millionen Stimmen, das heißt sie hatte das günstige Wahlresultat vom Dezember 1924 noch um mehr als eine Million verbessern können. Die KPD gewann ebenfalls eine halbe Million Stimmen. Sie stieg auf 3¼ Millionen. Gegenüber fast 12½ Millionen Stimmen der sogenannten Marxisten vereinigten die Nationalsozialisten ganze 800 000 Wähler. Im bürgerlichen Lager erlitten die Deutsche Volkspartei und das Zentrum kleine Verluste. Dagegen hatte die Deutschnationale Partei einen starken Rückgang. Ihre Stimmenzahl sank von 6,2 Millionen auf 4,4. Das war die Quittung der Wähler für die ewigen Schwankungen und für die Unzuverlässigkeit dieser Partei. Die Wähler, die damals den Deutschnationalen den Rücken kehrten, gingen freilich zum größten Teil nicht nach links, sondern stimmten für örtliche agrarische oder Mittelstandsgruppen. Im neuen Reichstag saßen neben 73 Deutschnationalen und 45 Abgeordneten der Deutschen Volkspartei nicht weniger als 51 Vertreter kleiner Gruppen der Rechtsparteien, mit den verschiedensten agrarischen und mittelständlerischen Programmen. Bei den Landtags- und Gemeindewahlen jener Zeit zeigte sich dasselbe Bild einer Zersetzung der historischen großen Rechtsparteien. Die Wähler hatten kein Vertrauen mehr zu den alten Deutschnationalen und bald auch nicht mehr zur alten Deutschen Volkspartei, aber sie blieben antirepublikanisch, völkisch, antisemitisch. Diese Millionen von politisch heimatlos gewordenen Rechtswählern strömten, sobald die große Wirtschaftskrise begann, den Nationalsozialisten zu.

Die Wahlen vom Mai 1928 erweckten den Anschein, als wären das Klassenbewußtsein und der Wille zum Sozialismus in der deutschen Arbeiterschaft gestiegen. Aber eine solche Auffassung wäre eine arge Selbsttäuschung gewesen. Unter den neun Millionen Wählern der SPD waren nur ganz wenige, die ernstlich den revolutionären Sozialismus wollten. Die Arbeiter wählten SPD, weil sie im allgemeinen mit den bestehenden Zuständen zufrieden waren. Sie waren damit einverstanden, daß die SPD und die freien Gewerkschaften, im Rahmen des stabilisierten deutschen Kapitalismus, sich für die Tagesinteressen der Arbeiterschaft einsetzten. Im Grunde war auch die Stimmung der meisten KPD-Wähler nicht anders. Ihre Partei war in den letzten Jahren unter dem Einfluß des Stalinkurses durchaus friedfertig geworden. Sie hatte zum Beispiel bei der Bewegung gegen die Fürsten in Einheitsfront mit der SPD gekämpft und erntete jetzt dafür ihren Lohn in Gestalt der 500000 neuen Wähler. Während die Rechte unter Hugenberg und Hitler zum Kampf gegen das bestehende System aufrief, war die Linke offenbar mit der bestehenden Ordnung der Dinge einverstanden: eine überaus unnatürliche Situation, die für die deutsche Republik schwere Gefahren in sich schloß.

Stresemanns politisches Zukunftsbild war eine Regierung Deutschlands, in der die gemäßigte Arbeiterschaft mit dem selbständigen mittleren Bürgertum zusammenwirkte. In Opposition sollten links die Kommunisten bleiben und rechts die Großkapitalisten und die Völkischen. Aber in der Gegenwart lagen die Verhältnisse nicht so einfach: Die »große Koalition« mußte jetzt gebildet werden aus den Sozialdemokraten, dem Zentrum, der Deutschen Volkspartei, so wie sie war, und verschiedenen mehr oder minder zuverlässigen Splittergruppen. Die sozialistische Arbeiterschaft war genötigt, wenn sie mitregieren wollte, mit den Großkapitalisten der Deutschen Volkspartei ein Bündnis zu schließen, und in der Mitte zwischen beiden stand das Zentrum, das keineswegs wieder ein zuverlässiger Faktor der Demokratie geworden war, sondern dessen Führung jederzeit bereit war, zu einem verbesserten Bürgerblock zurückzukehren oder gar irgendwelche Diktaturexperimente zu unterstützen. Dazu kamen dann noch als politische Kräfte Hindenburg und seine Reichswehr.

Dennoch waren die führenden Männer der SPD bereit, die Folgerungen aus ihrem großen Wahlsieg zu ziehen und in die Reichsregierung zu gehen. Die gesamte Taktik der Partei seit 1924 schien gerechtfertigt. Die Partei hatte nicht nur immer neue Wählerschichten gewonnen. Auch das hartnäckige Festhalten an den Positionen in Preußen, den andern Ländern und in den Gemeinden hatte sich bewährt. Das preußische Regierungssystem konnte jetzt auf das Reich übertragen werden, das Zentrum und das von Stresemann geführte republikanische Bürgertum waren wieder bereit, mit der SPD zusammenzuarbeiten. Die monarchische und die völkische Gegenrevolution waren in die Opposition gedrängt. Hindenburg war genötigt, einen sozialdemokratischen Reichskanzler zu berufen, und die Reichswehr blieb ruhig. Die Situation von 1919, mit dem führenden Einfluß der sozialistischen Arbeiterschaft, schien wiederzukehren, aber unter stabilen, geordneten Verhältnissen, ohne die dunkle und krisenhafte Situation der deutschen Außen- und Wirtschaftspolitik, wie sie in den ersten Monaten nach dem 9. November gewesen war.

Darauf konnte man freilich erwidern, daß die Sprengung des Bürgerblocks und die Maiwahlen des Jahres 1928 an dem tatsächlichen Kräfteverhältnis in Deutschland nichts geändert hatten. Die festen Burgen der Reichswehr und des Großkapitals waren unerschüttert. Das Gedeihen Deutschlands hing von den Auslandsanleihen und überhaupt von dem Wohlwollen der fremden Kapitalisten ab. Die Vermittler zwischen dem deutschen Volk und den amerikanischen Geldleuten waren leider nicht die freien Gewerkschaften, sondern die Großbanken in Berlin, der Reichsbankpräsident Schacht und vielleicht Stresemann. Die deutschen Kapitalisten hatten es jederzeit in der Hand, wenn sie einen Druck auf die Volksmassen ausüben wollten, die lebenspendende Dollarzufuhr abzuschneiden. Unter solchen Umständen konnte man die Frage aufwerfen, welche Erfolge die SPD in der Reichsregierung wirklich erzielen würde. Der linke Flügel der SPD hatte sich inzwischen in Sachsen und Thüringen von den Folgen der Niederlage des Jahres 1923 wieder erholt. Die Linke gewann einen Führer ersten Ranges in Paul Levi, der seit 1924 als sozialdemokratischer Abgeordneter dem Reichstag angehörte. Die Linke äußerte ernste Bedenken gegen die beabsichtigte Koalitionspolitik, aber die Parteimehrheit war entschlossen, die Situation nicht zu versäumen und in die Reichsregierung zu gehen.

Die Verhandlungen zur Regierungsbildung waren infolge der Widerstände innerhalb der Deutschen Volkspartei überaus schwierig. Aber Stresemann verständigte sich direkt mit der SPD, er riß nochmals seine Partei mit sich fort, und so kam im Juni die neue Regierung zustande. Reichskanzler wurde der sozialdemokratische Führer Hermann Müller. Das Innenministerium übernahm Severing, das Finanzministerium Hilferding und das Arbeitsministerium Wissell. Stresemann behielt das Außenministerium, sein Freund Curtius wurde Wirtschaftsminister, dazu kamen zwei Demokraten, ein Vertreter des Zentrums und ein Minister aus der Bayrischen Volkspartei. Die Stellung der SPD in der Reichsregierung war außerordentlich stark. Sie hatte die politische Führung, und außerdem hatte sie die Finanzen, die Verwaltung und die Sozialpolitik unter sich.

Die Hauptaufgabe der neuen Regierung war, die außenpolitischen Ziele zu erreichen, für die Stresemann kämpfte. Dagegen hatte die Regierung der großen Koalition in der Innen- und Wirtschaftspolitik eigentlich keine bedeutsamen Ziele. Hätte die Arbeiterschaft im Sommer 1928 wirklich die Staatsmacht besessen, dann hätte man an Ziele denken können, wie eine radikale Umgestaltung der Reichswehr, die Absetzung Hindenburgs, die Enteignung der Fürsten und die Wiedergewinnung des Achtstundentages. Indessen konnte an solche Dinge bei den damaligen Machtverhältnissen nicht gedacht werden. Die große Koalition hatte deshalb nur die Aufgabe, im Lande Ruhe und Frieden aufrechtzuerhalten, die republikanischen Einrichtungen zu verteidigen und die verhältnismäßig günstige Lebenshaltung der Arbeiterschaft, wie die Stabilisierung sie gebracht hatte, vor Störungen zu bewahren. Würde sich das Bündnis zwischen der Sozialdemokratie und Stresemann für eine längere Zeit behauptet haben, so hätte sich das deutsche Volk allmählich an die bürgerliche Republik gewöhnen können, und die deutsche Republik hätte eine Stabilität ungefähr wie die Republik in Frankreich gewonnen.

Nach stürmischen Konferenzen und mühsamen Verhandlungen erreichte Stresemann sein Ziel: Der Dawesplan wurde durch die neue endgültige Reparationsregelung ersetzt, die mit dem Namen des amerikanischen Finanzmannes Young verbunden ist. Die Zahlungen, die man von Deutschland verlangte, waren stattlich genug. Die Jahresraten sollten bis 1988 gehen. In den meisten dieser Jahre sollte Deutschland Summen aufbringen, die zwischen $1^1/_2$ und $2^1/_2$ Milliarden lagen. Dafür wurde Deutschland wieder Herr im eigenen Hause. Alle Kontrollen, die der Dawesplan eingeführt hatte, fielen weg, der Reparationsagent verließ Berlin, die Reichsbahn und Reichsbank wurden wieder deutsche Einrichtungen, und 1930 zogen die letzten Ententetruppen aus dem besetzten Rheinland ab. Die grundsätzlichen Einwendungen, die sich seit 1924 gegen Stresemanns Außenpolitik machen ließen, treffen in verstärktem Maße auch auf den Youngplan zu. Aber auf dem Wege, den Stresemann einmal eingeschlagen hatte, war dies eine notwendige Etappe. Die Jahresraten, zu denen Deutschland sich bis 1988 verpflichtete, sahen nicht sehr erfreulich aus. Aber die Voraussetzung einer jeden Reparationszahlung blieb, daß Deutschland weiter ausländisches Geld geborgt erhielt. Soweit brachte der Youngplan grundsätzlich nichts Neues. Dafür war nun das Rheinland frei, und Deutschland hatte die lästigen fremden Aufseher nicht mehr.

Hugenberg und Hitler riefen 1929 das deutsche Volk zu einem Volksentscheid gegen den Youngplan auf, der den Kindern und Enkeln der gegenwärtigen Generation eine unerträgliche Schuldenlast aufbürdete. Aber die nationale Opposition brachte mit ihrem Protest gegen den Youngplan die Massen nicht in Bewegung, ebensowenig wie der Abmarsch der letzten Besatzungstruppen vom Rhein im Jahre 1930 eine wirkliche nationale Begeisterung erweckte. Es zeigte sich, daß der großen Mehrheit des deutschen Volkes die nationalen Fragen ziemlich gleichgültig geworden waren. In den Jahren 1919 bis 1923 ergriff die nationale Not tatsächlich die Massen in Deutschland, weil das tägliche Leben des deutschen Volkes durch die ständigen Forderungen der Entente verbittert wurde und weil jedermann den Zusammenhang zwischen dem Reparationselend und der Inflation verstand. Seit 1924 jedoch war das Verhältnis des deutschen Volkes zur Außenpolitik ganz anders geworden.

Im Zeichen der Stabilisierung fühlte sich niemand durch die Reparation bedrückt. Der Arbeiter oder Bauer hatte nicht die Empfindung, daß er wegen des Dawesplans schlechter leben müsse. Auch die Besatzungstruppen am Rhein machten sich möglichst unsichtbar, so daß das Volk nicht mehr viel von ihnen merkte. Sogar die Einwohner der deutschen Ostprovinzen begannen sich an die Existenz des polnischen Staates und des Korridors zu gewöhnen. Es ist ein Märchen, daß das deutsche Volk, und speziell die deutsche Jugend, von dem Gefühl nationaler Minderwertigkeit bedrückt gewesen wäre und daß die politischen Veränderungen seit 1930 auf dieses Gefühl nationaler Minderwertigkeit zurückgehen. Was die deutschen Massen wirklich seit 1930 mobilisierte, die Jungen wie die Alten, die Handarbeiter wie die Akademiker, war die wirtschaftliche Not: der Hunger und die Arbeitslosigkeit. Die Regierung Hitler ist später imstande gewesen, ihre Außenpolitik eine Zeitlang wesentlich auf die Freundschaft mit Polen zu begründen, obwohl Polen den Deutschen kein einziges sachliches Zugeständnis dafür machte. Dennoch blieben Hitlers Anhänger in Ostpreußen und Schlesien ruhig und protestierten nicht gegen den polenfreundlichen Kurs ihres Führers. Solange die Außenpolitik das tägliche Schicksal des deutschen Volkes nicht bestimmt, erträgt das deutsche Volk jede Außenpolitik, die ihm das Leben erlaubt, ohne viel nach den Forderungen der nationalen Ehre zu fragen.

Diese einfache Tatsache wird freilich durch eine gewisse Symbolik verschleiert, wie sie schon immer der deutschen Politik eigen war. Die Massen des deutschen Volkes sind vielfach nicht imstande, die Dinge so zu nennen, wie sie wirklich sind, sondern sie gebrauchen dabei symbolische Verschleierungen. Ein solcher politischer Symbolismus, wie er in geringerem Maße auch in Frankreich, aber in England fast gar nicht vorhanden ist, beweist immer den Grad politischer Rückständigkeit eines Volkes. So zerfiel während des Weltkrieges das deutsche Volk in die beiden großen Lager der Anhänger des Siegfriedens und des Verständigungsfriedens. Unter der Losung des »Siegfriedens« versteckte sich jedoch in Wirklichkeit der Wille zur Aufrechterhaltung der alten monarchisch-militärischen Ordnung Deutschlands, während die Freunde des »Verständigungsfriedens« die Demokratisierung wollten. Ebenso bedeutete die Losung »Deutschland erwache« seit 1930 nicht etwa: »Krieg mit Frankreich und Polen«, sondern: »Krieg mit der SPD und dem Zentrum«. Der militärische Apparat der Aufmärsche, der Uniformen, der Fahnen und Lieder drückte den Sieg über »Marxismus und jüdischen Geist« aus, aber nicht die Vorbereitung der Revanche. Ein beleidigtes deutsches Nationalgefühl ist nicht die treibende Ursache der Gegenrevolution gewesen, und die äußerliche militärische Aufmachung der deutschen Gegenrevolution an sich war allein noch nicht der Ausdruck des Willens zum Kriege, wobei nicht bestritten werden soll, daß sofort von 1933 an Deutschlands Außenpolitik ernsteste Kriegsgefahren in sich barg.

Ende August 1929 hatte Stresemann auf der Konferenz im Haag die Zustimmung der Gläubiger zu den wesentlichen deutschen Forderungen erreicht. Zur selben Zeit machten sich bereits die ersten Anzeichen einer Wirtschaftskrise bemerkbar. Als im Herbst der große Zusammenbruch an der New Yorker Börse kam, gab es kein Halten mehr. Deutschland bekam keine ausländischen Gelder mehr. Unter dem Mangel an Betriebskapital schrumpfte die deutsche Industrie zusammen. Der Innenmarkt litt entsprechend. Die Zahl der Arbeitslosen wuchs wieder in erschreckender Geschwindigkeit, obwohl die Industrie durch Schleuderexport die ausländischen Märkte zu behaupten suchte. 1929 wurde bereits eine Durchschnittszahl der Erwerbslosen von zwei Millionen erreicht und 1930 von drei Millionen. Dazu kamen Millionen von Kurzarbeitern. Die Landwirte erzielten in den neu verarmten Städten für ihre Produkte keine günstigen Preise mehr. Das Handwerk und die freien Berufe wurden in den Strudel der Krise hineingerissen.

Für die Reichsregierung machte sich die Krise in der zweiten Hälfte des Jahres 1929 durch den Rückgang der Steuereinkünfte bemerkbar. Die übrigen Finanzminister der Stabilisierungszeit hatten aus dem vollen wirtschaften können. Hilferding hatte jetzt die Sorge vor sich, wie er am Monatsersten die Beamtengehälter bezahlen sollte. Überall erhob sich der Ruf nach Sparsamkeit. Aber es fragte sich, auf wessen Kosten gespart werden sollte. Die Großkapitalisten wollten wie 1923 die Lasten der Krise den werktätigen Massen aufbürden. Die Deutsche Volkspartei verlangte den Abbau der sozialen Leistungen. Die Frage der Arbeitslosenversicherung brachte Anfang Oktober einen scharfen Konflikt zwischen der SPD und der Deutschen Volkspartei. Am 2. Oktober erkämpfte Stresemann in einer Fraktionssitzung der Deutschen Volkspartei ein Kompromiß. In der Nacht zum 3. Oktober erlag er einem Schlaganfall.

Die »Vossische Zeitung« schrieb am 3. Oktober, Stresemanns Tod sei für das Deutsche Reich »nicht nur ein Verlust, sondern weit mehr: ein Unglück«. In der Tat hatte die verfassungsmäßige bürgerliche Republik Deutschlands, im gefährlichsten Augenblick ihrer Existenz, ihren stärksten Vorkämpfer verloren. Das beispiellose Unglück, von dem die deutsche Republik gerade in den Personenfragen verfolgt wurde, brachte gleich nach dem Tode Stresemanns einen entsprechenden Verlust im Lager der Arbeiterschaft. Im Februar 1930 starb unerwartet Paul Levi, der Führer des linken Flügels der SPD. In den letzten Jahren war Levi als proletarischer Staatsmann ununterbrochen gewachsen. Er vertrat eine ebenso reale wie entschlossene Politik. Er verlangte, daß die sozialistische Arbeiterschaft wieder zum rücksichtslosen Klassenkampf übergehen müsse, wenn sie nicht nur ihre eigene Existenz, sondern auch die demokratische Republik in Deutschland retten wollte. Levi wußte gleichfalls, daß dieses Ziel nur im Rahmen der sozialistischen Massenbewegung, aber nicht durch neue Sektenbildung zu erreichen war. In der kommenden Krise hätten entscheidende Teile des deutschen Proletariats auf Levi gehört, ebenso wie die besonnenen Elemente des Bürgertums auf Stresemann. Aber nachdem Rosa Luxemburg und Liebknecht, Eisner, Erzberger und Leviné den Waffen der Gegenrevolution erlegen waren, tat nun Krankheit bei Stresemann und Levi dasselbe sinnlose Werk.

Die weitere Entwicklung ging planmäßig wie 1923. Die deutschen Großkapitalisten zusammen mit den Generälen wollten angesichts der wachsenden Krise die Sprengung der großen Koalition und die Aufrichtung einer starken rein bürgerlichen Diktaturregierung. Die SPD wurde immer neuen Demütigungen unterworfen, um ihr das Verbleiben in der Regierungskoalition unmöglich zu machen. Als die Reichsregierung gegen Ende des Jahres wieder ohne Geld dastand und sich Betriebsmittel von den Banken borgen mußte, stellte Schacht ihr diktatorisch Bedingungen. Die Reichsregierung müsse erst bestimmte Forderungen erfüllen, Schuldentilgung und Erhöhung der Einnahmen versprechen, andernfalls würde sie von den Banken kein Darlehen erhalten. Unter den damaligen Umständen waren die ultimativen Forderungen des Reichsbankpräsidenten eine tiefe Demütigung für die Regierung der großen Koalition. Es zeigte sich, daß in Wirklichkeit die demokratische Republik gar nicht mehr bestand, sondern daß die Diktatur des Bankkapitals maßgebend war. Zugleich verlangte die Deutsche Volkspartei den Rücktritt des Reichsfinanzministers Hilferding.

Auch hier wiederholte sich vollkommen das Spiel von 1923. In beiden Fällen wurde der Finanzminister Hilferding das erste Opfer der kapitalistischen Gegenrevolution. Obwohl Hilferdings praktische Vorschläge zur Sanierung der Reichsfinanzen durchaus gemäßigt waren, wollte das Großkapital in der Krisenzeit keinen Sozialisten, und noch dazu einen theoretischen Marxisten, als Finanzminister haben. Die SPD hätte unter solchen Verhältnissen schon Ende 1929 die Reichsregierung verlassen müssen. Jedoch hoffte man auch diesmal, durch Opferung Hilferdings eine Galgenfrist für die große Koalition zu gewinnen. Hermann Müller blieb zunächst Reichskanzler, und an Stelle Hilferdings übernahm ein Abgeordneter der Deutschen Volkspartei, ein zuverlässiger Vertreter des Großkapitals, das Reichsfinanzministerium. Im Jahre 1930 erneuerten sich die Vorstöße der Deutschen Volkspartei. Im März brach die große Koalition an dem alten Streitobjekt, der Arbeitslosenversicherung, auseinander, und der Zentrumsabgeordnete Brüning bildete die neue Diktaturregierung des Bürgerblocks.

Als die Wirtschaftskrise so schnell und wuchtig im Jahre 1929 über das deutsche Volk hereinbrach, riß sie die Volksmassen aus all den Hoffnungen einer gesicherten Existenz heraus. Der Rückschlag war um so härter, als man seit 1924 geglaubt hatte, nun endlich nach all den Erlebnissen des Krieges und der Inflation den Weg zur Ruhe gefunden zu haben. Die Erbitterung unter den Arbeitern und in den Mittelschichten war außerordentlich stark. Die Schuld an der üblen Wendung gab man dem bestehenden Staat, den Parteien, die ihn verkörperten, den hohen Beamten, ferner den Finanzschiebern und den Kapitalisten. Die Erbitterung der Volksmassen suchte eine revolutionäre Entladung.

Der Stand in Deutschland, der als erster, noch vor Einbruch der großen Wirtschaftskrise, wieder in Bewegung gekommen war, waren die Bauern. Die Inflationszeit hatte die Bauern von den Hypothekenschulden befreit, und sie konnten als Sachwertbesitzer sich in der Preisbildung vor allen Valutaverlusten schützen. Diese leichte Form des Geschäftsbetriebes hatten die Landwirte seit Beginn der Stabilisierung nicht mehr. Im Vertrauen auf den allgemeinen Aufschwung der deutschen Wirtschaft nahmen die Bauern reichlich neue Schulden auf, die sie hoch verzinsen mußten. Dazu kamen die hohen Steuern, die der deutsche Staatsapparat verlangte. Allmählich kam der Augenblick heran, in dem viele Bauern die Zinsen- und Steuerlast nicht mehr tragen konnten. So drohte die Zwangsversteigerung ihres Hofes.

Die selbstbewußte Bauernschaft der preußischen Provinz Schleswig-Holstein trat als erste in die Bewegung ein. Schon 1928 kam es dort zu Massendemonstrationen der Bauern gegen die Steuern und das Wucherkapital. Die Bauern begannen einen Steuerstreik, sie leisteten den Zwangsversteigerungen gewaltsamen Widerstand und drohten, lieber ihre Höfe in Brand zu stecken als sie preiszugeben. Es war eine echte, spontane Massenbewegung ohne jeden Einfluß der politischen Parteien und der alten agrarischen Berufsverbände. Der Haß der Bauern ging gegen das »System«, gegen den Staat, der sie ruinierte und der seine Polizei gegen sie schickte. Die Bauern Schleswig-Holsteins schlossen sich zu einem neuen, ganz lockeren Verband zusammen, den sie das »Landvolk« nannten. Die Erregung steigerte sich von Monat zu Monat, und die radikalsten Bauern waren mit den Demonstrationen und dem passiven Widerstand nicht mehr zufrieden. Ein Kreis von Landvolkleuten, geführt von dem Bauern Claus Heim, veranstaltete Bombenattentate gegen Landratsämter, Finanzämter und sonstige Symbole des regierenden Systems. Die Bomben richteten freilich nur Sachschaden an. Schließlich fand man auch eine Bombe im Reichstagsgebäude in Berlin. Die politische Polizei kam den Tätern auf die Spur. Die radikalen Landvolkleute wurden abgeurteilt. Claus Heim, der sich im Prozeß und nachher in der Haft überaus tapfer benahm, kam ins Zuchthaus.

Die Arbeitslosen und Kurzarbeiter gewöhnten sich auch seit 1929 wieder daran, auf die Straße zu gehen, um für ihre Forderungen zu demonstrieren. Die Erregungen des städtischen Mittelstandes führten zu merkwürdigen politischen Gebilden. In Erfurt zum Beispiel, der mitteldeutschen Industriestadt, lebte ein Mann namens Schmalix. Er gab eine Zeitung heraus, in der er ständig die städtische Verwaltung und die hochbezahlten Beamten aufs schärfste angriff. Als Ende 1929 in Preußen Neuwahlen der Stadtparlamente stattfanden, stellte Schmalix in Erfurt eine eigene Kandidatenliste auf. Die Partei Schmalix' erhielt im ersten Ansturm neun Mandate und fast ebensoviel Stimmen wie die SPD. In der Stadt Osnabrück stellte ein ähnlicher Winkelredakteur gleichfalls eine eigene Kandidatenliste auf. Er fand nur vier Leute, die den Mut hatten, mit ihm zusammen auf eine Liste zu gehen. Am Wahltag bekam die Liste so viel Stimmen, daß es für sieben Stadtverordnete gereicht hätte! Erfurt und Osnabrück waren keine Ausnahmen. Es gab 1929 und 1930 Millionen von Deutschen, die ebenso dachten wie die Schmalix-Wähler, die von einem glühenden Haß gegen das bestehende System erfüllt waren und ohne Überlegung jedem die Stimme gaben, von dem sie glaubten, daß er wirklich gegen das System kämpfe.

Dieser revolutionäre Haß gegen den Staat, gegen seine Beamten und das korrupte Schiebertum war nicht auf Arbeiter, Bauern und Kleinbürger beschränkt. Ebenso dachten Tausende von verarmten Werkstudenten, die nicht mehr hoffen konnten, irgendeinen Beruf zu finden, solange dieses System bestand. Der Geist des Aufruhrs drang auch in die Reichswehr. Der Leutnant Scheringer war offenbar der Repräsentant einer ganzen Schicht junger Offiziere, die mit der bestehenden Staatsordnung Schluß machen wollten und dabei auch vor einem Konflikt mit den Vorgesetzten nicht zurückschreckten. Scheringer hat zusammen mit einigen Freunden zunächst eine geheime Verbindung zu den Nationalsozialisten gesucht, und er ging dann zu den Kommunisten über, als die Hitlerpartei ihn enttäuschte, einer von den »Wanderern ins Nichts«, der die Widersprüche der deutschen Politik nicht meistern konnte.

In den Jahren 1929 und 1930 waren wiederum in Deutschland, genauso wie 1923, alle Elemente einer großen Volksrevolution gegen das herrschende System vorhanden. Wiederum haben die SPD und die KPD gleichmäßig eine große historische Stunde nicht ausnutzen können. Die Kommunisten unternahmen seit 1928 eine neue von Rußland befohlene Schwenkung ihrer Politik. Diesmal ging der Kurs zur Abwechslung nach links. Solange Stalin seine Innenpolitik auf das Kompromiß mit der besitzenden Bauernschaft aufgebaut hatte, trat auch die Kommunistische Internationale gemäßigt auf. Seit 1928 entschloß sich Stalin zum Entscheidungskampf gegen das reaktionäre Großbauerntum in Rußland, und nun sollte auch die Kommunistische Internationale wieder radikal werden. Hätte die KPD nach 1928 in Deutschland eine wirkliche revolutionäre Politik getrieben, zur Sammlung der Massen auf breiter Grundlage, um dann zum Sturm vorzugehen, dann hätte die Partei in Deutschland Großes erreichen können.

Indessen hat die Stalinsche Bürokratie in Deutschland niemals ernsthaft an die Revolution geglaubt. Die Partei hatte keinen Plan zur Gewinnung der Massen und keinen Weg für die Zukunft. Die KPD betrieb seit 1928 eine lärmende Agitation, die ganz auf die Bedürfnisse utopisch-radikaler Erwerbsloser eingerichtet war. Den Arbeitern im Betrieb, die doch immerhin auch noch existierten, den Angestellten, den

Intellektuellen und Mittelschichten bot die Partei nichts. Mit wachsender Arbeitslosigkeit gewann die KPD einen gewissen Anhang unter solchen Erwerbslosen, die vor allem wünschten, daß ihr Elend laut in die Welt hinausgeschrien wurde. Aber das ist keine Grundlage, auf der eine Revolution durchgekämpft und ein sozialistisches Gemeinwesen errichtet werden kann.

Noch viel ungünstiger war jedoch die taktische Lage der SPD gegenüber der neuen revolutionären Welle. Zwei Vorgänge, die sich 1929 in Berlin abspielten, bewiesen mit erschreckender Deutlichkeit, in welch eine unmögliche Lage die SPD sich hineinmanövriert hatte. Im Frühjahr 1929 hatten sich die Gewalttätigkeiten auf der Straße im Zusammenhang mit der Erregung der Arbeitslosen gehäuft. Deshalb verbot der Polizeipräsident Umzüge unter freiem Himmel. Es kam der 1. Mai, der traditionelle Tag der öffentlichen Umzüge für die sozialistische Arbeiterschaft. Der sozialdemokratische Polizeipräsident Berlins hielt das Demonstrationsverbot aufrecht. Die Leitung der KPD suchte nach einer billigen Gelegenheit, ihren frischen Radikalismus zu beweisen, und sie forderte ihre Anhänger auf, das Demonstrationsverbot nicht zu beachten. Dabei hing das Schicksal der deutschen Arbeiterschaft wirklich nicht davon ab, ob der 1. Mai 1929 in Berlin in Sälen oder unter freiem Himmel gefeiert wurde.

Die gegenrevolutionären Polizeioffiziere benahmen sich am 1. Mai in ihrer gewohnten Weise. Sie ließen auf die unbewaffneten Demonstranten schießen. 25 Menschen wurden getötet, darunter auch viele Unbeteiligte. Die politische Verantwortung für das schreckliche Blutvergießen fiel auf die Sozialdemokratie, obwohl die Preußenregierung mit ihrem Demonstrationsverbot gerade solche Vorfälle hatte vermeiden wollen. Für die radikalen Berliner Arbeiter war nun wieder die Situation aus der Noske-Zeit zurückgekehrt: Es verbreitete sich eine unendliche Erbitterung gegen die sozialdemokratischen Spitzen der Polizei, die anscheinend auf die Klagen der hungernden Arbeiter mit Maschinengewehren antworteten. In Wirklichkeit zeigte der 1. Mai 1929, daß die preußische Schutzpolizei, trotz aller Bemühungen der preußischen Minister, doch kein zuverlässiges Instrument einer demokratischen Politik geworden war.

Gegen Ende desselben Jahres kam in Berlin ein großer kommunaler Skandal an die Öffentlichkeit. Es zeigte sich, daß eine Schneiderfirma Sklarek sich ungebührlich bei Lieferungen für die Stadtverwaltung bereichert hatte. Eine Reihe von leitenden städtischen Beamten hatte sich von den Sklareks direkt oder indirekt bestechen lassen. Unter den Schuldigen befanden sich neben Bürgerlichen und Kommunisten auch einige Sozialdemokraten. Schwer kompromittiert war der leichtfertige und unzulängliche Berliner Oberbürgermeister Böß, ein Mitglied der Demokratischen Partei. In jenem Augenblick schlug der Sklarek-Skandal wie eine Bombe ein, weil die Volksmassen schon seit Jahren die hohen städtischen Würdenträger mit ihren Riesengehältern verabscheuten. Jetzt schien der Beweis erbracht, daß die Massen darben mußten, weil die regierenden städtischen Herren mit dem kapitalistischen Schiebertum unter einer Decke steckten. Weil aber die SPD als die eigentliche Partei des »Systems« galt, sahen die Massen gar nicht so sehr die Schuldigen aus den Reihen der Demokraten, Deutschnationalen und Kommunisten, sondern alle Blicke richteten sich auf die Sozialdemokraten. Der »Sklarek«-Pelz, den die Frau Oberbürgermeister trug, hatte fast dieselbe Bedeutung für den Zusammenbruch der deutschen Republik wie das Halsband der Königin Marie Antoinette für den Untergang Ludwigs XVI.

Der Kern der organisierten sozialdemokratischen Arbeiter ließ sich von der lärmenden volkstümlichen Agitation gegen die eigene Partei nicht beeinflussen. Diese Arbeiter waren gewiß nicht mit allem zufrieden, was in der deutschen Republik geschah, aber in ruhiger Überlegung unterschieden sie den ehrlichen Willen der sozialdemokratischen Minister von den Übergriffen der Polizeioffiziere. Sie wußten, daß in einer Millionenbewegung auch einige »räudige Schafe« sein konnten. Wenn die Partei die korrupten Sklarekfreunde ausschloß, hatte sie damit ihre Pflicht erfüllt. Vor allem erschien diesen ernsten Arbeitern der Vorwurf als reiner Irrsinn, daß gerade ihre, die Sozialdemokratische Partei die kapitalistische Korruption und die Unterdrückung des Volkes verkörpere. Nur weil die SPD nicht stark genug war, um den Kapitalismus zu vernichten, habe man all die Übelstände in Deutschland. An die Möglichkeit einer Revolution wollten die geschulten sozialdemokratischen Arbeiter, zumal wenn sie noch im Betrieb standen, nicht glauben. Denn das deutsche Proletariat sei zu schwach und uneinig. Auf die Kommunisten könne man sich nicht verlassen, und gegen die Kanonen der Reichswehr seien die Arbeiter doch machtlos. Also bliebe nichts anderes übrig, als sich vorsichtig durch die gefährliche Zeit hindurchzumanövrieren.

So dachten der maßgebende Teil der sozialdemokratischen Arbeiter, die Mehrheit der geschulten Funktionäre in Partei und Gewerkschaft und auch der Vorstand der Partei. Auch diesmal wäre es vollkommen falsch, für das Unglück der Sozialdemokratie von 1929 bis 1933 einzelne Führer persönlich verantwortlich zu machen. Der führende rechte Flügel der Partei hatte gar keine so überragenden Männer, die imstande gewesen wären, den Massen ihren Willen aufzuzwingen. Am ehesten standen noch die beiden Preußen-Minister Braun und Severing im Vordergrund. Aber auch sie hatten nicht im entferntesten die persönliche Autorität, wie sie zum Beispiel Bebel und Liebknecht vor dem Weltkrieg in der deutschen Arbeiterschaft besaßen. Man mag zu der Politik der sozialistischen Parteimehrheit stehen wie man will, auf jeden Fall war es die Politik einer breiten deutschen Arbeiterschicht, historisch zu erklären aus der Entwicklungsgeschichte des deutschen Proletariats.

Die ruhige, nüchterne Vernunft der sozialistischen Arbeiter mitten im Sturm der politischen Erregung ist gewiß achtbar. Das sind die Männer, die auch später unter der Herrschaft der Gegenrevolution in ihren Überzeugungen nicht wankten. Aber es gibt Situationen in der Geschichte der Völker und Klassen, in denen die nüchterne alltägliche Klugheit nicht ausreicht. Die durchschnittlichen sozialistischen Funktionäre sahen tatsächlich von 1929 bis 1933 vor lauter Bäumen den Wald nicht. Sie verstanden wohl alle Schwierigkeiten und Nöte des Augenblicks, aber sie übersahen die mächtige revolutionäre Welle, die damals durchs Land ging. Hinter all dem lauten Schimpfen auf das »System« steckte ein echter Volkshaß auf den kapitalistischen Staat. Nur weil die Sozialisten nicht fähig waren, sich an die Spitze der verzweifelnden Massen zu stellen, konnte die Gegenrevolution diese Bewegung ausnützen.

Die Arbeitslosen, die trotz allem der SPD treu blieben – und nach den Wahlresultaten dieser Jahre war es eine erhebliche Menge –, und ebenso die radikal gestimmten sozialistischen Arbeiter im Betrieb folgten im allgemeinen den Losungen des linken Parteiflügels. Die sozialdemokratischen Betriebsarbeiter jedoch, die mit der offiziellen Parteimeinung übereinstimmten, befanden sich tatsächlich isoliert auf einer Insel, die umspült war von den Wellen der Revolution und der Gegenrevolution. Denn die hungernden Massen zur Linken wollten eine Revolution, und die Kapitalisten zur Rechten wollten die Gegenrevolution. Alle Teile des Volkes wurden mehr oder minder von einer der beiden Bewegungen erfaßt. Nur die gemäßigt-sozialistischen Arbeiter zusammen mit ihren Führern standen auf der Insel der Weimarer Demokratie und mußten zusehen, wie sämtliche Wellen von rechts und von links gerade auf sie einströmten.

Vor allen Dingen hätte die SPD diese Unglücksinsel verlassen müssen. Der Austritt aus der Reichsregierung im Frühjahr 1930 allein genügte nicht. Solange die sozialdemokratischen Länderminister, Bürgermeister und Polizeipräsidenten weiter amtierten, hielt die Mehrheit des deutschen Volkes die SPD für die Partei, die in erster Linie die Verantwortung für die Weimarer Republik trug. Zugleich mit dem Rücktritt der sozialistischen Reichsminister hätte die SPD auch demonstrativ die Regierung Preußens und der übrigen Länder verlassen, und alle

Parteimitglieder hätten aus den hochbezahlten Länder- und Gemeindestellen abberufen werden müssen. Zugleich hätten sich die freien Gewerkschaften auf den Generalstreik vorbereiten müssen. Aber es ist doch zweifelhaft, ob die SPD nach ihrer zwölfjährigen Verbundenheit mit dem legalen republikanischen Staatsapparat zu solchen verzweifelten Mitteln fähig gewesen wäre. Da die Partei nicht imstande war, ihre Verbindung mit dem Staat zu zerschneiden, konnte sie auch nicht die Führerin der unterirdischen revolutionären Bewegung werden.

Die radikalisierten Volksmassen, die weder von der KPD noch von der SPD erfaßt werden konnten, strömten seit 1929 den Nationalsozialisten zu. Lokale Gebilde, wie die Landvolkbewegung in Schleswig-Holstein oder die Schmalix-Partei in Erfurt, waren nur Durchgangsstationen auf dem Wege zu Hitler. In den Jahren 1924 bis 1928, in denen die norddeutsche Völkische Partei und die übrigen völkischen Verbände zerfallen waren, vermochte Hitler von München aus die NSDAP am Leben zu erhalten. Die Partei war klein und unbedeutend, weder die Reichswehr noch die Kapitalisten halfen ihr, aber gerade darum konnte sie rücksichtslos und ungehindert alles Bestehende angreifen. Als die große Wende 1929 kam, hatten die Deutsche Volkspartei und die Deutschnationalen, die nun auch »System«-Parteien geworden waren, bei großen Teilen der Rechtswähler ihre Autorität verloren. Überhaupt waren jeder Verband und jede Einrichtung kompromittiert, die mit der deutschnationalen Schaukelpolitik irgend etwas zu tun gehabt hatten. Auch der Stahlhelm, so sehr er seinen Haß gegen die Weimarer Verfassung beteuerte, übte seit 1929 keine Anziehungskraft auf die radikalisierten Volksmassen mehr aus. Bezeichnend ist, daß selbst ein Mann wie Kapitän Ehrhardt den völkischen Massen gleichgültig geworden war, seitdem er sich mit Kahr und dann mit dem Stahlhelm verbündet hatte.

Die Nationalsozialisten waren die einzige unverbrauchte Kraft im völkischen und gegenrevolutionären Lager und darum berufen, dort zu ernten, wo seit 1919 alle anderen völkischen und deutschnationalen Gruppen gesät hatten. Sie waren aber auch die einzige völkische Organisation, der die breiten Volksmassen eine antikapitalistische Gesinnung glaubten. Bei der Gründung der Nationalsozialistischen Partei im Jahre 1920 hatten sich mit den üblichen völkischen Akademikern und Freikorpsleuten auch aufrichtige nationale Sozialisten vereinigt. Das waren Männer, die wirklich in Deutschland den Sozialismus wollten, die aber in der SPD den Verbündeten des liberalen Kapitalismus sahen und in der KPD eine Agentur des russischen Staates. Solche Männer hatten in das nationalsozialistische Programm neben den landläufigen völkischen Forderungen auch unzweideutig sozialistische Sätze hineingebracht.

Das Programm der NSDAP von 1920 verlangte die Verstaatlichung aller Trusts, die Abschaffung des arbeits- und mühelosen Einkommens, die Brechung der Zinsknechtschaft, die sofortige Kommunalisierung der Großwarenhäuser usw. Als die Partei sich seit 1929 in allen Teilen Deutschlands verbreitete, erneuerte sie auf der einen Seite ihre alten Beziehungen zur Schwerindustrie und zu den Großbanken, und auf der anderen Seite strömten ihr viele Tausende von ehrlichen Sozialisten zu, die da hofften, Hitler werde das verwirklichen, woran die marxistischen Parteien gescheitert waren. Die Nationalsozialistische Partei war daher imstande, zugleich im Lager der Revolution und der Gegenrevolution zu stehen. Das gab der Partei zunächst eine umfassende Stärke, aber zugleich ihre wachsenden inneren Schwierigkeiten.

Im Jahre 1929 waren in der NSDAP neben allen möglichen persönlichen und lokalen Gruppen mindestens drei große Tendenzen bemerkbar. Auf dem rechten Flügel der Partei standen die eindeutigen Vertreter der kapitalistischen, großagrarischen und preußisch-militärischen Gegenrevolution. Dieser rechte Flügel riß Hitler mit sich und schloß das Bündnis mit Hugenberg. Von dem nationalen Oppositionsblock Hitler-Hugenberg waren begreiflicherweise sozialistische Taten nicht zu erwarten. Der entschieden sozialistische linke Flügel der NSDAP, der sich um die Brüder Strasser gruppierte, verwarf die Koalition mit Hugenberg unbedingt. Otto Strasser trieb den Konflikt mit Hitler so weit, daß er schon 1930 aus der Partei austrat. Aber Gregor Strasser blieb zunächst noch in der Partei und mit ihm Tausende anderer nationaler Sozialisten, die darauf hofften, doch bei günstiger Gelegenheit Hitler von Hugenberg trennen zu können. Der linke Flügel der Partei dachte vielfach, man müsse zunächst Hitler so stark machen, daß er Hugenberg nicht mehr brauche. Dann werde der Weg für die sozialistische Umwälzung in Deutschland frei sein. Die tägliche Agitation der Partei benutzte die Sprechweise des linken Flügels und sprach zu den verarmten Bauern und Akademikern, zu den stellungslosen Angestellten und Fabrikarbeitern ungefähr im Stil der KPD.

In der Mitte zwischen beiden Lagern standen die alten Freikorpsleute und ihr Anhang. Ihr spezielles Arbeitsgebiet war die SA. Die nationalsozialistischen Sturmabteilungen nahmen seit 1929 einen ungeheuren Aufschwung. Parallel mit dem Wachstum der politischen Partei Hitlers überflügelte die SA alle anderen Wehrverbände, auch den Stahlhelm. In der SA trafen sich stellungslose Akademiker und arbeitslose Proletarier, darunter viele frühere utopisch-radikale Kommunisten, mit den alten Freikorpsführern. In der SA lebte der Geist der Schwarzen Reichswehr von 1923, verbunden mit gewissen unklaren sozialistischen Ideen. Von Anfang an war die SA für den Parteivorstand

Deutsche Volkspartei und die kleinen bürgerlichen Splittergruppen. Die entscheidenden Schiedsrichter zwischen den beiden großen Tendenzen des deutschen gegenrevolutionären Bürgertums waren die Reichswehrgeneräle und Hindenburg.

Im Parlament war im Frühjahr 1930 der volkskonservative Block noch bei weitem stärker als der Hugenbergblock. Der Reichstag hatte nicht ganz 500 Mitglieder, darunter waren ungefähr 200 Marxisten und ungefähr 40 sichere Anhänger von Hugenberg und Hitler. Wenn die Volkskonservativen mit dem Zentrum zusammengingen und alle bürgerlichen Splittergruppen mobilisierten, hatten sie ungefähr die Hälfte des Parlaments hinter sich. Wenn es gelang, noch einige schwankende Deutschnationale dem Einfluß Hugenbergs zu entziehen, hatten die Volkskonservativen mit ihren Freunden sogar die Mehrheit. Demselben Lager gehörten die Sympathien der großen Wirtschaftsverbände. Da auch die Generäle am liebsten mit den stärkeren Bataillonen gehen, entschied sich die Reichswehr zunächst für die Volkskonservativen und gegen Hugenberg-Hitler. Hindenburg ernannte die neue Reichsregierung nach den Vorschlägen der volkskonservativen Gruppe.

Die volkskonservativen Deutschnationalen beanspruchten für sich selbst den Posten des Reichskanzlers nicht, sondern sie überließen die formelle Führung ihren Freunden aus dem Stegerwald-Kreis im Zentrum. Stegerwald selbst wollte auch nicht Kanzler werden, sondern begnügte sich mit dem Posten des Arbeitsministers. Reichskanzler wurde Stegerwalds politischer Adjutant Brüning. Der neue Kanzler nahm neben Zentrumsleuten führende Volkskonservative und Männer der Deutschen Volkspartei in sein Kabinett auf. Die Reichswehr wurde wieder durch General Groener vertreten. Brüning wurde als Kanzler das Opfer all der wunderlichen politischen Illusionen, die seit Jahren unter den Führern der christlichen Gewerkschaften verbreitet waren. Diese Männer redeten sich tatsächlich ein, daß die christlichen Gewerkschaften unter allen Umständen das Zünglein an der politischen Waage Deutschlands sein würden. In Wirklichkeit war Brüning, als Kanzler der gegenrevolutionären Diktaturregierung, vom ersten Tag an der Gefangene der Schwerindustriellen, Bankiers und Großgrundbesitzer. Gehorsam nahm er in seine Notverordnungen alles auf, was die »Wirtschaft« verlangte.

In einer ähnlichen Lage, im Winter 1923/24, hatte Stresemann ebenfalls den gegenrevolutionären Gewalten manche Zugeständnisse gemacht. Aber er war doch immer Herr der Situation geblieben und hatte schließlich den Ausweg gefunden. Brüning besaß von den glänzenden politischen Eigenschaften Stresemanns nichts. Es war Stresemanns Stärke gewesen, daß er sich von den landläufigen Symbolen und Schlagworten der deutschen Politik freigehalten hatte. Brüning dagegen glaubte an alle Phrasen von »Pflicht«, »Dienst« und »Treue«, mit denen in Preußen die feudale und kapitalistische Reaktion seit 200 Jahren ihre Herrschaft zu verkleiden pflegte. Stresemann kannte die Menschen des In- und Auslandes. Brüning hingegen besaß weder Verständnis für das Ausland noch für das eigene Volk. Da sich Brüning regelmäßig in den psychologischen Methoden ebenso vergriff wie in der Einschätzung der realen Situation, zerstörte er in der Außenpolitik das Vermächtnis Stresemanns und brachte die deutschen Volksmassen zu noch schlimmerer Verzweiflung, als die Wirtschaftskrise allein es vermocht hätte. Brünings Persönlichkeit zeigt eine überraschende Ähnlichkeit mit dem unglücklichen kaiserlichen Kanzler Bethmann-Hollweg. Wie die Ära Bethmann-Hollweg den Zusammenbruch der deutschen Monarchie einleitete, so haben die zwei Kanzlerjahre Brünings zunächst das volkskonservative Programm ruiniert, und zugleich sanken die letzten Reste der Weimarer Republik in den Abgrund.

So war in Deutschland im Frühjahr 1930 die revolutionäre Bewegung schwach und unzulänglich vertreten: durch die KPD, die linke SPD und die linken Nationalsozialisten. Die gegenrevolutionäre Welle hingegen wurde durch die beiden starken Blocks »Volkskonservative-Reichswehr« und »Hugenberg-Hitler« repräsentiert. Die legale Republik wurde nur noch von der rechten SPD verteidigt. Die weitere Entwicklung ging so, daß die Gegenrevolution den irregeleiteten Revolutionären erlaubte, den Weimarer Staat zu zerschlagen, daß danach aber die Gegenrevolution allein die Macht übernahm.

Das Wirtschafts- und Sparprogramm, das der Kanzler Brüning veröffentlichte, wurde vom Reichspräsidenten Hindenburg mit Hilfe einer Notverordnung auf Grund des Artikels 48 der Verfassung in Kraft gesetzt. Das war ein glatter Verfassungsbruch. Denn der Artikel 48 der Weimarer Verfassung bezog sich nur auf den Fall gewaltsamer Unruhen, und die Schöpfer der Reichsverfassung dachten niemals daran, das normale Gesetzgebungswerk des Reichstags durch ein Notverordnungsrecht des Reichspräsidenten verdrängen zu lassen. Die Männer der deutschen Gegenrevolution wußten ganz genau, daß diese Praxis mit der Verfassung nichts gemein hatte. Aber der Mißbrauch des Artikels 48 ist bereits im Unglücksjahr 1923 vorgekommen. Im Jahre 1928 veröffentlichte der frühere Reichskanzler Luther eine Darstellung, wie die Mark stabilisiert wurde. Er schreibt darin:

> »Am 30. November (1923) kam das neue Kabinett unter Führung des Reichskanzlers Marx zustande. Ich gehörte ihm wiederum als Finanzminister an. Da nun aber das neue Ermächtigungsgesetz nicht sofort zur Verfügung stand, so wurden die notwendigsten Steuermaß-

INHALT

nahmen auf dem Wege des Artikels 48 der Reichsverfassung ergriffen. Dieser Artikel gibt dem Reichspräsidenten das Recht, Anordnungen mit gesetzgeberischer Kraft zu erlassen. Selbstverständlich bedürfen auch diese Anordnungen der Gegenzeichnung eines Ministers. Es mag zugegeben werden, daß bei der Entstehung dieser Paragraphen zunächst nur an polizeiliche oder sonstige, die äußere Ordnung betreffende Maßregeln gedacht worden ist. Tatsächlich hat sich dieser Paragraph aber als sehr nützlich erwiesen, um in Fällen dringendster Not auch wirtschaftliche, insbesondere steuerliche Maßregeln zu ergreifen.«

Hier ist alles so deutlich gesagt, wie man es sich nur wünschen kann. Die Anwendung des Artikels 48 für eine wirtschaftliche und steuerpolitische Gesetzgebung ist zwar verfassungswidrig, aber »sehr nützlich«. Nach diesem Grundsatz handelten Brüning, seine Ministerkollegen und Hintermänner im Jahre 1930. Im Reichstag wurde im Juli der Antrag gestellt, Brünings Notverordnungen wieder aufzuheben. Für den Antrag stimmten die Sozialdemokraten, die Kommunisten und der Block Hugenberg-Hitler. Es zeigte sich, daß Brüning doch ein paar deutschnationale Abgeordnete zuwenig gewonnen hatte. Die Regierung blieb mit 225 gegen 236 Stimmen in der Minderheit. Daraufhin löste Brüning den Reichstag auf. Die neuen Reichstagswahlen fanden am 14. September 1930 statt. Die Krise und die Erregung der Massen hatten Millionen von Wählern mobilisiert, die vorher abseits standen. Wie zuvor bei der Hindenburgwahl und bei der Volksabstimmung über das Fürstenvermögen waren neue Wählerschichten auf dem Kampffeld erschienen. Die Zahl der abgegebenen Stimmen stieg von 31 Millionen im Jahre 1928 diesmal auf 35 Millionen.

Der Verlust, den die Sozialdemokratie erlitt, war, wenn man die Gesamtlage erwägt, gar nicht so groß. Sie sank von neun Millionen auf achteinhalb Millionen. Dafür gewannen die Kommunisten durch die gesteigerte Arbeitslosigkeit $1\frac{1}{4}$ Millionen Stimmen. Sie stiegen von $3\frac{1}{4}$ Millionen auf $4\frac{1}{2}$ Millionen. Das Rennen zwischen den feindlichen deutschnationalen Brüdern blieb unentschieden, denn Hugenberg erhielt $2\frac{1}{2}$ Millionen Stimmen und 41 Mandate, und die Volkskonservativen, die unter verschiedenen Firmen in den Wahlkampf gezogen waren, hatten zusammen ungefähr ebenso viele Stimmen und Mandate. Das entscheidende Merkmal dieser Reichstagswahl war jedoch der ungeheure Erfolg der Nationalsozialisten, die von 800000 auf $6\frac{1}{2}$ Millionen Stimmen stiegen und 107 Mandate eroberten. Von den vier Millionen neuen Wählern waren mindestens drei Millionen zu Hitler gekommen, und außerdem waren ungefähr $2\frac{1}{2}$ Millionen Wähler von den anderen Rechtsparteien zu Hitler übergegangen. Ein nennenswerter Einbruch in die sogenannten marxistischen Wählergruppen aber war den Nationalsozialisten nicht gelungen, nur die Mobilisierung von drei Millionen neuen Wählern für die eine Partei zeigte, wie die Volksstimmung lief.

Einige charakteristische Einzelresultate mögen diese Reichstagswahl beleuchten: In Schleswig-Holstein, der Provinz Claus Heims, stiegen die nationalsozialistischen Stimmen von 32 000 auf 240 000. Hugenberg erhielt 55 000 Stimmen, die volkskonservativen Gruppen erhielten 70 000. Die Sozialdemokraten hatten einen geringen Rückgang zu verzeichnen, während die Kommunisten 32 000 Stimmen gewannen. In Ostpreußen führte die Not der Bauern, Landarbeiter und Kleinpächter dazu, daß die nationalsozialistischen Stimmen von 8 000 auf 235 000 stiegen. In den großstädtischen und Industriebezirken erzielten die Nationalsozialisten ebenfalls erhebliche Gewinne, aber blieben doch im ganzen hier in der Minderheit. In Groß-Berlin wurden zwar, im Zeichen Sklareks, $^{3}/_{4}$ Millionen kommunistische Stimmen und 400 000 nationalsozialistische Stimmen abgegeben, aber die SPD erhielt trotz allem ebenfalls $^{3}/_{4}$ Millionen Stimmen, und im ganzen war in Groß-Berlin an jenem 14. September die Zahl der »Marxisten« immer noch fast viermal so stark wie die der »Nazis«.

Eine Einheitsfront KPD-SPD, die rücksichtslos den Kampf gegen die Brüning-Diktatur und den Kapitalismus aufgenommen hätte, würde vielleicht auch damals noch das Schicksal gewendet haben, indem sie die neuen Wählermassen der NSDAP zur Entscheidung für oder gegen den Kapitalismus zwang, so die Hitlerpartei sprengte und der Gegenrevolution ihre volkstümliche Grundlage entzog. Aber eine solche kämpfende Einheitsfront des Proletariats kam nicht zustande, weil die KPD-Leitung gar nicht die Revolution wollte, sondern nur die bequeme Propaganda gegen die SPD — und weil die rechtssozialistische Führung an den Kräften des Proletariats verzweifelte und wiederum das »kleinere Übel« suchte. Die linken Sozialisten jedoch waren wie 1923 eingeklemmt zwischen der eigenen Parteimehrheit und der offiziellen KPD und deshalb aktionsunfähig.

Im neuen Reichstag saßen 150 Anhänger des Blocks Hugenberg-Hitler, 220 Marxisten und ungefähr 200 Anhänger der Regierung Brünings. Die Volkskonservativen fürchteten weder die SPD noch die KPD, aber wohl die Konkurrenz Hugenberg-Hitler, die sich bei den Wahlen so sehr gestärkt hatte. Der Streit zwischen den Volkskonservativen und den Hugenberg-Freunden war eine innere Angelegenheit der deutschen Großkapitalisten und ihres feudalen Anhangs. Die SPD hielt jedoch die Regierung der Volkskonservativen für das kleinere Übel und stellte ihre Stimmen der Regierung Brüning gegen Hugenberg-Hitler und die KPD zur Verfügung.

Am 18. Oktober 1930 beschloß eine Reichstagsmehrheit, die sich aus den Anhängern Brünings und den Sozialdemokraten zusammensetzte, die Notverordnungen der Regierung einem Ausschuß zu überweisen und über die vorliegenden Mißtrauensanträge gegen Brüning zur Tagesordnung überzugehen. Damit stellte die Reichstagsmehrheit den Kampf gegen die verfassungswidrige Diktatur ein. Es war die Todesstunde der Weimarer Republik. Seitdem hat in Deutschland eine Diktaturregierung die andere abgelöst.

Die führenden Sozialdemokraten – überzeugt davon, daß das sozialistische Proletariat zum offenen Kampf zu schwach wäre – hofften offenbar, daß die neue Krise ebenso verlaufen werde wie die von 1923. Sie wollten die Notverordnungen »tolerieren«, wie sie damals das Ermächtigungsgesetz »toleriert« hatten. Vielleicht würde sich durch irgendeine günstige Wendung die demokratische Republik wiederherstellen lassen, wenn in der Zwischenzeit Brüning, im Kampfe gegen Hugenberg-Hitler, wenigstens das Schlimmste vermied. Jedoch ist 1924 die deutsche Demokratie nicht durch ihre eigene Kraft, sondern nur durch die Intervention der New Yorker Börse gerettet worden, und 1930/31 war das amerikanische Finanzkapital zu einer solchen Hilfsaktion für die Weimarer Republik weder bereit noch imstande.

Die bürgerliche Republik war in Deutschland 1918 das Werk der Arbeiterklasse. Das Bürgertum selbst hat die werdende deutsche Republik entweder bekämpft oder nur lau unterstützt. 1930 ging die bürgerliche Republik in Deutschland zugrunde, weil ihr Schicksal den Händen des Bürgertums anvertraut war und weil die Arbeiterschaft nicht mehr stark genug war, um die Republik zu retten. Die deutsche Arbeitnehmerschaft umfaßte zwar drei Viertel des Volkes, aber da sie sich weder in ihren politischen Idealen noch in ihren taktischen Methoden einigen konnte und weil sich ihre Riesenkräfte im Kampfe gegeneinander verbrauchten, kam die Gegenrevolution wieder zur Macht.

ANMERKUNGEN

ANMERKUNGEN ZU KAPITEL I

Die tatsächlichen Vorgänge der deutschen Revolution 1918/19, soweit die Öffentlichkeit sie von Tag zu Tag erfuhr, ergeben sich am besten aus den führenden sozialistischen Tageszeitungen in Berlin, dem »Vorwärts« (mehrheitssozialistisch) und der »Freiheit« (USPD). Von den Zeitschriften jener Periode bieten die »Sozialistischen Monatshefte« das beste Material. Von großer Bedeutung sind ferner die gedruckten Parteitagsprotokolle: Parteitag der SPD Weimar 1919, Parteitag der USPD Berlin 1919, Gründungsparteitag der KPD 30. Dezember 1918 bis 1. Januar 1919, und Heidelberger Parteitag der KPD Oktober 1919. Von zusammenhängenden Darstellungen seien hier erwähnt: Eduard Bernstein »Die deutsche Revolution« (2. Auflage Berlin 1922), geschrieben mit reicher politischer Erfahrung und Sachkenntnis, aber mit einseitiger Tendenz gegen die äußerste Linke. Eugen Fischer-Baling »Volksgericht. Die deutsche Revolution von 1918 als Erlebnis und Gedanke« (Berlin 1932). Der Verfasser war Sekretär des Untersuchungsausschusses des Reichstages für den deutschen Zusammenbruch. Die Darstellung geht bis zum 11. August 1919. E. O. Volkmann »Revolution über Deutschland« (Oldenburg 1930). Der Verfasser war erst Major und dann Archivrat im Reichsarchiv. Er bietet wichtiges neues Material, das aber bei Volkmanns einseitig-militärischer Tendenz nur mit Vorsicht zu verwerten ist. Die Darstellung reicht bis zum Kapp-Putsch. Für die Entwicklung der Sowjets vergleiche: Arthur Rosenberg »Geschichte des Bolschewismus« (Berlin 1933). Viel Material besonders an Literaturangaben bei Ludwig Bergsträßer »Geschichte der politischen Parteien in Deutschland«. Zur Verfassungsfrage: Hugo Preuß »Staat, Recht und Freiheit. Aus 40 Jahren deutscher Politik und Geschichte« (Gesammelte Aufsätze, Tübingen 1926).

ANMERKUNGEN ZU KAPITEL II

Die Protokolle des Rats der Volksbeauftragten, die ich verwenden konnte, sind zwei Bände in Schreibmaschinenschrift. Der erste Band hat 149 Blatt, der zweite Band 142 Blatt. Die Protokolle reichen vom 14. November bis zum 31. Dezember 1918. Die Protokolle sind durchweg unkorrigiert und dadurch mit einer Anzahl von Schreibfehlern behaftet, aber dafür ohne jede spätere Redaktion, also völlig getreue Dokumente der betreffenden Sitzungen. Die Schreibfehler lassen sich ohne Mühe korrigieren.

1 Der zitierte Artikel Wissells stand in den »Sozialistischen Monatsheften«.

2 Das sogenannte Bündnis zwischen Ebert und Groener ist ein umstrittenes Problem. Als Zeuge im sogenannten Münchener Dolchstoßprozeß erklärte General Groener im November 1925:

»Das politische Ziel, das Ebert im Auge hatte, und das er mit mir besprochen hat in diesen Tagen, wo die Truppen einzogen und wo nachher die Affäre mit den Matrosen stattfand, war erstens das Hinausdrängen der Unabhängigen aus der vorläufigen Regierung und zweitens die Sicherung der Nationalversammlung. Für beides hat er auch meine Unterstützung erbeten, und ich habe sie ihm gewährt. Das Hinausdrängen der USPD aus der Regierung hat Ebert so geschickt gemacht wie nur möglich.«

Die Tatsachen zeigen, daß Groeners Behauptung unmöglich richtig sein kann. Hätte Ebert wirklich die Unabhängigen aus der Reichsregierung hinausdrängen wollen, so hätte er dafür die beste Gelegenheit auf dem Rätekongreß gehabt, als die USPD-Fraktion ihre eigenen Volksbeauftragten im Stich ließ und sich weigerte, in den neuen Zentralrat hineinzugehen. Ebert hätte damals die Volksbeauftragten der USPD, ohne jede Mühe und gestützt auf den Rätekongreß selbst, zum Rücktritt nötigen können, aber er hat es nicht getan. Ferner war der Austritt der Unabhängigen aus der Reichsregierung am 29. Dezember alles andere als ein Triumph Eberts. Die mehrheitssozialistischen Volksbeauftragten blieben allein in der Regierung, mit großer Einbuße an Autorität und in einer überaus gefährlichen Situation. Von der angeblichen »Geschicklichkeit« Eberts ist dabei nichts zu merken.

Ohne Zweifel hat sich General Groener 1925 subjektiv durchaus bemüht, die Wahrheit zu sagen. Aber er vermochte nur ein einseitiges Bild jener Vorgänge zu geben, die damals sieben Jahre zurücklagen. Wie wenig zuverlässig Groeners Zeugenaussage war, zeigt eine andere Angabe des Generals. Groener sagte:

»Am 24. Dezember abends habe ich noch mit Ebert gesprochen. Er sagte: ‚Was sollen wir tun?' Ich sagte ihm, in Berlin seien nur noch etwa 150 Mann. Das Oberkommando ginge fort von Berlin, ginge wieder nach Wilhelmshöhe. Ebert sagte darauf lachend: ‚Wissen Sie, jetzt gehe ich fort und lege mich drei Tage schlafen. Ich hab's dringend nötig. Ich gehe jetzt zu Bekannten, verschwinde vollkommen aus dem Reichskanzlerhaus und gehe schlafen. Ich werde dafür sorgen, daß auch die übrigen Herren an diesen Tagen alle fortgehen. Nur ein Portier soll da bleiben. Wenn die Liebknechtgruppe die Gelegenheit jetzt benutzt, die Regierung an sich zu reißen, so ist niemand da. Wenn aber nichts vorgefunden wird, so macht sie einen Luftstoß. Dann sind wir in der Lage, nach einigen Tagen irgendwo anders, vielleicht in Potsdam, unsere Regierung wieder aufzumachen.' Ich habe ihm vorgeschlagen, ob er nicht nach Kassel kommen wolle. Er ging aber schlafen, und jetzt kommt das Merkwürdige: auch die Herren Liebknecht und Genossen haben Weihnachten gefeiert, haben in diesen kritischen Tagen nichts unternommen.«

Man sollte glauben, daß eine Angabe, die mit solcher Bestimmtheit auftritt und so anschaulich erzählt ist, wahr sein muß. In Wirklichkeit ist sie völlig phantastisch. Die drei Tage, an denen Ebert angeblich über Weihnachten 1918 geschlafen hat, lassen sich in den Protokollen der Volksbeauftragten nicht auffinden. Am 24. Dezember um 4½ Uhr nachmittag hatte der Rat der Volksbeauftragten eine Sitzung. Am 26. Dezember, vormittags 10¾ Uhr, hatte der Rat der Volksbeauftragten wiederum eine Sitzung. Am 27. Dezember, vormittags 10¾ Uhr, war eine neue Sitzung, am 28. Dezember waren ununterbrochen Sitzungen bis über Mitternacht hinaus. In der Mitternachtssitzung vom 28. zum 29. Dezember erfolgte der formelle Austritt der Unabhängigen aus der Reichsregierung. Demnach hat nur an dem einzigen 25. Dezember eine Sitzung der Volksbeauftragten nicht stattgefunden. Es ist an sich historisch nicht wichtig, wie lange Ebert geschlafen hat, aber diese Tatsache zeigt doch, wie vorsichtig man in der Verwertung der Groenerschen Zeugenaussage sein muß. Vielleicht hat in den kritischen Dezembertagen 1918 irgend jemand einen Scherz gemacht, daß man am besten das Haus schließen und sich schlafen legen müsse. Im Gedächtnis des General Groener verwandelte sich dieser Scherz sieben Jahre später in Wirklichkeit. Aus welchen Gründen Groener annehmen konnte, daß ein »Bündnis« zwischen ihm und Ebert bestehe, ist im Text dargelegt worden. (Groeners Aussage ist abgedruckt bei Beckmann: »Der Dolchstoßprozeß in München«, München 1925, Seite 110 und 111)

3 Das Verhalten der alten kaiserlichen Beamten zur Regierung der Volksbeauftragten wird anschaulich beleuchtet durch das Benehmen des Staatssekretärs des Auswärtigen Solf. Der frühere russische Botschafter in Berlin Joffe hatte in einem Funkspruch behauptet, daß die USPD mit bolschewistischem Geld die deutsche Revolution vorbereitet habe. Darauf entwickelte sich die folgende Situation, die wörtlich nach dem Protokoll des Rats der Volksbeauftragten geschildert ist:

Kabinettssitzung vom 9. Dezember 1918, 10 Uhr vormittags, anwesend: Ebert, Haase, Barth, Scheidemann, Landsberg, Solf, Nadolni, Kautsky.

»Heftige Szene zwischen Solf und Haase. Solf wiederholt, daß er sich geweigert habe, Haase die Hand zu geben. Haase nennt dies Benehmen unqualifizierbar. Solf verliest Joffes Funkspruch. (Es folgen längere Rechtfertigungsreden von Haase und Barth, darauf geht das Protokoll weiter).

Solf: Es bleibt bei meiner Weigerung, Haase die Hand zu geben. Ich muß nach meiner Überzeugung handeln. Solange er unter einer so schweren Beschuldigung steht, begrüße ich ihn nicht.

Ebert: Das Joffe-Telegramm ist in die ganze Welt gegangen.

Landsberg: Was werden Sie tun, Haase?

Haase: Ich werde sofort öffentlich antworten.

Barth: schließt sich dieser Erklärung an.

Ebert: Damit ist diese Angelegenheit vorläufig abgeschlossen.«

Diese ganze Szene konnte sich vier Wochen nach dem Sieg der Revolution abspielen. Offenbar hat keiner der Volksbeauftragten daran gedacht, Herrn Solf an Ort und Stelle verhaften zu lassen. Man male sich die Situation aus, wenn ein bürgerlicher Fachbeamter 1918 in dieser Form in Rußland Trotzky gegenübergetreten wäre oder wenn 1793 in Frankreich ein aristokratischer Fachmann sich derartig gegenüber Robespierre benommen hätte! In beiden Fällen wäre ein solcher Beamter sofort vom Revolutionsgericht abgeurteilt worden.

Im Protokoll der Kabinettssitzung vom 12. Dezember heißt es:

»Unverbindliche Aussprache über Solf. Es herrscht Übereinstimmung, daß er gehen muß, aber so lange im Amte bleibt, bis ein Nachfolger gefunden ist.«

Weiter wurde gegen Solf nichts unternommen. Sein Nachfolger wurde Graf Brockdorff-Rantzau.

[4] Der Wiederaufbau der bürgerlichen Parteien nach der Revolution kommt mit glänzender Anschaulichkeit in dem Tagebuch eines deutschnationalen Versammlungsredners zum Ausdruck, das Walther Lambach im Anhang zu seinem Buch »Die Herrschaft der Fünfhundert« (Hamburg 1926) abdruckt.

»27. November 1918, Cuxhaven: ... Der Saal ist überfüllt von Männern und Frauen, Soldaten und Zivilisten. Ich beginne mit einer sachlichen Kritik der Fehler des alten Regimes und ernte ermunternde Zwischenrufe. Das war zu erwarten... Nun muß das Steuer herum. Jetzt zur Kritik der neuen Herrscher, der A- und S-Räte, die im Saale sitzen. Jetzt erst wird es sich zeigen, ob der Funke einschlägt, ob für uns noch Platz ist in Cuxhaven.

›Die Alten sind fort‹, beginne ich, nachdem sich das Klatschen gelegt hat, hart und laut. ›Aber diejenigen, die ihre Macht an sich gerissen haben, erweisen sich als noch viel schlimmer als jene. Wir sind aus dem Regen in die Traufe gekommen. In eine Knechtschaft sind wir geraten, die unerträglich ist.‹ Atemraubende Stille. Das Publikum erwartet offenbar das Einschreiten der Herren A- und S-Räte, die mit ihren roten Armbinden die erste Reihe zieren. Zu jung ist noch die Revolution. Der Schrecken der Maschinengewehre steckt noch in allen Gliedern. Aber das gefürchtete Tack-Tack bleibt aus. Der neue Gott der Revolution läßt weder Feuer noch Schwefel regnen.

Jetzt oder nie gilt es, den Bann der Furchtsamkeit zu durchbrechen, in diesen Menschen das alte Selbstgefühl wachzurufen: ›Aber wir wollen nicht Knechte sein, wir wollen als freie Männer leben. Ihre Zwangsherrschaft, meine Herren vom A- und S-Rat, wird an unserem Freiheitswillen, am Schrei nach unserem Recht zerschellen‹, rufe ich mit aller Leidenschaft in den Saal. Da geht es wie eine Erlösung durch die Reihen. Endloser Beifall bricht los. Unsere Gedanken haben wieder freie Bahn.

Der Herr Soldatenrat in Marineuniform, der nach mir spricht, vermag die gesprengten Fesseln nicht zu flicken. Er wird ausgelacht. Wilde Empörung der Bürger schlägt ihm entgegen. Schonungslos halten sie ihm die Sünden seiner jungen Herrschaft vor, und im Schlußwort kann ich unter dröhnendem Beifall gründlich mit ihm abrechnen.«

Hier ist die entscheidende Wendung in einem einzigen Augenblick zusammengedrängt. Hätte der Soldatenrat, drei Wochen nach der Revolution, noch die Kraft und die Möglichkeit gehabt, den gegenrevolutionären Redner nach den ersten provozierenden Worten verhaften zu lassen und wäre man überall in Deutschland so verfahren, dann hätte sich niemals die Deutschnationale Partei bilden können. Als es sich aber zeigte, daß der »Gott der Revolution« wehrlos war, konnte die bürgerliche Gegenrevolution sich ungehindert organisieren.

[5] Die Stimmung der Regierung kurz vor Zusammentritt des Rätekongresses zeigt das folgende Protokoll der Kabinettssitzung vom 13. Dezember (es lagen wieder Beschwerden über die Einmischung der Räte in die Verwaltung und in das Militärwesen vor):

»Ebert: So kann es nicht weitergehen. Wir blamieren uns vor der Geschichte und der ganzen Welt. Wir müssen der Reichskonferenz (gemeint ist der Rätekongreß) folgende Anträge unterbreiten: Die Führung der Reichsgeschäfte liegt restlos in den Händen der Regierung. Ist dies beschlossen, dann kann der Ausschuß der Reichskonferenz parlamentarische Befugnis erhalten und zu bestimmten Zeiten Berichte hören, so wie es früher der Hauptausschuß des Reichstags tat. Aber eine scharfe Abgrenzung ist notwendig. Die Verantwortung tragen wir. Das Herum- und Hineinregieren der A- und S-Räte im Lande muß aufhören...

Dittmann:... Wir müssen von vornherein die Verbindung mit dem Zentralrat aufnehmen. Absolut regieren wollen wir doch nicht. Lassen wir den (Berliner) Vollzugsrat jetzt in Ruhe und sagen wir im Zentralrat, was wir wollen. Der Zentralrat hat im Lande auch mehr Autorität als der Vollzugsrat. Das Recht der Kontrolle aber, etwa wie der Hauptausschuß es hatte, muß vorhanden sein.

Ebert: Gegen das Recht der Kontrolle ist kein Wort gesagt worden.

Haase: Der Vergleich mit dem Hauptausschuß ist zutreffend. Aber in die Tätigkeit irgendwelcher Verwaltungszweige darf weder der Zentralrat noch irgendein lokaler Soldatenrat eingreifen. Auf der andern Seite darf nicht übersehen werden, daß die A- und S-Räte vielfach sehr segensreich als lokale Kontrollausschüsse die Verwaltung beaufsichtigt haben. Was die Übergriffe anbelangt, so vergesse man darüber nicht die Übergriffe der Offiziere.

Landsberg: Bei den Offizieren handelt es sich um einige verrannte Kerle. Bei den A- und S-Räten um die Organisierung der Unordnung... Der Vergleich zwischen Vollzugsrat und Hauptausschuß stimmt nicht ganz. Im Hauptausschuß sitzen Parlamentarier, die einmal die Auslese der Wähler und zweitens die Auslese in der Fraktion passiert haben. Nur die bedeutendsten Männer kamen in den Hauptausschuß. Im Vollzugsrat sind zahlreiche ungeeignete Personen. Ob das im Zentralrat anders werden wird, ist zweifelhaft. Auch da kann der Machtkitzel viel verderben.

Ebert: Wenn wir zusammenstehen, können wir die Dinge sehr leicht ändern. Alle sachlichen Differenzen zwischen uns können dieser großen Aufgabe gegenüber ausscheiden.

(Danach richtete Scheidemann weitere heftige Angriffe auf die Räte).

Haase: Wenn wir darin einig sind, können wir die Situation noch retten. Vernunft und Unvernunft verteilt sich paritätisch im Vollzugsrat auf beide Parteien.«

Charakteristisch ist hier das mangelnde Verständnis der mehrheitssozialistischen Volksbeauftragten für das Neue in den Räten und der Versuch, die unangenehme neue Erscheinung durch völlig unhaltbare Vergleiche aus dem Parlamentsleben zu begreifen. Die Vertreter der USPD hatten viel mehr Sympathie für die Räte, waren aber auch nicht imstande, den Mehrheitssozialisten ein anderes Prinzip entgegenzustellen. Typisch ist ferner der starke Wille zur Einigung auf beiden Seiten, wie ihn vor allem Ebert und Haase vertraten.

6 Die Hilflosigkeit der Regierung nach der Besetzung des »Vorwärts« beleuchtet das folgende Protokoll:

Kabinettssitzung vom 26. Dezember, vormittags $10^3/_4$ Uhr, anwesend Ebert, Dittmann, Haase, Barth, Scheidemann, außerdem Heller und Schäfer vom Zentralrat.

»Die Vorwärtsbesetzung: Ebert und Heller geben einen kurzen Überblick der Vorgänge.

Scheidemann: stellt fest, daß Liebknecht und Rosa Luxemburg im ›Vorwärts‹ gewesen sind.

Ebert: Wir müssen für unsere Partei verlangen, daß uns der ›Vorwärts‹ restlos freigegeben wird. Wir selbst haben Machtmittel nicht in der Hand. Fischer (Stadtkommandant von Berlin, Nachfolger von Wels) will ohne Befehl der gesamten Regierung nichts unternehmen.

Haase: Sie wissen ja selbst, daß die revolutionären Obleute sich in der ›Roten Fahne‹ gegen uns gewandt haben (d.h. gegen die USPD).

Dittmann: Man muß erst feststellen, ob nicht Eichhorn die Leute entfernen kann. Wenn er erklärt, er kann es nicht, erst dann kommt die Stadtkommandantur in Frage.

Scheidemann: Ja, aber wenn Militär kommt, dann gibt es Blutvergießen und seid ihr auch Bluthunde!

Haase: Wir müssen erst Eichhorn sprechen.

Nach telephonischer Rücksprache teilt Haase weiter mit:

Die revolutionären Obleute haben sofort den Beschluß gefaßt, daß der ›Vorwärts‹ wieder geräumt werden müsse. Es sei eine falsche Vorspiegelung, wenn man sage, daß sie die Besetzung veranlaßt hätten. Sollten Schwierigkeiten entstehen, so wird Däumig auf Grund seiner Autorität selbst die Befreiung des ›Vorwärts‹ verlangen. Wenn auch das nicht genügt, so haben sich die Matrosen zur Befreiung des ›Vorwärts‹ zur Verfügung gestellt.«

Der Humor der Situation bestand darin, daß die Volksmarine-Division, die Siegerin vom Weihnachtsabend, hier als letzter Rettungsanker der Regierung auftauchte! So gebrochen war damals die Macht der Volksbeauftragten.

ANMERKUNGEN ZU KAPITEL III

1 Rosa Luxemburg und die Januar-Aktion: Paul Levi hielt am 4. Mai 1921 im Zentralausschuß der KPD eine Rede, in der er seine Kritik an der Märzaktion von 1921 rechtfertigte. Levi hat die Rede als Broschüre herausgegeben. (Was ist das Verbrechen? Berlin 1921.) Im Verlauf seiner Rede sprach Levi auch vom Januar 1919 (Seite 33 f.):

»Nun ist mir weiter eingewendet worden, die Haltung von Rosa Luxemburg im Januaraufstand 1919 sei doch anders gewesen... Man sagt, auch Rosa Luxemburg sei damals gegen die Aktion gewesen und doch hätte sie Artikel und Aufrufe (für die Aktion) geschrieben... Auch ich stand damals der Bewegung ablehnend gegenüber, und auch ich schrieb damals Flugblätter und Artikel, und warum? Aus dem ganz andern Gesichtspunkt heraus, daß dort große Massen irrten und nicht ein kleines Konventikel von Führern nichtirrende Massen in das Verderben jagte...

Genosse Pieck war bei jener Sitzung in der Puttkamerstraße, als wir mit Karl Liebknechts Haltung in Widerspruch kamen. Sie erinnern sich, wie Karl Liebknecht widerspenstig war, und wie Leo Jogiches damals es war, der den Vorschlag machte, noch jetzt während der Aktion eine scharfe Erklärung in der ›Roten Fahne‹ zu veröffentlichen, die von Karl Liebknecht ganz deutlich abrückte, die einfach erklären sollte, Karl Liebknecht vertritt den Spartakusbund nicht mehr bei den revolutionären Obleuten. Sie wissen genau, wie ablehnend Rosa Luxemburg dem Verhalten Karls gegenüberstand, und wie scharf ihre Kritik war. Sie wäre im Augenblick, in dem die Aktion zu Ende war, mit ihrer Kritik gekommen.«

Man sieht, in welche peinliche und zweideutige Lage Rosa Luxemburg geriet, als sie öffentlich für die Januaraktion eintrat und sie zugleich hinter verschlossenen Türen mißbilligte. Karl Liebknecht war als Mitglied der sogenannten Revolutionsregierung noch stärker in die Aktion verstrickt, und so kam es damals zu einem Konflikt zwischen beiden. Rosa Luxemburg meinte, daß Karl Liebknecht die Aktion zu sehr unterstützte. Aber welche Handlung war in der allgemeinen Zweideutigkeit richtig, und welche war falsch? Ohne Zweifel hätte sich bei längerem Leben Liebknechts und Rosa Luxemburgs das Mißverständnis bald wieder aufgeklärt. Denn Karl Liebknecht ließ sich zwar manchmal von der Leidenschaft des Kampfes mitreißen, aber er war nie ein Utopist.

Pieck war ein kommunistischer Führer, Leo Jogiches war ein hervorragender polnischer Sozialist, der während des Krieges und zu Beginn der Revolution in den Reihen des Spartakusbundes arbeitete. Er wurde im März 1919 in Berlin von der Polizei »auf der Flucht erschossen«.

2 Volkmann steht mit seinen ganzen Sympathien auf seiten der alten Offiziere und ihrer Freikorps. Dennoch muß er über die Entscheidung der Januarkämpfe schreiben (Seite 185):

»Der Soldat entscheidet das Spiel. Nicht die Freikorps des Generals von Lüttwitz, sondern die disziplinlosen Haufen in den Berliner und Potsdamer Kasernen und ein paar in den letzten Tagen zusammengeraffte republikanische Kampfverbände. Ihr Kampfmut ist plötzlich nicht mehr zu zügeln. Sie sind voller Eifersucht auf die Noskegarden und möchten ihnen zuvorkommen. Sie wollen sich nicht verdrängen lassen.« (Seite 186): »Nach 24 Stunden ist das Chaos auf der Kommandantur beseitigt und die Ordnung unter den Berliner und Potsdamer Garnisonstruppenteilen so weit hergestellt, daß Major von Stephani, der Kommandeur des aus den Potsdamer Formationen zusammengesetzten Regiments, Befehl erhalten kann, das Vorwärtsgebäude anzugreifen.« (Seite 187): »Im Zeitungsviertel kämpft die mehrheitssozialistische republikanische Soldatenwehr und das von dem Vorwärts-Redakteur Kuttner aus kampfwilligen Arbeitern aufgestellte Regiment ›Reichstag‹... In der Nacht vom 11. zum 12. Januar wird der Angriff auf die letzte bisher noch unbezwungene Feste, das Polizei-Präsidium, eingeleitet. Hier tragen die ›Maikäfer‹ unter Feldwebelleutnant Schulze, die von allen Berliner Regimentern immer am ehrlichsten zur Regierung Ebert gehalten haben, die Hauptlast des Kampfes.«

3 Leviné erklärte in seinem Prozeß vor dem Münchener Gericht (vgl. »Freiheit«, 6. Juni 1919):

»In der Nacht vom 4. zum 5. April wurde ich von einem Freunde abgeholt zu einer Sitzung im Kriegsministerium, wo man die Ausrufung der Räte-Republik plante. Mir war das unbegreiflich. Nach meiner Auffassung könnten nur die Arbeiter eine Räte-Republik proklamieren und nicht einzelne Personen. Es waren in dieser Sitzung Anarchisten, Unabhängige und Rechtssozialisten wie Niekisch, Schneppenhorst, Dürr usw. Ich legte meinen Standpunkt in der Sitzung klar, den auch meine Partei teilte, und protestierte energisch gegen dieses Treiben. Ich erklärte den Zeitpunkt für äußerst ungünstig und für viel zu früh. Bayern ist kein geschlossenes Wirtschaftsgebiet. Es könnte sich eine Räte-Republik nur dann halten, wenn eine deutsche Räte-Republik entsteht... Wir schickten eine Delegation in den Zentralrat... und protestierten im Namen der Partei gegen das abenteuerliche Unternehmen. Die Scheinräterepublik wurde trotzdem proklamiert, und wir haben dagegen gekämpft, solange wir kämpfen konnten.«

Über die Wendung in der Nacht vom 13. zum 14. April äußerte sich Leviné folgendermaßen:

»In der Versammlung der Betriebsräte war die Stimmung: ›Wir geben nicht nach.‹ Ich erinnere mich, gesagt zu haben: ›Ich fürchte, Ihr seid verloren, so oder so. Jetzt heißt es wenigstens in Ehren untergehen. Wenn Ihr beschließt, wir kämpfen, dann werden wir als Kommunisten Euch nicht im Stich lassen.‹ Wir hielten es als Pflicht der Arbeiterführer, zum Proletariat zu stehen. Wir haben gewarnt, haben uns beschimpfen lassen, aber in dem Augenblick, wo diese Scheinräterepublik und damit das Proletariat selbst bedroht war, hatten wir die Pflicht, die Arbeiterschaft nicht im Stich zu lassen. Wir wären Verräter gewesen, hätten wir es getan.«

In seinem Schlußwort sagte Leviné:

»Ich weiß seit langem, wir Kommunisten sind nur Tote auf Urlaub. Bei Ihnen, meine Herren, liegt es, ob mein Urlaubsschein noch einmal verlängert wird, oder ob ich einrücken muß zu Karl Liebknecht und Rosa Luxemburg. Mögen Sie mich töten, meine Ideen werden weiterleben!«

ANMERKUNGEN ZU KAPITEL IV

1 Über die Hintergründe des Baltikum-Abenteuers gibt Volkmann einiges Material. (Seite 238. Aus einem Gedankenaustausch zwischen Ebert und Groener im Januar 1919:)

»Auch wenn man nicht an Eroberungen in Rußland denke, erwidert Groener, sei es ein Lebensinteresse Deutschlands, die Bolschewisten in angemessener Entfernung von seinen Grenzen zu halten. Aus diesem Grunde hätten der Feldmarschall (Hindenburg) und er stets die tunlichste Verzögerung der Räumung der russischen Randstaaten befürwortet, und aus diesem Grunde hielten sie auch jetzt die Wiederaufnahme der Offensive mit begrenztem Ziel in Kurland für nötig. Es müsse eine Art luftleerer Raum vor Ostpreußen geschaffen werden.« (Seite 243:) Am 24. April berät man im Reichskabinett, was nun weiter im Osten geschehen solle. Groener erklärt, das gesteckte Ziel, vorwärts der deutschen Grenze einen sicheren Wall auf der kürzesten Linie gegen die Bolschewisten zu errichten, sei erreicht. Eine unmittelbare Gefahr bestehe zur Zeit um so weniger, als die bolschewistischen Heere durch die Abwehr der weißgardistischen Angriffe in Anspruch genommen seien. Man könne sogar der Sowjet-Herrlichkeit ein Ende machen, wenn ein Ententeheer gemeinsam mit den deutschen Truppen von Westen her in Rußland einrücken würde... Das Reichskabinett gelangt zu dem Ergebnis, daß »die derzeitigen Fronten im Osten genügend gesichert seien, und daß eine Offensive weder den Polen gegenüber, noch in Kurland beabsichtigt sei«.

Die Beschlüsse der Regierung waren korrekt. Aber die Generäle und Amateurdiplomaten ließen sich deswegen in ihren Projekten nicht stören.

ANMERKUNGEN ZU KAPITEL V

1 Zur Frage der Arbeiterregierung während des Kapp-Putsches. Däumig erklärte in einer Versammlung der Berliner Betriebsräte am 23. März 1920 (vgl. den Bericht in der »Freiheit« am 24. März):

> »Legien hat in den letzten Tagen den Versuch unternommen, die Regierung Bauer-Noske zu beseitigen, aber wohlgemerkt nur die Männer. An dem Prinzip der Demokratie und der Arbeitsgemeinschaften sollte nichts geändert werden. Legien, vereinigt mit der Afa (Freigewerkschaftlicher Angestelltenverband) und dem Deutschen Beamtenbund, trat auch mit der Unabhängigen Partei in Verbindung, um über die von ihm formulierten Punkte zu verhandeln. Die Unabhängige sozialistische Partei stellte ihrerseits viel weitergehende Forderungen auf und erklärte sich auch nicht für ein Zusammenarbeiten mit der kompromittierten rechtssozialistischen Partei. Darauf ging Legien zu den Koalitionsparteien.« Im Verlaufe seiner Rede stellte Däumig fest, daß der Gedanke einer sozialistischen Arbeiterregierung erledigt sei.
>
> Nach Däumig sprach Pieck für die KPD. Er sagte u. a.:
>
> »Die gegenwärtige Situation ist nicht reif für eine Räterepublik, sondern für eine reine Arbeiterregierung. Als revolutionären Arbeitern ist uns eine reine Arbeiterregierung außerordentlich erwünscht. Sie kann allerdings nur eine Übergangsperiode bilden... Die USPD hat die Arbeiterregierung abgelehnt und damit in einem politisch günstigen Augenblick die Vorteile des Proletariats nicht wahrgenommen.« (Der Bericht verzeichnet an dieser Stelle: heftiger Widerspruch und Beifall.)

Ein gut informiertes Mitglied der KPD hat unter dem Namen »Spartakus« in der Zeitschrift »Die kommunistische Internationale«, Nummer 10 (1920), eine Darstellung des Kapp-Putsches gegeben. Der Verfasser schreibt u. a. (Seite 160):

> »So lag die Situation in Berlin, als nach sechs Tagen Generalstreik die Kappregierung vollständig abgewirtschaftet hatte, als Kapp selbst zurücktrat und der Gewerkschaftsbund unter der Führung von Legien durch die Gewerkschaftsmitglieder dazu gedrängt wurde, der Ebert-

regierung Forderungen zu stellen, die auf den Bruch mit der bürgerlich-sozialistischen Koalition hinausliefen. Es bestand eine Möglichkeit, von der Ebert-Bauer-Regierung unter der Drohung mit Weiterführung des Generalstreiks das Zustandekommen einer Arbeiterregierung unter Ausschluß der Bourgeoisie zu ertrotzen. Legien führte Verhandlungen mit der USPD, um sie zu bewegen, in die Regierung einzutreten. Der rechte Flügel der Unabhängigen war geneigt, dieser Aufforderung ... Folge zu leisten... Die Stellungnahme des linken Flügels zu dieser Frage hing davon ab, welche Position die KPD im Falle der Annahme des Vorschlags Legiens einnehmen werde. Da tatsächlich der linke Flügel der USPD innerhalb der Gesamtpartei einen großen Einfluß besitzt, so hing es wirklich von Däumig und andern ab, ob die Hilferding und Crispien den Vorschlag Legiens akzeptieren oder nicht. Als diese Frage unseren Vertretern in der gemeinsamen Streikleitung (für den Generalstreik in Berlin) inoffiziell bekannt wurde, äußerten sie ihre Meinung dahin, daß ihnen selbstverständlich eine Arbeiterregierung unter Ausschluß der Bourgeoisie lieber sein würde als die Wiederkehr der alten bürgerlich-sozialistischen Koalition, die trotz des Personenwechsels doch voraussichtlich wieder das gleiche Noskeregime werden müsse.«

Im Anschluß daran faßte die Zentrale der KPD am 21. März einen Beschluß, in dem sie einer kommenden Arbeiterregierung beider sozialistischer Parteien eine »loyale Opposition« zusicherte. Das heißt, die Kommunisten wollten unter einer solchen rein sozialistischen Regierung keine Vorbereitung zum gewaltsamen Umsturz treiben, sondern sich auf friedliche Propaganda für ihre Ansichten beschränken.

In diesem Moment waren tatsächlich die von Legien beherrschte SPD, der rechte Flügel der USPD und sogar die KPD für die Arbeiterregierung. Der Plan scheiterte an dem Widerstand der von Däumig geführten linken USPD. So erklärt sich das Auftreten Piecks gegenüber Däumig in der Berliner Betriebsräteversammlung (siehe oben).

Die offizielle Biographie Legiens: Leipart, Carl Legien, Ein Gedenkbuch (Berlin 1929), spricht zwar Seite 116 ff. über Legiens Rolle im Kapp-Putsch, äußert sich aber leider zu der entscheidenden Frage der Arbeiterregierung nicht.

ANMERKUNGEN ZU KAPITEL VI

Zu diesem und den folgenden Kapiteln vgl. die Sammelwerke: »Zehn Jahre Deutsche Geschichte 1918—1928«, Berlin 1928. (Darin u. a.: Külz, Deutschlands innerpolitische Gestaltung. Von Rheinbaben, Die auswärtige Politik seit dem Vertrage von Versailles. Schiffer, Die Rechtsentwicklung im neuen Deutschland. Schmid, Zehn Jahre fremder Besatzung am Rhein. Luther, Die Stabilisierung der deutschen Währung. Popitz, Die Finanzpolitik seit 1918. August Müller, Die Sozialpolitik seit 1918. Demuth, Die Wirtschaftsverbände der Unternehmer. Leipart, Die Arbeitnehmer in Deutschland.) Ferner: »Recht und Staat im neuen Deutschland«. Vorlesungen, gehalten in der deutschen Vereinigung für staatswissenschaftliche Fortbildung. Zwei Bände, herausgegeben von Harms (Berlin 1929). »Volk und Reich der Deutschen«, Vorlesungen, gehalten in derselben Vereinigung, herausgegeben von Harms, drei

Bände, Berlin 1929. (Im zweiten Band wichtige Beiträge über die politischen Parteien nach 1918, über die vaterländischen Verbände und über das Reichsbanner.) Für die wirtschaftliche und politische Statistik siehe das ausgezeichnete Werk von Woytinsky »Zehn Jahre neues Deutschland, ein Gesamtüberblick in Zahlen« (Berlin 1929). Außerdem vgl.: E. J. Gumbel, »Vier Jahre politischer Mord« (Berlin 1922). E. J. Gumbel, »Verschwörer. Beiträge zur Geschichte und Soziologie der deutschen nationalistischen Geheimbünde seit 1918« (Wien 1924). Konrad Heiden, »Geschichte des Nationalsozialismus. Die Karriere einer Idee« (Berlin 1932). Walther Rathenau, »Politische Briefe« (Dresden 1929). Caro und Oehme, »Schleichers Aufstieg, ein Beitrag zur Geschichte der Gegenrevolution« (Berlin 1933).

ANMERKUNGEN ZU KAPITEL VII

Gustav Stresemann, »Vermächtnis«. Der Nachlaß in drei Bänden. Herausgegeben von Henry Bernhard unter Mitarbeit von Wolfgang Goetz und Paul Wiegler, drei Bände (Berlin 1932/33), ist eine grundlegende Quelle für die Jahre 1923—1929. Stresemanns »Vermächtnis« ist kein eigentliches Memoirenwerk, sondern eine Sammlung von Aufzeichnungen und Dokumenten aller Art mit einem kurzen verbindenden Text. Wichtig sind auch die Aufzeichnungen des englischen Botschafters in Berlin, Lord d'Abernon. (Deutsche Ausgabe besorgt in drei Bänden von Antonina Vallentin. Leipzig.)

1 Das grundlegende Werk ist: Wentzcke, »Ruhrkampf. Einbruch und Abwehr im Rheinisch-Westfälischen Industriegebiet«. Band I (Berlin 1930). Wentzcke schrieb sein Werk mit Unterstützung der Stadtgemeinden und der Industrie des Ruhrgebiets. Seine Sympathien gehören durchaus den bürgerlichen Parteien und der Schwarzen Reichswehr. Er hat jedoch mit größter Sorgfalt gearbeitet und wichtige Tatsachen zum ersten Male aufgehellt. Über den sogenannten passiven Widerstand vergleiche besonders die Ausführungen auf Seite 301 ff., 376 ff. und 428 ff.

2 Über die Lebenshaltung der deutschen Arbeiter während der Inflation vergleiche Pawlowski, »Vor dem Endkampf in Deutschland« (Berlin 1923).

3 Vergleiche Oberbürgermeister Böß, »Die Not in Berlin. Tatsachen und Zahlen« (Berlin 1923).

4 Der Ausschuß des Reichstags zur Untersuchung der Femeorganisationen und Fememorde tagte 1926 und 1927. Die Protokolle seiner Sitzungen wurden als Drucksachen des Reichstags veröffentlicht. Besonders wichtig ist das Protokoll der Sitzung vom 30. März 1927 mit dem Bericht des Abgeordneten Dr. Levi über die Akten aus dem Roßbach-Prozeß. Aus der Fülle des Materials können hier nur einige Proben gegeben werden. So schrieb Roßbach am 18. September 1923 aus dem Untersuchungsgefängnis in Leipzig an seinen Verteidiger u. a.: *)

> »Meine persönlichen ersten Verbindungen mit der R. W. gehen in die Zeit der A. G. in Pommern zurück, etwa 1920. Damals verhandelte ich in Stettin häufig mit zwei R.W.-Offizieren, von denen der eine heute in höchster ausgesetztester Stellung im Reichsheer steht. Deswegen hierüber nur mündlich und Einsatz nur, wenn durch Verhalten des Herrn General v. Seeckt notwendig. Damals hatte ich mich verpflichtet, im Mobilmachungsfall ein Bataillon aufzustellen. Ausrüstung, Bewaff-

nung usw. waren geregelt. (Hier treten wieder neue R.W.-Stellen in Erscheinung.) Später erlosch die direkte Verbindung, weil ich mich weigerte, dem Verlangen der Reichswehr nachzukommen, meine Leute völlig in diese einzugliedern. (Gründe hierfür später mündlich.) Durch diese grundsätzliche Auffassung meinerseits enttäuscht, versuchte die spätere sogenannte Schwarze R. W. (Fr. Rex usw.) die Leute meiner ehemaligen Organisation einzeln zu sich herüberzuziehen. Die Folge davon war der Krach in Mecklenburg (kann Ihnen Eberhard erzählen) und die verschiedenartige Auffassung der oberschlesischen Frage. Hier habe ich mich schließlich, durch die drängenden Ereignisse, von dem damaligen Exponenten der R. W., Oberst v. Schwartzkoppen, in Breslau breitschlagen lassen und trotz anfänglichen Widerstrebens meine Leute schließlich doch eingesetzt... Daß der Selbstschutz dort von der Reichsregierung finanziert und von der Reichswehr bewaffnet wurde, wird wohl von diesen Stellen niemand leugnen. In dem von mir geführten Regiment Schlesien kämpften sogar aktive R.W.-Leute und Offiziere.«

Ferner schreibt Roßbach im gleichen Brief:

»Zu guter Letzt möchte ich behaupten, daß sich die Marxisten aller Schattierungen sowohl in der Regierung wie im Staatsgerichtshof sicher keine grauen Haare darüber wachsen lassen, daß sich die Reichswehr nun endlich mit den Hakenkreuzlern in der Wolle hat. Zu dieser Erkenntnis sollte auch der superkluge Herr v. Schleicher kommen.«

In diesen Akten erscheint immer wieder Herr v. Schleicher als der eigentliche Urheber aller politischen Maßregeln des Reichswehrministeriums.

Ebenfalls im September 1923 beantragte der Verteidiger Roßbachs die Vernehmung des Generals v. Seeckt über folgende Punkte:

1. daß ihm bekannt war, daß sogenannte Schwarze Reichswehr-Formationen im ganzen Reich bestehen, und daß mit seinem Wissen an alle Angehörigen nationaler Verbände die Aufforderung ergangen ist, Marschbataillonen beizutreten, die in jedem einzelnen Kreise aufgestellt waren, und für die auch von den verdeckten Reichswehrstellen ein Etat aufgestellt war;

2. daß ihm eine Anordnung dahin bekannt war, daß für den Fall, daß diese Dinge zur Kenntnis der Behörden gelangen sollten, jeder einzelne Betroffene einen Zusammenhang mit der Reichswehr ableugnen und die Angelegenheit auf sich persönlich nehmen sollte.

*) Abschrift des Briefes lag bei den Akten. Roßbach kürzte die »Reichswehr« immer mit R. W. ab. A. G. heißt: »Arbeitsgemeinschaft«, auch eine der harmlosen Firmen für die Geheimverbände. Fr. Rex ist: »Fridericus Rex«, ein Deckname für die Schwarze Reichswehr. Eberhard ist ein Offizier Roßbachs. Roßbach will nachweisen, wie eng jederzeit seine Verbindungen zur Reichswehr gewesen sind und daß deshalb die Anschuldigung des Hochverrats gegen ihn lächerlich sei.

Unter den weiteren Fragen, die Herrn v. Seeckt vorgelegt werden sollten, befindet sich eine, die im Hinblick auf den späteren Küstriner Putsch besonders hübsch ist: »Kennt General v. Seeckt einen Major Buchrucker und seine Tätigkeit?«

Während im übrigen Reich die Reichswehr ihren Konflikt mit den völkischen Führern hatte, lagen in Bayern die Dinge anders. So heißt es in dem schon zitierten Brief Roßbachs vom 18. September:

»Ob man über Bayern überhaupt etwas fragt, muß Graefe entscheiden. Hier gibt es nämlich eine offizielle Abteilung Roßbach in den nationalsozialistischen Hundertschaften. Wenn General v. Seeckt ganz allgemein jede Verbindung mit Roßbachleuten ableugnet, so ist das zwar verständlich, aber in der Form, wie er es tut (bzw. Herr v. Schleicher), zumindest unklug. Denn Bayern gehört bekanntlich noch zum Deutschen Reich, und die dortige Reichswehr untersteht Geßler und v. Seeckt. Aber wie gesagt, hier beginnt ein Kapitel, über das Herr v. Seeckt selbst zu entscheiden haben wird.«

Hier wird deutlich darauf angespielt, daß 1923 in Bayern bis zum November die SA, die Roßbachleute usw. offiziell Teile der Schwarzen Reichswehr waren und daß in Bayern nicht einmal die Verschleierungskünste nötig waren, die man im übrigen Reich ausübte.

5 Wentzcke schreibt auf Seite 435 über die Schwarze Reichswehr im Sommer 1923:

»Insgesamt wird man die Zahl der in ganz Deutschland zur Verfügung stehenden Freiwilligen und Söldner mit 50 000 bis 80 000 Mann eher zu hoch ansetzen.«

Die wunderliche Unbestimmtheit der Zahl ist keineswegs durch eine Oberflächlichkeit Wentzckes zu erklären, sondern offenbar wußten damals Seeckt und Schleicher selbst nicht bei den verwirrten Verhältnissen, auf wieviel Mann sie im Ernstfall rechnen konnten.

ANMERKUNGEN ZU KAPITEL VIII

Amerika und der Dawesplan: im Februar 1924 besuchte die Daweskommission Berlin. Lord d'Abernon schreibt darüber in seinem Tagebuch am 7. Februar:

»Der amerikanische Präsident Dawes hat keine Ahnung von den Einzelheiten und interessiert sich auch nicht für sie, aber er besitzt eine geheimnisvolle Macht über die schwankende amerikanische öffentliche Meinung... Young, der zweite Delegierte, ein junger Mann von 40 Jahren, steht bereits an der Spitze der General Electric Company und soll geistig der bei weitem Überlegene sein. Im Gespräch ist er besonnen und zurückhaltend. Die Amerikaner mit ihrer Manie für Superlative sprechen von seinem Geist als von dem vollendetsten aller Instrumente. Einige seiner Kollegen halten dies für Unsinn, aber er hat Geld und Prestige hinter sich, wie auch den Ruf eines bewährten Weitblicks in Geschäftsfragen.«

Wie der Besuch der Daweskommission auf den amerikanischen Botschafter in Berlin wirkte, zeigt d'Abernons Eintragung vom 20. März 1924:

»Der amerikanische Botschafter (Houghton) kam gestern abend zu mir, um mit mir die Lage zu besprechen. Seit dem Besuch der Ausschüsse der Reparationskommission hat er seine Haltung geändert. Er war früher ein Gegner jeder übermäßigen Forderung, die an Deutschland gestellt wurde, und kritisierte scharf das französische

Vorgehen. Jetzt stellt er sich auf den Standpunkt, daß Deutschland die Richtlinien der Ausschüsse bedingungslos annehmen müsse, da die einzige Alternative der vollkommene Verfall des Reiches und die dauernde Besetzung des Ruhrgebietes durch Frankreich wäre. Er macht sich die Vorschläge des Ausschusses in Bausch und Bogen zu eigen, weil er sie als von Young inspiriert betrachtet, von dem er glaubt, daß er seinerseits von der Vorsehung in vertraulicher Zwiesprache inspiriert wird... Ich selbst trete entschieden dafür ein, daß man sich die amerikanischen Auffassungen zu eigen mache, vorausgesetzt, daß sie überhaupt durchführbar sind. Die Notwendigkeit einer Zusammenarbeit mit Amerika ist der entscheidende Faktor der Lage. Abgesehen vom politischen Standpunkt sind die Vorteile einer Zusammenarbeit an dem Umfang der finanziellen Unterstützung abzumessen, mit der Amerika dem europäischen Geschäftsleben unter die Arme greifen kann. Sollte diese Unterstützung reichlich ausfallen, kann Europa sogar manche falsche Auffassungen mit in Kauf nehmen. Die Frage ist nur, ob die Hilfe groß genug sein wird.«

Im Juli und August 1924 kam sogar der amerikanische Staatssekretär Hughes persönlich nach Europa. Er besuchte auf einer angeblich inoffiziellen Reise London, Paris, Brüssel und Berlin und drängte überall auf Annahme des Dawesplans (vgl. das Tagebuch d'Abernons zum 8. August 1924).

Stresemann selbst schrieb am 4. Juni 1925 an Houghton:

»Es ist jetzt wohl beinahe ein Jahr her, seitdem ich wesentlich unter Ihrer Anregung und Befürwortung mich für die grundsätzliche Annahme des Dawesplanes eingesetzt habe. Dr. Luther und ich haben damals das Kabinett mit fortgerissen.«

Dawesplan und Auslandsanleihen: Die Dawes-Kommission schildert in der Einleitung zu ihrem Bericht die großen Entwicklungsmöglichkeiten der deutschen Wirtschaft und fährt dann fort (amtliche Ausgabe, Seite 7):

»Deutschland ist somit gut mit Hilfsquellen ausgerüstet, es besitzt die Mittel zu ihrer großzügigen Ausbeutung. Sobald die heutige Kreditknappheit überwunden ist, wird es wieder imstande sein, eine bevorzugte Stellung in der Gewerbetätigkeit einer Welt einzunehmen, in der allmählich normale Bedingungen für den Warenaustausch wiederhergestellt sind.«

Weiter heißt es im Dawesbericht, Seite 12:

»Noch wichtiger ist die Tatsache, daß der Erfolg unserer Vorschläge für die finanzielle Stabilisierung wesentlich von der Rückkehr des Vertrauens abhängt. Wenn das Vertrauen nicht wiederkehrt, so wird das im Ausland angelegte deutsche Kapital nicht zurückkommen, die Heranziehung ausländischen Kapitals zu den in unserem Plane vorgesehenen Zwecken und die Beschaffung von ausländischen Krediten zur laufenden Geschäftsführung werden nicht möglich sein. Ja sogar die ordnungsmäßige Steuererhebung wird nicht durchführbar sein. Dieses Vertrauen kann nicht zurückkehren, wenn jetzt nicht eine Regelung getroffen wird, die sowohl nach Ansicht Deutschlands als auch der übrigen Welt die Sicherheit bietet, daß für einen beträchtlichen Zeitraum weder Deutschlands Finanzen noch seine auswärtigen Be-

> ziehungen durch erneute Streitigkeiten gefährdet werden... Wenn wir davon sprechen, daß eine derartige Methode für einen ›beträchtlichen Zeitraum‹ angenommen werden soll, so denken wir in erster Linie an die Periode, die den Darlehensgebern und Finanziers (im englischen Text: lenders and investors), deren Geld als Teil unseres Planes benötigt wird, vorschweben dürfte.«

Der Reparationsagent Parker Gilbert zitiert in seinem Bericht vom 10. Dezember 1927 (amtliche deutsche Ausgabe, Seite 96) ebenfalls die oben abgedruckte Stelle aus dem Dawesbericht, als Beweis dafür, daß die Sachverständigen selbst mit dem Einströmen von Auslandskrediten nach Deutschland infolge der Annahme ihres Plans rechneten. Parker Gilbert betont im Anschluß daran, daß der in Deutschland bereits gemachte Fortschritt ohne die Auslandskredite nicht hätte erreicht werden können. Er fährt dann fort:

> »Indessen ist augenblicklich die Frage nicht die, was die Auslandsgelder in der Vergangenheit zum Wohle Deutschlands geleistet haben, sondern bis zu welchem Umfang sie in Zukunft nutzbringend aufgenommen werden können, und in welchem Ausmaß sie gegebenenfalls sogar, wenn sie in dem bisherigen Umfang weiter zuströmen, die Festigung des bereits erreichten Fortschritts hindern könnten.«

ANMERKUNGEN ZU KAPITEL IX

Für die Politik der Jahre 1928/29 vgl.: Stresemann, »Vermächtnis«, Band 3. Für die Wirtschaftskrise: Sternberg, »Der Niedergang des deutschen Kapitalismus« (Berlin 1932), für die Agrarfragen: Topf, »Die grüne Front. Der Kampf um den deutschen Acker« (Berlin 1933). Für die Strömungen innerhalb der Arbeiterschaft vergleiche die beiden sozialistischen Zeitschriften: »Die Gesellschaft« (stand dem Parteivorstand nahe) und »Der Klassenkampf« (Organ der linken SPD).